"十三五"时期防范重大市场风险的对策思路研究

THE RESEARCH ON POLICIES TO GUARD AND TAME MAJOR MARKET RISKS DURING THE 13TH FIVE-YEAR PLAN PERIOD

曾 铮 刘志成 著

社会科学文献出版社
SOCIAL SCIENCES ACADEMIC PRESS (CHINA)

目　录

前　言 ………………………………………………………… 001

总报告

"十三五"时期防范重大市场风险的对策思路研究 …………… 003

　　一　重大市场风险的内涵及其形成机理 ………………… 005

　　二　"十三五"时期我国市场风险的宏观来源 ………… 009

　　三　"十三五"时期我国主要市场的局部风险点 ……… 017

　　四　"十三五"时期我国重大市场风险的形成及其影响

　　　　………………………………………………………… 033

　　五　"十三五"时期我国重大市场风险防范的主要问题

　　　　………………………………………………………… 050

　　六　"十三五"时期我国重大市场风险防范的思路与

　　　　对策 …………………………………………………… 054

专题报告

"十三五"时期我国股票市场风险及其应对研究 …………… 075

　　一　股市重大风险爆发的原因分析 …………………… 076

二 股市风险爆发制约改革进程,加大宏观经济风险⋯⋯ 082

三 股市风险与其他市场交叉感染的路径和原理分析⋯⋯ 087

四 "十三五"时期股市风险预测 ⋯⋯⋯⋯⋯⋯⋯⋯⋯ 091

五 "十三五"时期股市风险交叉感染预测 ⋯⋯⋯⋯⋯ 095

六 加强长期制度建设实施短期稳定措施防范股市风险

⋯⋯⋯⋯⋯⋯⋯⋯⋯⋯⋯⋯⋯⋯⋯⋯⋯⋯⋯⋯⋯ 098

"十三五"时期我国债券市场风险及其应对研究 ⋯⋯⋯ 102

一 违约风险对债市的冲击及其对宏观经济的影响⋯⋯ 103

二 债市风险爆发和传导的机理分析⋯⋯⋯⋯⋯⋯⋯⋯ 112

三 债市重大风险的特征分析⋯⋯⋯⋯⋯⋯⋯⋯⋯⋯⋯ 117

四 "十三五"时期债市风险预测 ⋯⋯⋯⋯⋯⋯⋯⋯⋯ 121

五 "十三五"时期债市风险交叉感染预测 ⋯⋯⋯⋯⋯ 125

六 加强长期制度建设实施短期稳定措施防范债市

风险⋯⋯⋯⋯⋯⋯⋯⋯⋯⋯⋯⋯⋯⋯⋯⋯⋯⋯⋯⋯ 127

"十三五"时期我国房地产市场风险及其应对研究 ⋯⋯ 133

一 房地产市场的风险逻辑及其向其他市场感染的

机理分析⋯⋯⋯⋯⋯⋯⋯⋯⋯⋯⋯⋯⋯⋯⋯⋯⋯⋯ 136

二 近期房地产市场风险的基本特征⋯⋯⋯⋯⋯⋯⋯⋯ 144

三 "十三五"时期房地产市场可能发生的重大

风险预测⋯⋯⋯⋯⋯⋯⋯⋯⋯⋯⋯⋯⋯⋯⋯⋯⋯⋯ 150

四 "十三五"时期房地产市场与其他市场风险

传导的预测⋯⋯⋯⋯⋯⋯⋯⋯⋯⋯⋯⋯⋯⋯⋯⋯⋯ 154

五　"十三五"化解房地产市场风险与防范交叉感染的

　　政策建议 ································ 164

"十三五"时期我国外汇市场风险及其应对研究 ··········· 172

一　外汇市场的风险逻辑及其与其他主要市场关联

　　渠道分析 ······························ 173

二　近期外汇市场风险的主要表现和基本特征 ··········· 177

三　"十三五"外汇市场可能发生的重大风险预测 ········ 183

四　"十三五"外汇市场与其他市场风险传导的预测 ······· 193

五　"十三五"化解外汇市场风险与防范交叉感染的

　　政策建议 ······························ 198

政策报告

未来几年重大市场风险产生的新背景、新特征与新应对 ········ 205

一　风险产生的新背景：弱增长、低利率、不稳

　　定、转渠道 ···························· 205

二　风险爆发的新特征：触点增加，关联增强，

　　燃值降低 ······························ 207

三　风险应对的新举措：强监管、促沟通、重防范、

　　塑能力 ································ 209

防范市场局部风险　防止跨市场交叉风险 ·········· 212

一　基本面改善缓慢：引发风险的宏观经济因素依然

　　存在，市场风险来源并未阻断 ·············· 212

二 局部市场风险分化：股市汇市风险总体可控，楼市
债市风险重点关注，跨市场交叉风险值得重视 …………… 215

三 强化政策配合协调：严控局部市场风险爆发，防止
市场间风险交叉传染，构建市场稳定制度基础………… 222

债市风险从未远离 风险防控要如履薄冰…………………… 225

一 债市违约阶段性缓和，但影响仍在发酵…………………… 225

二 2017年风险可能回升，重点关注四方面风险 ………… 227

三 多措并举防范债市风险……………………………… 229

综述报告

"十三五"时期防范重大市场风险相关问题综述 ……………… 233

一 重大市场风险的界定 ………………………………… 234

二 我国重大市场风险产生演进的新背景和特征…………… 238

三 重大市场之间风险传染的主要机制…………………… 243

四 重大市场风险的评估和预警方法…………………… 248

五 应对重大市场风险的对策…………………………… 255

前　言

　　风险是现代市场经济的特征之一，市场风险是与现代经济发展演进相伴相随的。随着国内经济金融化和全球经济金融一体化程度不断加深，我国市场风险逐步从商品市场领域转向金融市场领域。更多的表现为金融市场的风险。2015 年，我国出现了股市、汇市等市场的局部风险，2016 年债券市场出现了违约大幅攀升的风险，在我国政府及时有效管控下，这些风险虽未酿成重大市场风险，但对经济社会稳定已经造成了一定影响。2017 年，我国房地产市场风险也开始逐步显现。因此，"十三五"时期乃至更长一段时期，我国市场风险发生的概率显著高于之前一段时期。因此，我们以"十三五"时期防范重大市场风险为研究对象，系统梳理我国可能发生的市场风险点及其关联，对于科学把握我国市场风险敞口，有效管控局部或系统性市场风险具有极为重要的现实意义。

　　本书是作者主持国家发展和改革委员会宏观经济研究院 2016年度重点课题的最终成果，完成于 2016 年中央经济工作会议以及 2017 年全国金融工作会议之前，文中的一些提法和建议与这两次会议的具体精神不谋而合，应该说具有一定的政策前瞻性。具体来说，本研究在研究视角、方法和观点上有以下几个方面的特点。首先，本书从宏观角度而不是微观角度分析了我国重大市场风险的来源、曝露、爆发、感染、影响与对策,为通过宏观经济政策稳健和强化市场的宏观审慎管理管控我国市场风险,提供了较为有效的科学论证。其次,本书具体分析了股市、债市、楼市和汇市四个主要市场的风险及其对策,具有比较强的针对性,对于正确理解我国主要市场的风险源头及其管控路径提供了有价值的研究素材。最后,本书基于近年国际流行的宏观审慎监管思想,提出了"强化一个前提,完善两大体系,提升三个能力,实施四方面针对措施"的思路,并设计了有的放矢、长短结合、疏堵并举、标本兼治的重大市场风险防范与化解政策体系,为我国政府相关体制改革和政策制定提供了重要的理论与政策依据。

虽然本书主要是两位作者的研究成果,但是朱振鑫、郑联盛、肖立晟、张德礼、荣晨、梁俊等同志也参与了部分章节的写作和讨论。与此同时,在课题研究和本书修改的过程中,得到了林兆木、毕吉耀、马晓河、王志军、祝丹涛、张晓朴、李文泓、王君、何帆、姚枝仲、梁红、朱宁、陈道富、边泉水、徐奇渊等领导和专家学者的指导与帮助。在此,对这些同志表示诚挚的谢意和发自肺腑的感激。

由于研究时间和作者能力等方面的局限,本书仍然存在一些不够深入和不够全面的地方,需要下一步继续跟进,把这一课题作为长期项目研究下去,为我国尽快完善市场风险管控机制和相关政策体系提供更为科学有效的研究支撑。

作　者

2017 年 10 月于北京西八里庄

"十三五"时期
防范重大市场风险的对策思路研究 | **总报告**

"十三五"时期防范重大市场
风险的对策思路研究

内容提要：重大市场风险是指在经济繁荣期生成并积累，在宏观经济环境变化与政策调整的背景下，由于个别市场资产价格急跌和资产泡沫骤破，诱发局部市场风险瞬时曝露并集中释放，且关联传染至其他主要市场，引致市场体系共振和崩塌的风险。"十三五"时期，在国内外宏观经济形势复杂性增强和政策协调难度加大的情况下，我国市场风险的宏观来源明显增多。在此背景下，股市、债市、楼市和汇市的局部风险点，可能存在于经济下行带来的基本面恶化，前期宽松政策带来的流动性过剩，长期市场积累泡沫带来的风险敞口扩张以及未来市场机制调整与制度变化带来的风险预期冲击。从各市场局部风险爆发起点和表现特征看，股市风险往往爆发于偏离合理估值水平的资产泡沫破灭，从而引发股价的急剧暴跌；汇市风险往往爆发于国际国内宏观条件变化，往往伴随突然的制度变化或未预期的"黑天鹅"事件；债市风险往往爆发于特定的宏观经济环境，即实体经济陷入严重困境，市场资金供应出现紧张；房地产市场风险往往爆发于房价上涨预期改变和金融市场环境恶化。未来，在主要市场风险爆发的情况下,局部市场风险将通过流动性、市场信心、资产负债表和政策效应等四大渠道,在各市场间迅速传导关联和交叉传染,并演化为重大市场风险,导致投资收缩、消费萎缩和信用紧缩,并进一步造成宏观经济陷入波动下滑的恶性循环、引发中小企业链式破产以及激发严重社会矛盾,形成整体性的经济危机。为此,"十三五"时期,针对我国重大市场风险防范的现实问题与制度缺陷,应重点从四个方面构建重大市场风险的对策思路:一是强化一个风险防范前提,保持经济平稳较快增长;二是完善两大风险防范体系,统一金融监管体系和宏观审慎评估体系;三是提升三大风险防范能力,强化风险预警、化解和应对;四是实施四方面针对性风险防范措施,将股市、债市、汇市、楼市局部风险抑制在爆发起点。

市场风险是与市场经济相伴而生的现象,只要有市场机制存在的地方就有可能产生市场风险。人类历史上曾多次发生重大市场风险,其中既有商品市场的风险也有金融市场的风险,并引发了数次经济危机。近年来,随着国内经济金融化和全球经济金融一体化程度不断加深,我国市场风险逐步从商品市场领域转向金融市场领域,更多地表现为金融市场的风险。2015年,我国已经出现股市、汇市等市场的局部风险,虽未酿成重大市场风险,但对经济社会稳定已经造成了一定影响。"十三五"时期,在前期风险矛盾日益累积和新的风险苗头逐步显现的情况下,我国市场风险系数逐步提升,股市、债市、汇市和楼市局部市场风险点明显增多,市场风险交叉感染概率显著增大,并可能演化为重大市场风险,将对经济社会发展造成较大冲击。鉴于此,在正确认识重大市场风险内涵的背景下，在研判我国市场风险的宏观来源的基础上，厘清未来可能的局部市场风险点、交叉感染路径及其对实体经济的影响，并据此研究和设计防范重大市场风险的对策思路，对于科学识别、及时预警、妥善应对和有效化解"十三五"时期我国重大市场风险，保持经济社会平稳健康发展，具有重大意义。

一　重大市场风险的内涵及其形成机理

在厘清重大市场风险理论内涵的基础上，分析其形成的基本机理，并廓清本报告研究的对象与技术路线图，是识别与研判我国"十三五"时期重大市场风险以及设计防范举措的逻辑起点。

（一）重大市场风险的内涵

从经济学意义出发，风险是指投资收益的不确定性，或者与收益相关的不确定性的程度。① 市场风险是一个源于金融学的概念，特指金融市场中因股票价格、利率、汇率、商品价格等的变动而导致价值出现未预料到的潜在损失的风险。整体上来说，这些概念倾向于将市场风险定义为微观概念，更多的是从单个金融市场角度来描述风险和市场风险的内涵。单个市场的局部市场风险总体上是相对容易管控的，从政策研究角度它是具体监管职能部门需要关注的风险，属于一般性市场风险或局部性市场风险。

---

① 〔美〕米什金：《货币金融学》（第九版），中国人民大学出版社，2011；〔美〕萨缪尔森、诺德豪斯：《微观经济学》，人民邮电出版社，2011。

表1　重大市场风险和一般性市场风险比较

类型	属性维度	涵盖范围	风险链条	实体经济影响	政策防范
一般性市场风险	微观	单个市场	市场风险点	机构与行业影响	单个市场监管强化 + 局部市场风险控制
重大市场风险	宏观	多个市场与金融机构	各市场积累风险持续传染,爆发成系统性风险	宏观经济全局影响	完善整体监管体系 + 主要市场风险联控 + 宏观经济政策配合

资料来源:笔者根据国内外相关文献整理归纳得出。

与一般性市场风险相关的概念是重大市场风险,它是指在经济繁荣期生成并积累,在宏观经济环境变化与政策调整的背景下,由于个别市场资产价格急跌和资产泡沫骤破,诱发局部市场风险瞬时曝露并集中释放,且关联传染至其他主要市场,引致市场体系共振和崩塌的风险。

重大市场风险的发生,将对实体经济造成巨大损害,并由此引发严重的经济危机,其需要通过各市场风险联控、宏观经济政策配合和完善整体监管体系才可能得以管控和化解,因此需要中央决策部门和宏观经济职能部门协同防范,其难度远远大于一般性市场风险或局部性市场风险。[①]

(二)重大市场风险形成机理与研究技术路线

根据前述定义与内涵,重大市场风险的形成机制是一个典型的链式过程,它积累于宏观经济变化与政策环境调整,起源于局部市

---

① 杨海平:《中国当前金融风险传染的情景推演及对策》,《北方金融》2015年第11期。

场风险点敞露及其风险爆发，形成于各个市场局部风险交叉感染，并最终引起全局性经济危机，而重大市场风险的防范对策思路也必须按照这一链条逻辑有针对性地进行设计。

宏观经济来源是市场风险产生的深层诱因。任何市场都是在宏观经济大环境下运行的，整体经济环境、市场局部环境以及宏观政策环境的变化，可能成为市场风险的诱发因素。首先，整体经济环境决定了市场运行的基本面，包括国内外经济增速变化、宏观部门负债调整等因素在内的整体宏观环境负面变化，将诱发主要市场的局部风险，并可能导致重大市场风险。其次，宏观政策环境变化，比如财政政策或货币政策的调整，可能通过影响流动性、市场信心和市场主体资产负债等渠道诱发市场风险。此外，市场局部环境的变化，比如单个市场资产泡沫累积、监管与管理政策突然变化等，也可能通过局部市场的风险爆发，并传染到整个市场体系，引发重大市场风险。

局部市场风险点是重大市场风险的主要来源。局部市场的风险点往往是重大市场风险的直接来源，包括局部市场杠杆率过高、价格严重高估、制度存在明显缺陷以及信心已处极度悲观，这些风险点在宏观经济与政策环境变化后，极易转化为局部市场风险，并通过市场间交叉传染引发重大市场风险。

局部市场风险爆发是重大市场风险形成的关键起点。在上述局部市场风险点逐步敞露的背景下，在市场预期骤变或外部事件冲击的条件下，局部市场风险可能在瞬间爆发，一般表现为部分市场价格急剧下跌、流动性迅速抽逃、资产泡沫加剧破灭。这些局部风险将在宏观经济与政策变化的负面效应下，通过相互交叉感染导致系统性的市场风险，是重大市场风险形成的关键起点。

局部风险的交叉感染是引发重大市场风险的直接导火索。在宏观经济基本面恶化或政策不当的背景下,已经敞露的局部市场风险瞬间爆发,如短期内管控不利,风险将通过流动性、市场信心、资产负债表和政策效应四种渠道在市场间交叉感染,并形成重大市场风险。因此,局部风险的交叉感染是直接引燃重大市场风险的导火索。

重大市场风险最终将引发全局性的经济危机。重大市场风险爆发后,将会在短时间内对宏观经济造成较为严重的负面影响。首先,重大市场风险的爆发会在短时间内通过引致预期利率上升和财富收缩,导致投资收缩和消费萎缩,从而使得经济增速大幅下滑,并引起相关社会矛盾。同时,重大市场风险的爆发还会导致市场信用急剧紧缩,使得一些企业受到波及,短期内出现大量并没有金融风险的企业因为信用紧缩出现财务危机,并可能引发一系列破产事件,从而引致宏观经济下滑风险。这些重大市场风险引起的经济社会问题,如果未得到及时与有效解决,可能引发全局性的风险,并导致经济危机的发生。

重大市场风险防范和化解要从整个风险链的传导出发。从上述分析可以看到,重大市场风险的产生是一个链式的过程。因此,防范和化解重大市场风险,必须针对风险形成链条的整个环节,力争将风险消弭在链条的每个节点。首先,要维护宏观稳定,减少宏观经济波动与政策调整对市场形成的负反馈效应,避免形成局部市场风险爆发并演化为重大市场风险的宏观环境。其次,要尽量将风险抑制在局部市场,避免局部风险演化为重大市场风险。同时,应强化市场监管,减少局部市场的风险点,降低其风险交叉感染的概率。此外,还应提升防范能力,重点关注局部市场风险和交叉风险防范,争取将各层次风险遏制于苗头阶段。

由此,本研究将股市、债市、楼市和汇市作为主要研究对象,在剖析我国市场风险宏观来源的背景下，识别"十三五"时期局部市场风险点及其爆发的起点与特征，研判各局部市场风险交叉感染及其引爆重大市场的可能路径，分析重大市场风险爆发对实体经济的宏观影响，并针对破除我国有效防范重大市场风险的体制障碍，设计一套由多层次制度、机制和措施组成的综合性防控与化解政策体系。

图1 本研究的技术路线

二 "十三五"时期我国市场风险的宏观来源

"十三五"时期，国内外宏观经济将出现新的变化，即全球呈现经济低增长、资本低利率、政策低协同和国家高负债的"三低一高"特征，以及国内经济呈现经济增长走低、资本回报降低、部门债务高增、金融创新高涨和外部冲击高企的"两低三高"特征。世界和我国这些新的宏观经济特征，将通过流动性、资产负债和政策协调效应几个层面，成为我国重大市场风险的宏观来源。

（一）全球低利率以及国内资本回报走低与外部冲击增强，可能引发市场流动性风险

流动性的冲击是重大市场风险形成的重要原因。"十三五"时期，主要国家低利率甚至负利率政策还将持续一段时间，在我国实体经济资本回报率持续走低和内外资本双向流动性增强的条件下，可能产生市场流动性风险。

一是全球资本维持低利率，过剩流动性引致市场大幅波动风险。世界主要国家可能将继续维持低利率甚至负利率政策，日本、丹麦、瑞士、欧元区、瑞典等国家与地区可能将在一定时期内维持负利率，包括我国在内的主要国家和地区也将持续低利率状态，全球"超低利率"时代业已来临。加之全球人口预期寿命延长和人口老龄化带来的家庭部门边际储蓄倾向增强，导致全球资金市场中长期将处于供大于求的状态，未来五年全球低利率的现实难以改变。由于全球利率长期偏低，助长了金融行业过度冒险行为，投资者通过提高杠杆率更为努力地博取更高收益，过剩流动性将在各个市场中"流窜"，同时资金将可能越来越多地流入监管较少的金融领域，妨害市场稳定的因素明显增加。这在一定程度上将触发本来就相对脆弱的全球金融市场，可能导致我国市场的大幅波动，对我国管控重大市场风险形成了巨大的挑战。

二是国内资本回报不断走低，导致国内流动性加快串联的风

险。2008 年以来，我国实体经济资本回报率从前期的10% ~ 15%
的水平，一路下滑至近年5%左右的较低水平。与此同时，从 2013
年开始，我国实体经济总的融资成本比率开始超过资本回报率，实
体经济对资金的吸引力正在逐步减弱。一方面，资本回报不断走低
使得流动资金"脱实入虚"，导致金融市场流动性过剩，金融市场
价格主要受到流动性和风险偏好而不是基本面推动，楼市、股市和
债市等市场波动幅度和频率明显上升，金融体系的市场风险也急剧
陡增。另一方面，国内实体经济融资成本比率开始高于资本回报
率，不断强化资本外流的动力，可能在短时期内引发资本外流，并
对汇率市场产生重大负面影响。

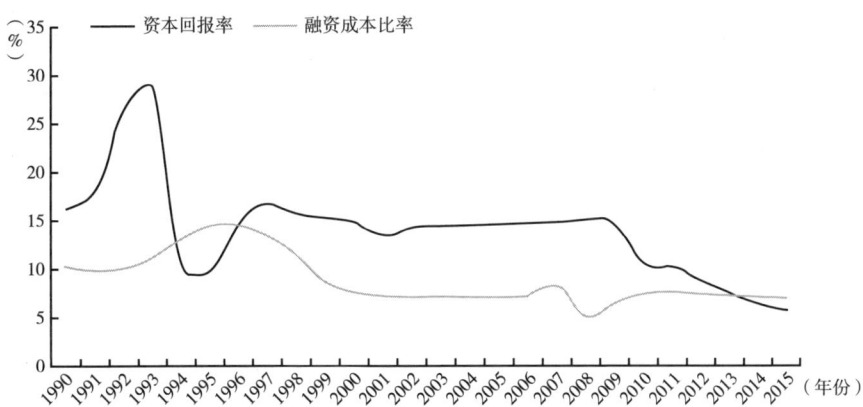

图 2　我国资本回报率与融资成本比率比较

注：资本回报率用增量资本产出率代表，融资成本则是用贷款平均利率表示。
资料来源：Wind 数据库。

三是我国外部流动性冲击增强，输入型市场风险的可能性增
大。未来五年，中国将稳步适度加快资本账户开放，对 QFII（合
格的境外机构投资者）的限制将继续逐步放松，下一步可能将

RQFII（人民币合格境外投资者）和 QFII（合格的境外机构投资者）合并，并实现二者将不再设额度限制。在资本账户逐步开放的条件下，国外市场风险的输入渠道逐步从贸易渠道向资本渠道转变，大规模热钱流入的市场风险凸显，这将使我国可能在短期内出现经济过热、汇率快速升值、信贷过度繁荣、资产价格泡沫等现象，并在流出时对国内股市、债市、汇市和楼市产生较为严重的负面冲击，从而引发重大市场风险。

（二）全球高负债以及国内部分部门债务高企，可能引发部门违约的市场风险

政府、居民、非金融企业等宏观经济部门是金融市场的交易主体，在经济增长下行压力逐步增大的情况下全球宏观杠杆率的攀升以及国内部分部门债务高企，可能导致市场违约事件频现，从而引发重大市场风险。

一是主要国家高负债，市场债务违约风险可能持续发生。2008年金融危机以来，在全球经济持续低迷和各国政府陆续推出刺激计划的背景下，主要国家的总负债率高企。2015 年底，世界上 43 个国家非金融部门总负债率平均水平达到 235.3%，较 2008 年提升了 16 个百分点。其中，家庭部门负债水平保持平稳，但政府部门和非金融企业部门负债率有所提升。2016 年以来，根据国际清算银行（BIS）的数据跟踪与监测，全球家庭部门杠杆率有逐步增长的趋势。在低速增长和低利率的条件下，非金融部门负债率的不断提升，可能导致部门信用和债务违约，从而对全球主要市场产生显著影响，并可能对我国主要市场产生冲击，导致我国重大市场风险发生的概率加大。

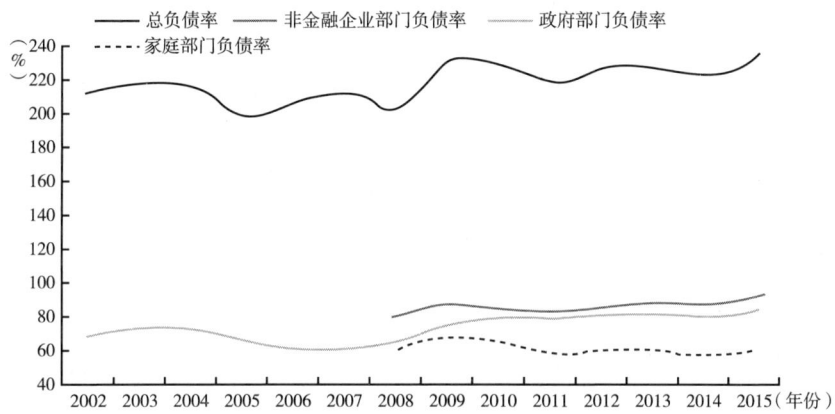

图3　主要国家非金融部门负债率水平

注：主要国家包括全球43个国家，涵盖发达国家和新兴市场国家。
资料来源：BIS数据库。

二是国内部门债务高企，市场违约风险可能性急剧上升。2008年以来，我国各部门杠杆率都有所增长。根据国际清算银行（BIS）的测算，截至2015年底，我国非金融部门（政府、企业、居民）杠杆率为248.6%，不仅远高于同为"金砖四国"的巴西、印度和俄罗斯，与主要发达国家相比，也处于偏高水平，仅次于日本（387.1%）、法国（291.3%）和美国（262.6%）。其中，非金融企业部门负债率和地方政府负债率占比较高。在经济增速下行压力较大的条件下，非金融宏观经济部门负债率高企，可能造成宏观经济主体的信用与债务违约，从而影响债市、楼市等市场的稳定，进而造成重大市场风险。

三是国内经济增长走低，市场主体偿付违约发生概率显增。过去十年是我国经济增长逐步走低的十年。"十二五"时期，我国年均经济增长率从"十一五"时期的11%以上下滑至8%以下的水平。根据IMF的最新预测，"十三五"时期，我国经济增长将进一

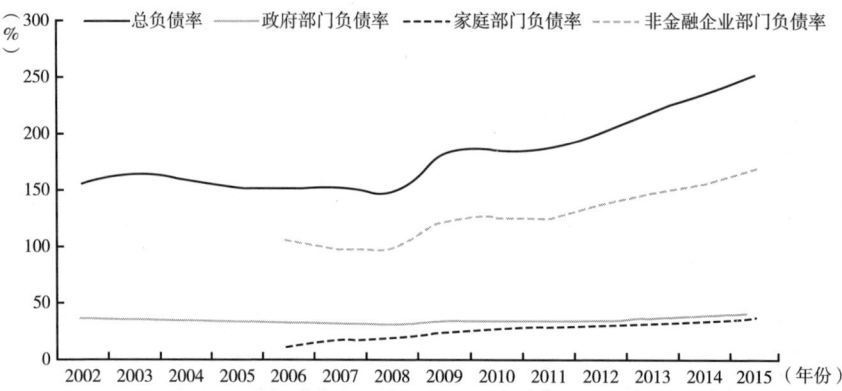

图 4　我国非金融部门负债率水平

资料来源：BIS 数据库。

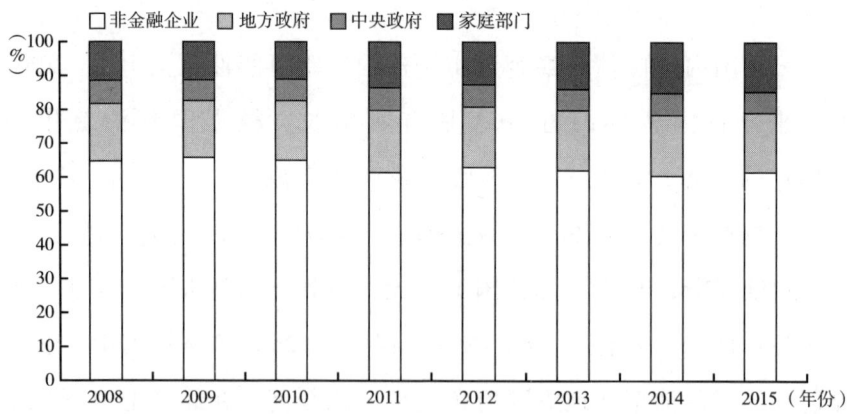

图 5　区分中央与地方政府的我国非金融部门负债率水平

资料来源：国家金融与发展实验室数据库。

步下滑至 6%～7% 的水平。经济增长下滑意味着国家与地方政府财政收入减少、微观企业经营绩效恶化、私人部门收入下降，市场主体偿债能力也将随之下降，可能造成市场主体违约，一些可以通过经济增长和市场规模扩张消弭的市场风险开始凸显，各种尾部风险爆发概率明显上升，比如债券市场偿付违约和房地产信贷违约等，将引发重大市场风险。

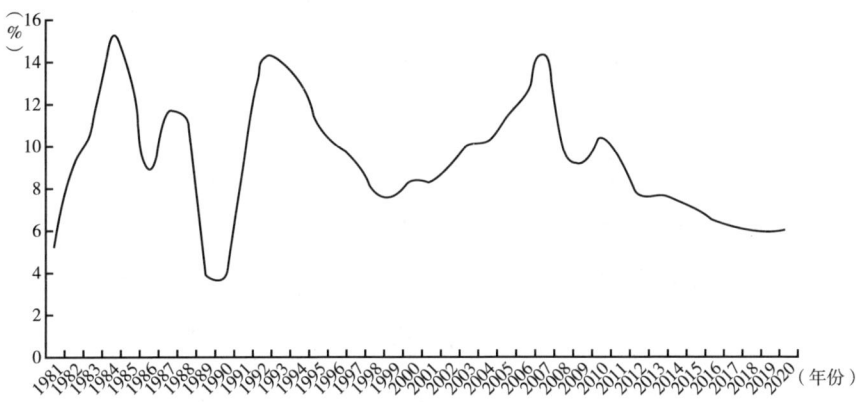

图 6　我国经济增长情况及"十三五"时期预测

资料来源：历史数据来自《中国统计年鉴》；预测数据来自 IMF 数据库，预测值为 2016 年 9 月更新值。

（三）全球经济弱增长以及我国金融创新高涨，可能引发政策协调不利导致的市场风险

在全球经济持续低速增长的情况下，各国政策协调难度增大，加之我国内部金融创新高涨，政策协调不利可能导致相关市场风险的爆发。

一是全球经济继续弱增长，各国宏观政策协同度低可能放大市场风险。根据国际货币基金组织的预测，"十三五"时期，全球年均增长率将维持在 3.5% 左右的水平，明显低于 2000 ~ 2008 年 4.5% 左右的平均水平。[①] 在全球经济低速增长和主要国家实施低利率政策的背景下，各国宏观经济政策协调度正在下降，全球主要

_____

① 数据来自 IMF 数据库。

市场风险管理控制的难度加大。一方面,"十三五"前期,各国的竞争性贬值政策可能还将继续,这为国际市场注入大量流动性,导致全球金融市场流动性泛滥,过剩的流动性会促使投资者或投机者纷纷涌向经济前景较好的国家以寻求更高的回报,进而导致外围国家资产价格和汇率上涨,引发资产价格泡沫并导致金融市场剧烈动荡。另一方面,国家间货币政策开始出现分化,欧盟和日本等发达国家与地区,以及其他新兴市场国家与地区将继续保持宽松货币政策,而美国可能在 2016 年末和 2017 年开启加息步伐,背道而驰的两种政策将影响市场预期,给国际市场资本流动带来很大的不确定因素,导致主要市场出现大幅波动。中国作为全球市场的一部分也很难独善其身,国际宏观政策协调不利将导致国内市场风险曝露。

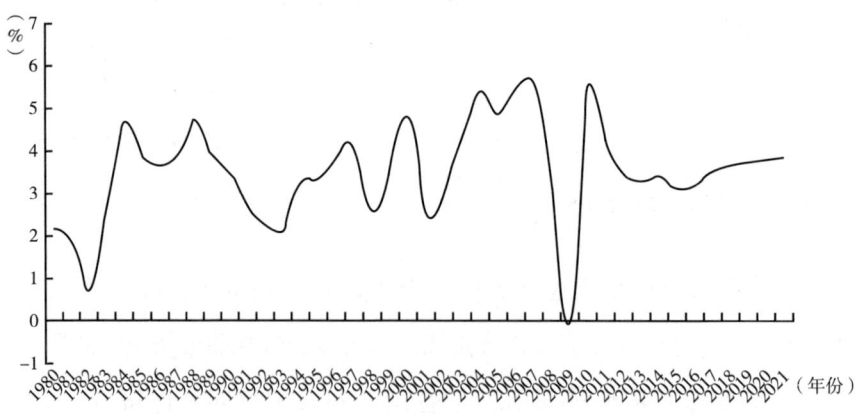

图 7　全球经济增长情况及"十三五"时期预测

资料来源:IMF 数据库。

二是我国金融创新高涨,市场监管难度增加可能引发新的市场风险。近年来,我国经济金融化程度不断深化,加之金融业改革开放步伐加快,金融市场体系混业经营趋势明显,金融创新活动空前繁荣。一方面,在金融创新中,金融机构往往要从事不熟悉的业务,建立新的融资渠道,使用新的业务流程,以监管套利为目标的金融创新极大增加了风险的隐蔽性,加大了政府对市场监管的难度;另一方面,新兴的金融创新产品往往横跨多个市场,涉及多个监管部门,在我国现有金融监管体系不健全的情况下,进一步增加了各部门协同监管的难度,一些新型市场领域的风险将出现,并交叉传染到其他主要市场,并可能成为我国重大市场风险爆发的源头。

三 "十三五"时期我国主要市场的局部风险点

"十三五"时期,我国股市、债市、楼市和汇市的局部风险点将主要来自经济增速下行带来的基本面恶化、前期宽松政策带来的流动性过剩、长期市场积累泡沫带来的风险敞口扩张以及未来市场机制调整与制度变化带来的风险预期冲击等等。

(一) 股票市场的局部风险点

2015年6月与8月以及2016年1月,由于受到政策操作失当、监管不力和其他金融市场波动的影响,我国 A 股市场经历了三次大调整,上证综指跌幅均在千余点,引发了股票市场的局部风险。2016年,虽然股市呈现出阶段性企稳,但展望"十三五"时期,仍有诸多因素可能触发股市的局部市场风险。

第一,市盈率依然相对偏高,股市面临较为严峻的估值风险。虽然 A 股在三轮股灾后市盈率有所回落,但仍高于发达国家资本市场和历史平均水平,未来估值风险仍需重点关注。截至2016年上半年，从主板市场看，中国内地 A 股主板（含中小板）市盈率为 19 倍，略高于日本主板（17 倍），显著高于中国香港主板（10倍）和美国纽交所（7 倍）。从创业板市场看，中国内地创业板市盈率为 73 倍，略低于日本创业板（75 倍），稍高于中国香港创业板（61 倍），显著高于美国纳斯达克（25 倍）。"十三五"时期，在我国股市估值依然相对偏高的情况下，如产生突发流动性或政策冲击，造成市场恐慌性波动，股指可能在短期内出现大幅下跌，并引致局部市场风险。

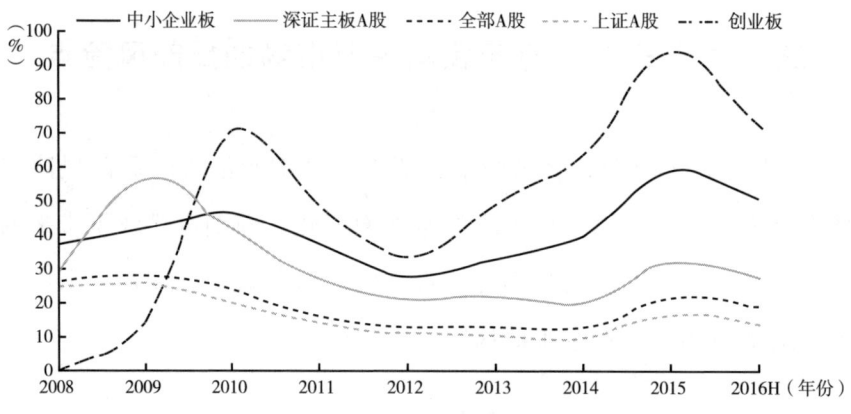

图 8　中国内地 A 股市场及各板块市盈率

资料来源：Wind 数据库。

第二，大股东可能大幅减持，股市面临局部股价暴跌风险。2015 年 6 月"股灾"发生之后，证监会为稳定股价出台相关政策，要求所有上市股市"五选一"（大股东增持、董监高增持、公司回购、员工持股计划、股权激励）制订稳定股价方案，这导致 2015年下半年到 2016 年上半年，大股东减持速度迅速放慢。"十三五"时期，减持禁令将到期，我国 A 股市场大股东持有的累计 8300 亿元限售股将一次解禁。与此同时，减持新规不适用于大股东减持其通过二级市场买入的上市公司股份，这意味着2016年"股灾"期间所增持的自身股票护盘可以不受减持新规限制在市场出售。此外，2015年以来，随着股价的持续回落和横盘盘整，一些股东增持时的成本线已经跌破，未来在股价微升的情况下，市场大股东减持止损的动因依然存在。因此，"十三五"时期，股市大股东减持解禁仍为大概率事件，一旦大股东为了止损大量减持，可能造成股价短期内暴跌的风险。

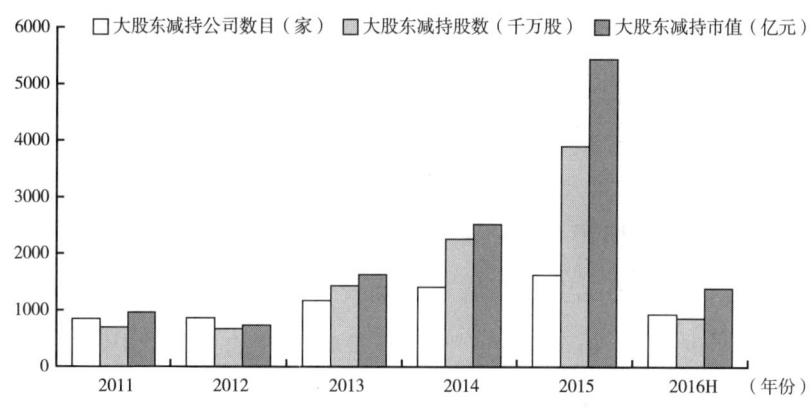

图9 中国内地A股市场大股东减持情况

资料来源：Wind数据库。

第三，"国家队"可能大幅减仓，股市面临抛售冲击风险。2015年"股灾"后，为了稳定股市预期和补充市场流动性，我国政府实施了"救市国家队"的策略，遏制了股指进一步暴跌，平稳了市场运行。根据2016年三季度的财报，国家队现身1196只A股的十大流通股东中，合计市值约为1万亿元，占全市场流通市值的2.6%，且集中在金融和制造业两个A股市场最为重要的板块。"十三五"时期，国家队主力企业可能迫于债务压力，在股价上扬的情况下吐货获利，一旦持续减持，可能引发部分国家队重仓股的股票进一步下跌，从而使 A 股市场遭受短期内集中抛售冲击的风险。

第四，IPO 审批开闸提速，股市面临流动性骤抽风险。2016 年 1 月打新规则出台后 IPO 重启，不再要求投资者提前缴款，而是根据中签结果补交。短期来看，新规出台后打新对资金面的扰动减弱。但长期来看，如果 IPO 加速，加之注册制逐步推出，在越来越多的企业上市而没有明显增量资金入市的情形下，新股对流动性的占用使存量股价下跌压力增加，可能进一步稀释股市流动性，在短期内造成市场信心波动，引发市场资金持续外流，股市可能遭受流动性骤抽的风险，并将酿成较为严重的局部市场风险。

（二）债券市场的局部风险点

2016 年 2 月以来，我国债市信用违约案例数量急剧上升，虽然近期债务违约情况有所缓解，上证公司债指数结束下跌趋势，但"十三五"时期，在经济增速下行等多重因素的共同作用下，债券市场频繁违约或再现，从而产生局部性的严重风险。

第一，经济增速下行压力大和企业杠杆率高企，市场债务违约风险依然存在。"十三五"时期，我国经济增速仍面临较大下行压力，加之人力成本攀升、债务滚动下财务费用刚性增长都将挤压企业利润，实体经济企业现金流状况可能进一步恶化，提高了债券市场主体信用违约的风险。与此同时，我国非金融企业杠杆率较高，2015 年达到 170%（BIS 口径），横向和纵向比较都处于高位。其中，特别是国有企业和传统行业的企业杠杆率明显偏高，如果不妥善降低和化解这些非金融企业部门的债务，"十三五"时期我国债券市场上可能存在较为严重的企业违约风险。

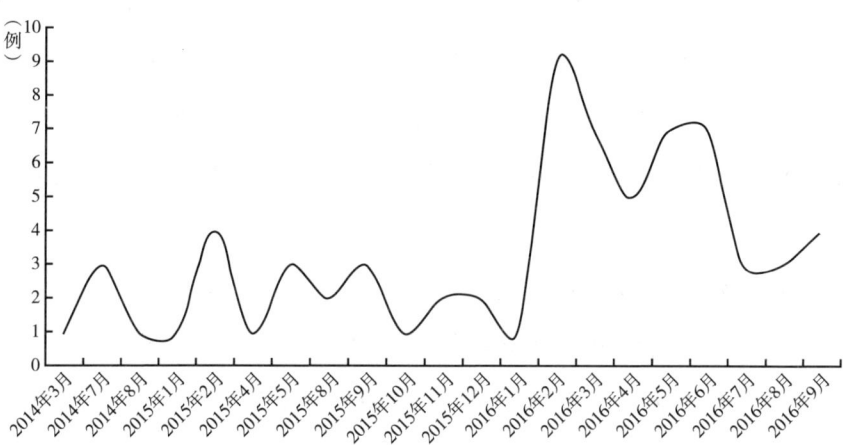

图 10　2014 年 3 月至 2016 年 9 月信用债违约月度数量变化

资料来源：Wind 数据库。

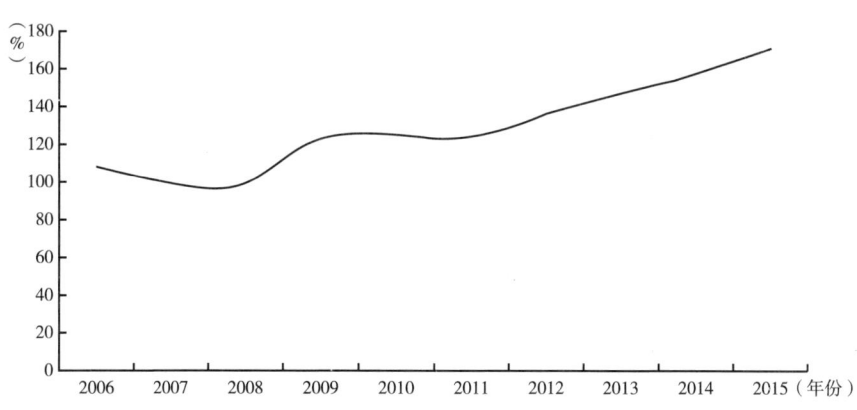

图 11　我国非金融企业负债率变化情况

资料来源：BIS 数据库。

第二，市场流动性避险情绪高涨，债券市场投机风险依然存在。近年来，随着各国实施较为宽松的货币政策，世界范围内的流动性极为宽松。"十三五"时期，在全球资产价格走高的条件下，考虑到美联储加息以及英国脱欧后续效应可能进一步发酵，全球和我国金融市场的避险情绪将极为浓烈。从未来一段时期我国流动性布局看，房地产市场逐步恢复至常态，房地产吸收流动性的功能弱化，股票市场在中期内缺乏吸引流动性的因素，流动性很可能继续流向债市，导致债市投机行为盛行，这有可能进一步加剧债券市场的波动，引起局部市场的风险。

第三，市场前期风险累积较重，债市信用风险敞口依然存在。首先，债券市场杠杆率持续增加，2016年下半年，在股市与楼市景气程度降低的情况下，债市杠杆率有回升趋势，但总体杠杆率仍在110%以上，并在8~9月呈现出新一轮向上攀升的趋势；其中，资金规模小的金融机构杠杆偏高，如券商、信用社、农商行、城商行等，券商在银行间市场的债券杠杆倍数为2倍以上，远高于其他机构，为债市积累了大量风险。同时，场内回购交易发展迅猛，截至2016年9月，待回购债券余额超过了4万亿元，比2015年初增长了50%，增加了信用违约事件概率。此外，"十三五"时期，除了2017年5月至2019年3月偿付压力相对较小外，其他时间信用债到期偿付压力依然较大，这进一步提高了债券市场信用违约风险。

第四，发债主体评级持续下调，信用评级泡沫风险正逐步曝露。我国信用评级泡沫化和信用利差被严重低估，截至9月30日，2016年我国债券市场长期信用评级遭到下调的企业主体数高达153家，大大超出2015年同期90家的水平。"十三五"时期，我国企业盈利能力修复仍然迟缓，可能有更多的发债主体评级被下调，加之违约事件助推评级泡沫逐步破灭，将提高企业的再融资成本和难度，导致负债主体特别是产能过剩而负债率高企业的资金链断裂风

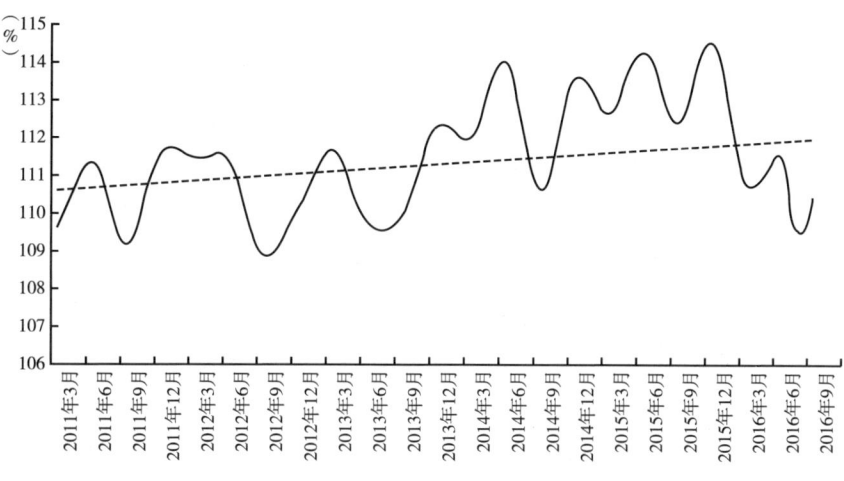

图 12　我国债券市场杠杆率情况

资料来源：Wind 数据库。

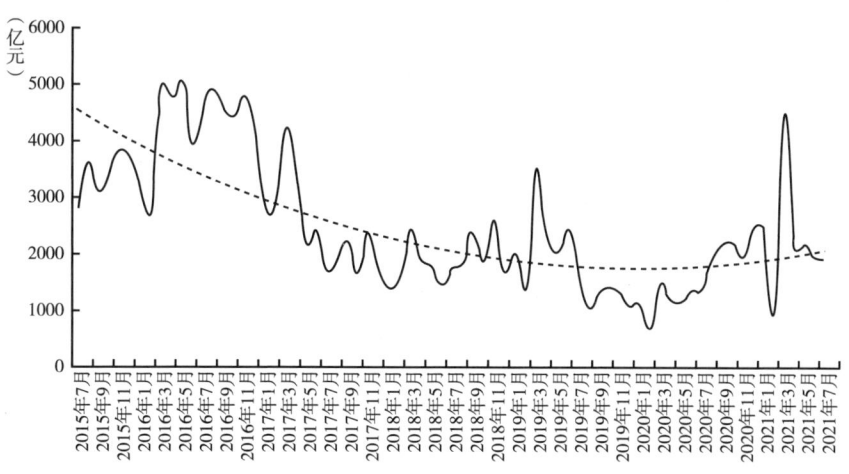

图 13　"十三五"时期我国信用债到期偿付量情况预测

资料来源：Wind 数据库。

险加剧，并负反馈到债券市场，从而导致债券市场局部违约风险急剧上升。

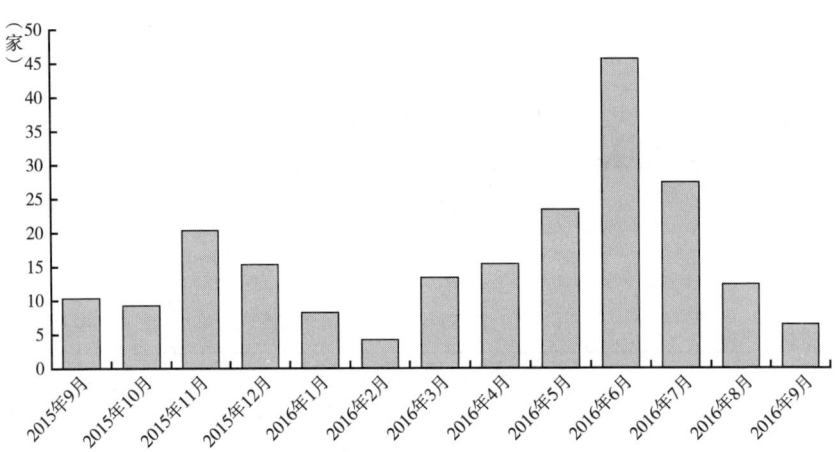

图 14 我国信用评级下调月度企业数量

资料来源：Wind 数据库。

第五，相关改革推进与政策实施，可能触发债券市场信用违约事件。一方面，我国将加快推进供给侧结构性改革，货币政策可能逐步转为更加稳健，基准利率和信用利差都面临上行压力；另一方面，"去产能"和"去杠杆"将加速部分企业破产清算，如处理不当，可能导致部分企业主体在债券市场的违约风险。与此同时，在信用债违约爆发的背景下，高溢价的城投债受到市场追逐；但是城投债依靠地方政府财力支撑，而各地方政府财政能力差别很大，当地方债务置换之后，没有新的政策托底，若不提升对城投债背后财务状况的甄别能力，有较大的潜在违约风险。

（三）房地产市场的局部风险点

近年来，我国房地产市场高价格、高库存、高杠杆、高度金融化等特征明显，全国整体库存量持续增长，市场供需双方杠杆率逐步增加，投机性需求仍旧盛行，房地产市场的局部风险依然存在。

第一，房地产市场供求呈现错配趋势，可能导致库存持续增加的风险。房地产部门自身风险之一主要体现为需求不足和供给过剩的错配风险。从 2015 年开始，我国房价开始回暖复苏，2015 年四季度，新开工面积和新竣工面积开始触底反弹。2016 年 1~9 月，全国房地产开发投资 74598 亿元，同比实际增长 7.1%，房屋施工面积、新开工面积和竣工面积也同比大幅增长。"十三五"时期，随着房地产市场的复苏和价格的上扬，房地产可能出现新一轮的加库存。与此相对，未来一段时间，我国经济增长速度和居民收入增长速度可能还面临进一步下滑的趋势，加之城镇化速度放缓，人口出生潮引发的改善型住房需求和刚性需求已经跨过高峰，我国住房市场的整体需求将逐步减弱。在需求面有所弱化的条件下，如果未来我国房地产建设面积持续增加，将使得库存快速累积，房地产市场将面临新一轮的加库存过程，可能通过部分地区房价大幅调整进而引发局部市场风险。

第二，房地产市场供需双方杠杆率增加，可能引致资金链断裂的信用风险。一方面，房地产企业部门持续加杠杆。2005~2015 年，房地产部门的负债率从 60% 以下的水平提升到 76%，提高了约 16 个百分点。未来，在经济增速下行、人口增长放缓和城镇化减速等多重因素的影响下，房地产市场可能出现需求不足的情况，房地产商的存货价格可能下降，其资产端将面临减值压力，资金链断裂压力陡增，企业将以更低的价格销售存量的房产或者转让土地，导致市场预期更加悲观，从而形成一个自我强化的价格下跌螺

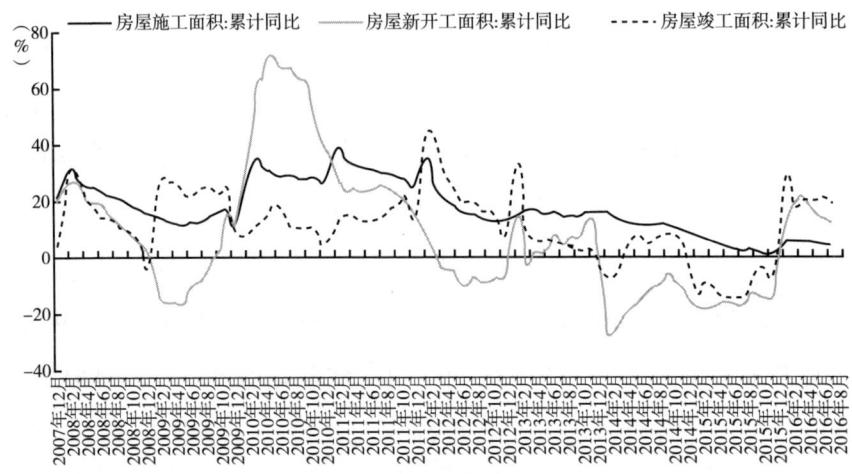

图 15 房屋新开工、施工和竣工面积走势

资料来源：Wind 数据库。

旋，在短期内引发房地产市场局部风险。另一方面，房地产市场中，居民杠杆率在过去几年增长较快。截至 2015 年末，我国居民部门未偿贷款余额 23.2 万亿元，占 GDP 的比重为 36.4%，从 2008 年到 2015 年间上升了近 20 个百分点，其主要原因是住宅按揭贷款的高速增长。同时，截至 2016 年 1~9 月，我国人民币贷款增加 10.16 万亿元，住户部门贷款增加 4.72 万亿元，住户部门新增贷款占整体新增贷款的 46.4%，其中住房按揭贷款增长速度最快。不论是房地产企业开发贷款类的加杠杆，还是居民部门抵押贷款类的加杠杆，都容易引发房地产市场体系的信用违约风险，可能导致严重的信用风险，通过房地产价格大幅调整和贷款违约直接冲击部门自身以及银行等金融部门，并将直接诱发金融市场内的系统性信用风险。

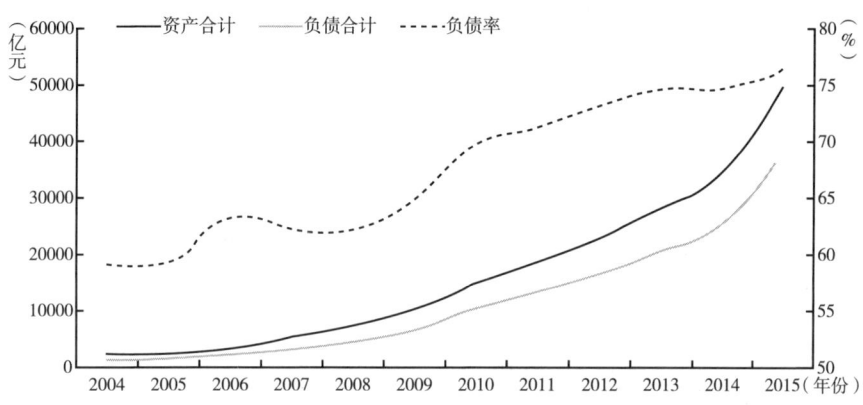

图16 房地产企业资产负债发展

资料来源：Wind 数据库。

表2 月度住户部门增加额占人民币新增贷款总额比例

单位：%

年份	2011	2012	2013	2014	2015	2016
1月	31.8	20.7	44.1	37.3	33.5	24.2
2月	19.8	9.2	19.6	7.9	20.8	-0.9
3月	47.0	27.9	36.1	37.0	15.7	46.6
4月	33.4	20.8	46.9	36.2	41.3	75.9
5月	39.4	26.9	57.3	35.9	34.5	58.4
6月	37.8	29.7	39.6	33.1	35.7	51.6
7月	35.8	34.1	43.8	23.7	18.6	98.7
8月	34.4	40.1	47.6	38.8	43.6	71.2
9月	35.2	32.1	42.4	35.6	32.3	50.1
平均	34.9	26.2	41.9	31.2	30.5	46.4

注：2016年2月住户部门新增贷款减少65亿元，故所占比例为负数。

资料来源：中国人民银行网站各年历月《金融统计数据报告》。

第三，房地产金融化程度深化，可能诱发投机性泡沫破灭的风险。房地产具有消费和投资的双重功能，居住功能是房地产的核心功能，投资功能是派生功能，这两种功能是统一的、不可分割的。但如果房地产商品的居住功能和投资功能发生次序逆转，必将产生较大泡沫并引发区域性市场危机。"十二五"时期，部分城市特别是一线及部分二线城市房产正在蜕变为金融品，呈现高度金融化的趋势，房价上涨很大程度上受到资金面的推动，住房正在由生活必需品变为金融品，部分城市和地区的房地产资产泡沫正在逐步增大。"十三五"时期，我国房地产市场仍可能呈现价格温和上涨的态势，加上全球和我国宏观政策相对宽松以及居民投资渠道依然缺乏，大量资金仍可能涌入房地产市场，造成房价长期、持续走高，且快于居民实际收入增长速度；在政府抑制房地产价格快速上涨政策出台和可能的加息背景下，前期积累的房地产泡沫很容易触破，并引发房地产市场的局部风险，这对房地产市场平稳发展、金融体系稳定以及宏观经济可持续发展都将构成巨大威胁。

（四）人民币汇率市场的局部风险点

2015 年的"8·11"汇改使得人民币汇率的定价机制和决定因素均发生巨大变化，出现了连续性人民币汇率贬值和汇市波动，外汇市场也随之产生了巨大风险。"十三五"时期，鉴于我国经济尚处于下行阶段，人民币汇率的贬值趋势可能还会持续 1~2 年，其间需要警惕贬值预期再度飙升和资本大规模外逃的风险，并关注离岸市场套利资本对外汇市场的冲击。

第一，人民币贬值预期可能抬头，从而引发汇市大幅波动风险。2016 年 1 月，央行实施"收盘价 + 篮子货币"汇率形成机制后，人民币汇率贬值预期逐步降低。然而，"收盘价 + 篮子货币"并没有解决过去中间价定价机制中的核心矛盾，即外汇市场出清问题。2016 年 1 月以来，人民币隐含波动率基本保持在 5% 以上，人民币风险溢价较高，但在岸外汇市场人民币对美元日度交易量从上年末接近 400 亿美元持续下降至 200 亿美元左右，个别工作日交易量甚至跌破 100 亿美元，基本回到了"8·11"汇改前水平。外汇市场相对低迷的交易量，反映当前市场量价并不匹配，人民币外汇市场的美元供给不足，供需存在较大缺口，市场交易量受美元供给的短边约束，一部分投资者仍然在持汇观望，未来人民币对美元仍然有一次性调整的可能性。"十三五"时期，一旦美联储进入加息的轨道，类似 2015 年下半年的人民币贬值预期会再度卷土重来，并在短期内带来人民币汇率大幅向下调整，引发汇市大幅波动的压力，由此转化为人民币汇率市场的局部风险。

第二，境内资本外逃冲动依然存在，可能引发人民币汇率超调风险。资本外流和跨境资产配置主要由利差和汇率预期决定。"十三五"时期，在美联储进入加息周期，境内金融资产风险上升的情况下，加之汇率贬值预期，境内投资者对美元资产的需求会越来越旺盛。2016 年以来，尽管我国每个季度有 1000 亿美元以上外贸顺差，但是每季度 M2 增量都在不断攀升，到 9 月 M2 存量已经超过 22 万亿美元，如果这部分资产有非常迫切的海外资产配置需求，汇率就会存在超调的风险。由于我国货币市场的深度远远超过外汇市场，一旦汇率出现贬值预期，不仅贸易商和企业会降低结汇，有一部分资金也会伪装成"实需"进入外汇市场套利，境内金融市场的流动性越多，对外汇市场的压力就越大。因此，当国内 M2 攀升导致货币市场深度不断增加，而外汇市场发展却相对停滞时，只要存在贬值预期，就会有资金从货币市场流向外汇市场，短期资本流出和汇率超调的压力会越来越大，可能酿成人民币汇率市场局部的巨大风险。

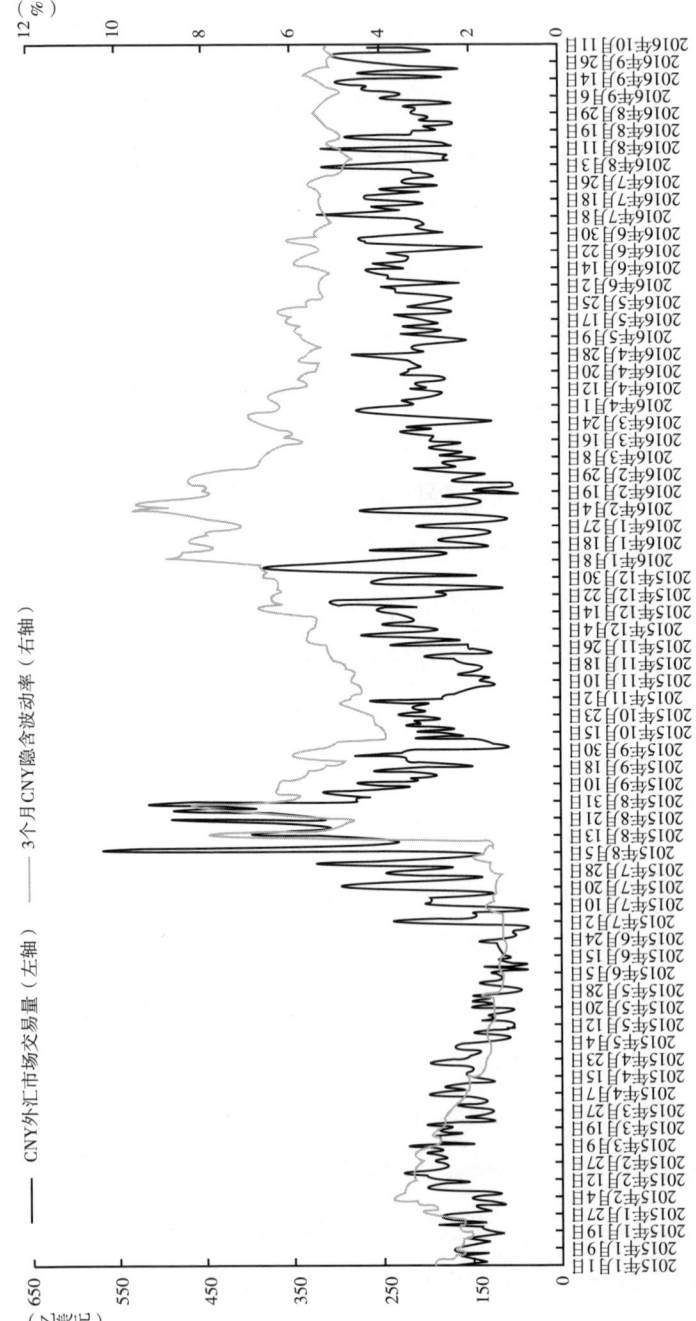

图 17　在岸外汇市场交易量与人民币汇率隐含波动率

资料来源：Wind 数据库。

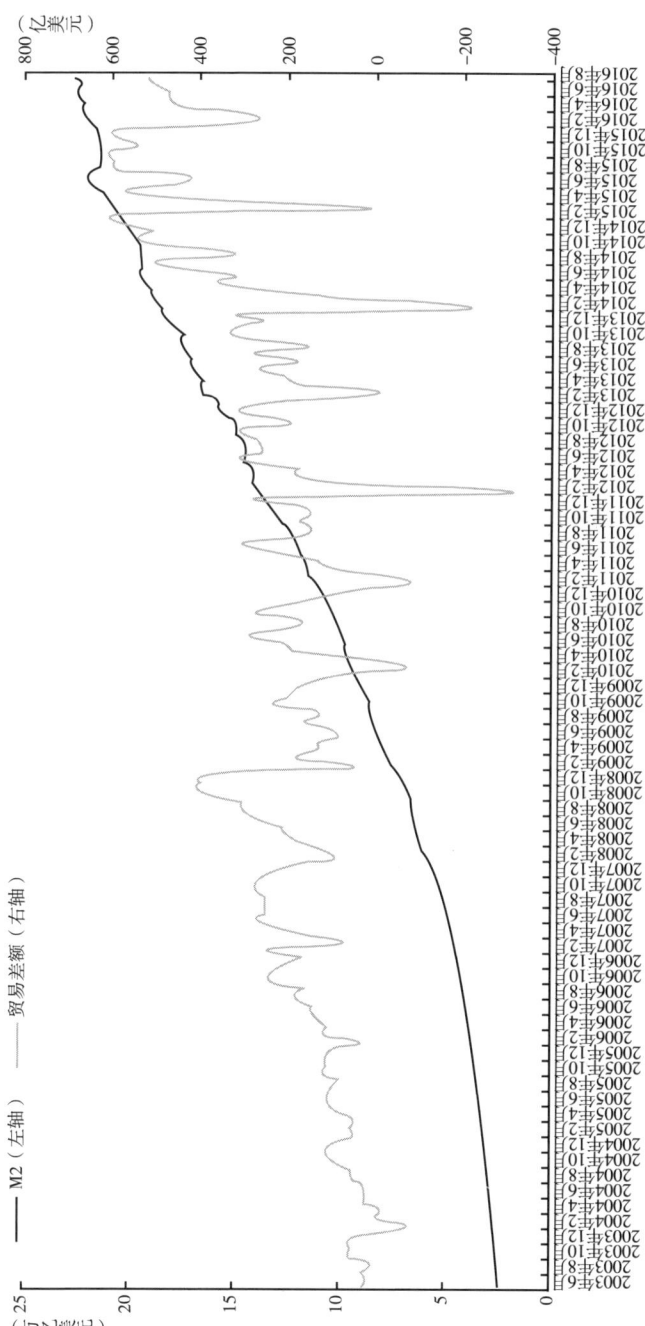

图 18　中国 M2 与贸易顺差

资料来源：Wind 数据库。

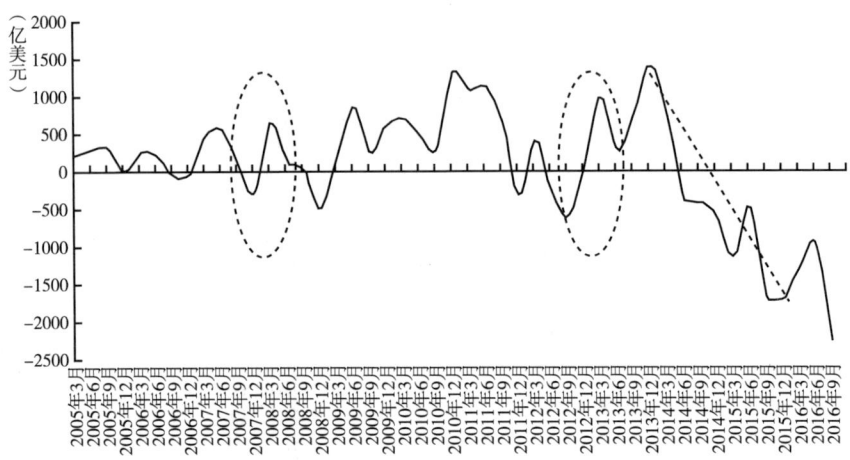

图 19　我国非储备性质的金融账户差额

资料来源：Wind。

第三，离岸市场缺少稳定的货币锚，可能对汇市造成连续性冲击风险。人民币离岸市场参与主体没有真实的外汇使用需求，其外汇交易大多数用于对冲资产价格风险或者套利套汇。但离岸市场自身缺乏一个稳定的货币锚，其定价大多数时候是参考在岸市场的交易价格。在这种情况下，离岸市场参与者并不是有效的价格发现者，其汇率定价基本都是跟着在岸市场走。"十三五"时期，一旦美联储加息预期高涨以及其他国际经济因素的扰动，在岸市场的市场主体很难看清未来市场走势，其作为汇率"定价锚"的效应也将削弱，离岸市场的金融机构将会无法对未来汇率做出准确定价，市场汇率的波动就会急剧放大，反过来又会影响到在岸市场的汇率定价，这将引发大规模的资本流出，对汇市形成连续性冲击，造成较为严重的人民币汇率市场局部风险。

四 "十三五"时期我国重大市场风险的
形成及其影响

"十三五"时期,我国国内部分市场风险因素加快积累,国际上风险触发点明显增多,国际国内多种不利因素碰头进一步导致多重风险叠加,市场风险的复杂性、传染性和系统性正在逐步强化。在这种情况下,局部市场风险可能会迅速向其他市场传导,各个市场之间还可能形成风险共振,从而演化为重大市场风险,并对实体经济造成严重损害。

(一) 主要市场风险爆发起点与表现特征

根据上述对主要市场可能局部风险点的分析,结合我国内外宏观经济环境变化,"十三五"时期我国主要市场风险爆发起点和表现如下所述。

从股市看,风险往往爆发于偏离合理估值水平的资产泡沫破灭,从而引发股价的急剧暴跌。"十三五"时期,当我国股市出现连续快速上涨时,将导致市场情绪活跃和投资者投机情绪高涨,使得市场估值大幅偏离合理水平,进而引发股票市场的资产泡沫增大,在外部政策与事件冲击下,泡沫破灭导致股价在短期内急剧下跌。根据未来一段时期我国宏观经济环境变化以及股市运行趋势,股市风险爆发可能呈现出以下几个方面的特征。一是市场指数急剧下跌。比如主要指数在短期内出现15%~20%的下跌,在一年或更长时间内跌幅超过50%;同时,个股价格连续大幅下跌,部分股票价格甚至出现"腰斩",例如2015年股灾爆发后,部分股票甚至从历史高点下跌超过 90%。二是市场出现恐慌情绪。在市场急剧下跌的过程中，市场情绪极度悲观，非理性情绪主导市场，企业经营情况和各项技术指标对市场走势的判断失去价值，部分投资者出现恐慌性抛售。三是投资者尤其是高杠杆资金损失惨重。在股票交易广泛使用杠杆的条件下，市场容易出现暴涨暴跌；一旦市场出现大跌，杠杆比例较高的投资者会出现强制平仓的情况，部分投资者甚至因持有股票跌停无法出售而直接爆仓；下跌过程中，即使是业绩较好、估值相对合理的股票也难以幸免，非常容易出现市场恐慌和踩踏。四是市场流动性枯竭。在市场快速大幅下跌过程中，成交量急剧萎缩，市场流动性严重不足，部分股票出现连续跌停的情况，导致想套现离场的投资者无法出售股票；下跌过程中，基金净值也出现大幅下降，投资者竞相赎回基金，基金公司为保持流动性被迫降低仓位，进而导致股价进一步下跌。

从债市看，风险往往爆发于特定的宏观经济环境，即实体经济遭受严重困境，市场资金供应出现紧张。"十三五"时期，风险爆发可能有多个源头，包括大量企业信用违约导致刚性兑付信用破灭，流动性过度宽松形势逆转导致市场出现"钱荒"，以及通货膨胀预期抬头等。与此同时，债市风险爆发可能伴随以下几个方面的特征。一是大量企业评级下调，部分企业违约。债市风险爆发多发生在实体经济低迷时期，受宏观经济环境影响，部分企业陷入经营困境，大量企业信用评级被下调；一些发行债券的企业到期难以偿付债务，企业出现违约的概率大大提升；在违约之后，企业成功筹集资金偿付债务的可能性下降。二是收益率急剧上升，债券价格大幅下跌。债市风险爆发时，市场风险偏好下降，债券定价要求有更高风险补偿，导致债券收益率攀升，债券价格大幅下跌。三是杠杆资金损失惨重。债市中大量投资者通过"回购养券"的方式加杠杆，购入数倍于自有本金的债券量，一旦债券价格下跌，投资者往往会遭受严重损失。四是新债发行难度加大。随着债券价格下跌，风险偏好下降，市场预期悲观，大量投资者倾向于持币观望，债券市场需求快速萎缩，新发行债券难度加大，发行成本提升。

从汇市看，风险往往爆发于国际国内宏观条件变化的情形，往往伴随突然的制度变化或未预期的"黑天鹅"事件。"十三五"时期，外汇市场的风险可能始于人民币贬值预期强化，抑或是国际投资者对我国经济发展前景看淡，以及出现重大负面突发事件。根据未来一段时期我国内外环境变化以及汇率运行趋势，汇市风险爆发可能伴随以下几个方面的特征。一是国际投机资金纷纷涌入外汇市场。由于外汇市场汇集了巨额的资金，当人民币出现趋势性贬值，在投资者形成进一步走贬的一致性预期时，大量国际投机资金会进入外汇市场，押注人民币贬值，汇率贬值预期的自动实现机制将吸引更多的投机资金，形成恶性循环。二是本国居民为避免资产缩水纷纷持有外币。当人民币汇率贬值趋势明朗化，本国居民为实现资产保值，会大量购买外汇，外汇资产会从政府向民间转移；部分居民还会通过各种渠道将资金转移到国外，出现大量资本外逃的情形。三是汇率出现超调。在国际投资资金和国内私人部门对外汇需求急剧扩大的情况下，汇率会大幅贬值，并形成新一轮贬值预期；在这种情况下，汇率往往难以在购买力平价或利率平价确定的水平上形成新的均衡，而是会出现超调，贬值幅度将超出合理范围。四是外汇储备急剧减少。受贬值预期强化、资本外流加剧、本国居民大量持汇、货币当局入市干预等因素影响，外汇储备被大量消耗，储备规模急剧缩水。

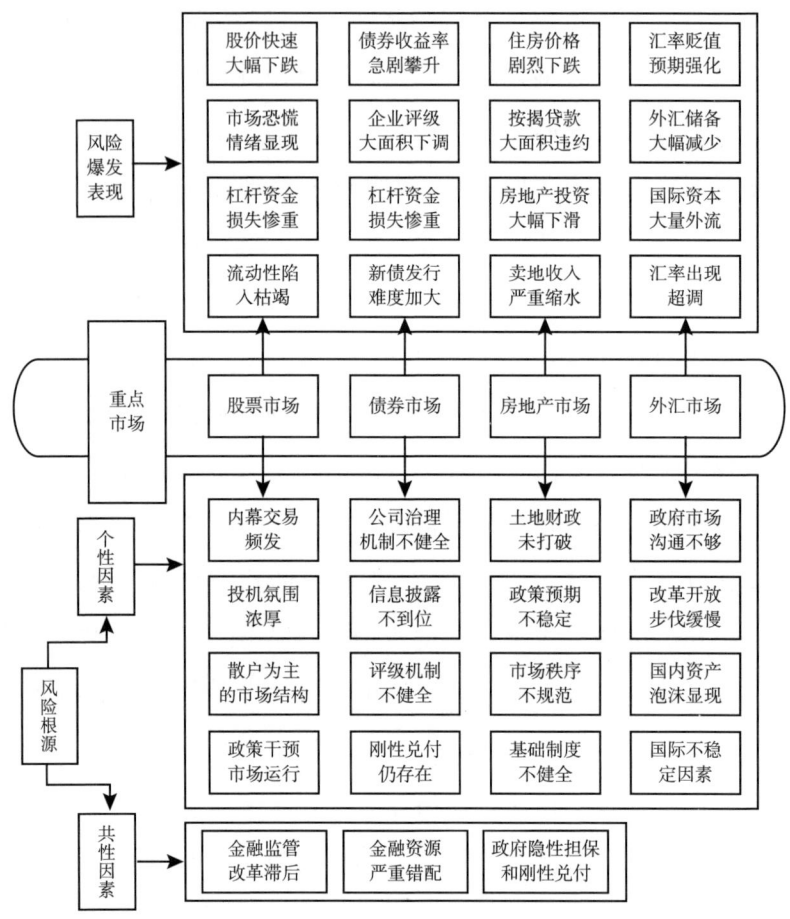

图 20　重点市场风险爆发的表现及其根源

从房地产市场看，风险往往爆发于房价上涨预期改变和金融市场环境恶化。"十三五"时期，风险爆发的源头可能是人口因素导致的房地产市场供求关系逆转，或是房价与收入水平或其他资产价格的相对水平超出合理范围，以及金融市场出现变化导致大量投资者难以偿还按揭贷款。与此同时，房地产市场风险爆发时可能出现以下情形。一是房价剧烈下跌。楼市风险爆发的根本前提是房价过高,当房价泡沫破裂时,房地产市场的投资功能丧失,投机性需求将会消失殆尽;投机性购房者为兑现收益将大量抛售,加之实际供求关系逆转,一旦风险爆发,首要的表现就是房价持续大幅下跌。二是大量购房者难以偿还按揭贷款。按揭贷款普遍存在于房地产市场,特定时期的房地产金融政策还设置了不同的首付比例,一些购房者使用了较高的杠杆;当房价大幅下跌时,实体经济也会遭受冲击,部分购房者可能因缺乏稳定收入而难以偿还按揭贷款;一些杠杆较高的购房者持有的房产甚至可能变成负资产,银行发放的住房贷款也面临严重的金融风险。三是房地产投资大幅下滑。住房价格下跌和供求关系逆转,导致房地产企业投资收益大幅下降,资金链日趋紧张,建设新项目的积极性受到严重打击,企业购置土地和新开工项目快速减少,房地产投资大幅下滑。

(二)风险交叉感染路径与重大市场风险形成

以上市场局部风险点如果只是局限于市场内部而不扩散,那么影响较小,然而局部市场风险可能通过市场间的直接或间接联系传染到其他市场从而产生更大的风险。近年来,随着金融体系混业经营与业务关联程度不断深化,金融创新不断发展,市场主体跨市场投资经营活动更加频繁,风险跨市场交叉感染的可能性也在不断增加。在这种背景下,"十三五"时期,各市场局部风险会通过流动性、市场信心、资产负债表和政策效应冲突四个渠道在市场间交叉感染,并可能演化为重大市场风险。

1. 流动性渠道

风险跨市场交叉感染的一个重要渠道是通过流动性的跨市场转移。资金的跨市场流动延长了各个市场的信用链条,使得个别子市场的风险有可能蔓延到整个金融领域，也可能使微小的风险不断积累、传递，最终演变成重大市场风险。通过流动性渠道，不同市场间风险相互传染的主要方式如下。

一是特定市场风险爆发通过"跷跷板"效应推高其他市场风险。在出现市场风险时，投资者出于避险和维持高流动性的考虑会调整自己的资产组合，增加风险较低资产和流动性较强资产在总资产中的比重，这两种现象分别被称为安全投资转移（flight-to-quality）和流动性转移（flight-to-liquidity）[①]。这两种现象会加速流动性在市场间的转移，减持资产的价格会出现下降，而增持资产的价格则会趋于上升，出现所谓的"跷跷板"效应。2015 年，中国在股灾期间就出现了典型的"跷跷板"效应。股灾发生后，资金加速从股票市场向债券市场和房地产市场转移，加剧了债市和房市泡沫化风险。从图 21 可以看出，在股灾发生的 2015 年 5 月至 9 月，上证所的股市总市值从 36 万亿元下降到 25 万亿元，跌幅达到了 30.4%，而同期中国债券市场总市值则从 30 万亿元上升至 34 万亿元，增长了 11.7%。房地产市场的泡沫同期也在增大，70 个大中城市中的一、二线城市的价格指数的同比增速分别从 -0.5% 和 -5.9% 上升至 13.9% 和 -1.3%。"十三五"以来，中国 M1 和 M2 同比增速的剪刀差持续维持在高位（见图 22），这意味着投放的基础货币没有进入信贷领域发挥乘数效应，大量资金在金融体系内部循环，伺机在股市、债市、房地产等领域流动套利，市场"跷跷板"效应将会更加强化，这加剧了资产泡沫的形成，并可能形成重大市场风险。

---

① Beber 等（2009）指出，很难区分资金转移究竟是因为安全转移效应还是因为流动性转移效应，故两者一般正相关。

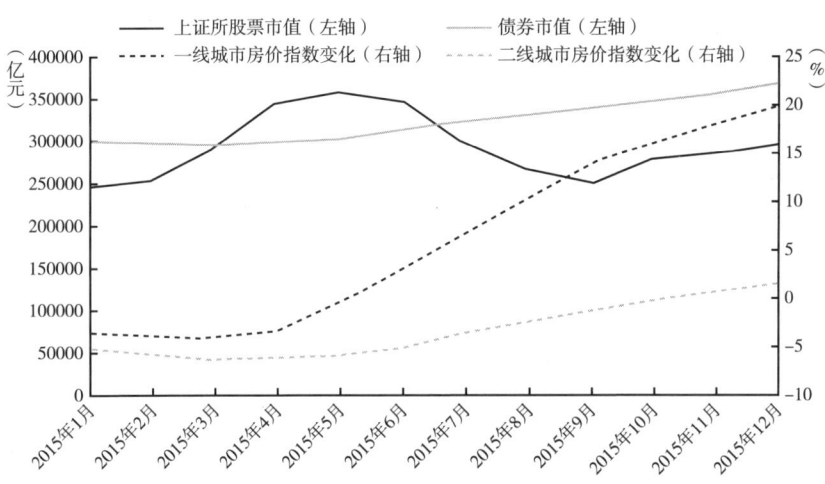

图 21　国内 A 股市场及各板块市盈率

注：图中的一线（二线）城市房价指数变化指 70 个大中城市中的一线
（二线）城市新建住宅价格指数同比变化。

资料来源：Wind 数据库。

图 22　M1 和 M2 同比增速

资料来源：Wind 数据库。

二是特定市场风险爆发导致整个市场流动性紧张，诱发其他市
场风险。投资者往往会在各市场进行资产组合投资，一旦某个市场

资产价格下跌造成该投资者大幅亏损,他就可能为了维持日常流动性而被迫抛售其他金融市场的资产,使其他市场的拆借头寸处于紧张状态,导致跨市场金融风险的传染。[①]"十三五"时期,在货币政策可能适度收紧、不同市场间联系不断增强的背景下,个别市场的流动性短缺可能在短时间内抽取其他市场的流动性,引发整个市场的流动性紧张,进而导致重大市场风险的产生。从股票市场来看,在股价下跌和市场出现恐慌的过程中,由于股权质押、定增或购并中杠杆的广泛使用,为求自保,有影响力的股东和投资者可能会以各种借口对股票实行停牌处理,这会显著挤压场内的流动性。由于强制平仓的要求,仍然在交易的股票可能大量跌停,场内流动性会趋于枯竭。面对潜在的赎回压力和现金要求,投资者将被迫抛售其他市场的资产,使得流动性枯竭的风险迅速蔓延到其他市场。从债券市场来看,目前中国债券市场高杠杆投资频繁,很多债券投资者依靠借入短期资金、重复质押的方式进行加杠杆。央行一旦收紧流动性,短期利率的提高就会大幅提高高杠杆债券投资的成本,投资者可能通过出售其他市场资产的方式来接续其资金链,从而将风险传导到其他市场。从房地产市场来看,房地产市场风险爆发同样可能造成其他市场的流动性风险。鉴于风险管控的压力,银行给予房地产企业的开发性贷款的期限实际上是相对较短的(目前我国主要商业银行的住房开发贷款的期限一般不超过3年),但开发期限和去化时间与下游需求紧密相连,可能是一个长期的过程,如果房企销售受阻,房企和银行都可能面临资金链紧张的问题,它们会通过出售其他市场的资产来弥补流动性,将风险传染到其他市场。从外汇

---

① 杨海平:《中国当前金融风险传染的情景推演及对策》,《北方金融》2015年第11期。

市场来看，美元走强将使外汇市场抽取其他市场流动性，加剧风险传染。自2015年底以来，美元已经加息4次，市场预期今明两年，美元还可能有3次左右的加息。世界其他主要货币都有相对于美元贬值的预期，人民币贬值预期也会相应提高，出现资本外流加剧，并引起其他市场资金进入外汇市场，造成这些市场的流动性短缺风险。

表3 流动性约束条件下重点市场的风险传染机制

风险源市场	风险传染机制
股票市场	股市下行背景下强制平仓要求使得股票大量跌停，赎回压力迫使投资者从其他市场抽取流动性，导致其他市场流动性趋紧
债券市场	央行收紧流动性导致高杠杆债券投资者成本攀升，他们将出售其他市场资产来接续资金链，导致风险传染到其他市场
房地产市场	房企的资产和负债存在期限错配，流动性紧张时，需从其他市场获取流动性，从而可能将风险传染到相应市场
外汇市场	美元走强将使人民币资产吸引力下降，资本从其他市场进入外汇市场，资本外流加剧，各市场风险上升

2. 市场信心渠道

市场信心反映的是市场主体对经济发展和市场前景的看法，它会直接影响投资者的投资决策并造成风险在市场间的传染。由于信息不对称的普遍存在，局部市场风险引起的信心下降会通过羊群效应[①]迅速传播和放大，并可能造成信心崩溃和市场恐慌。在这种情

---

① 羊群效应指信息不完备的投资者常常会根据市场中其他投资者的行为来决定自己的选择。一些学者指出尽管羊群效应是"集体不理性"的，但从个体层面来看可能是理性的。一方面因为信息搜集的高成本，搜集和处理市场信息需要支付一定的固定成本，这个成本对于小投资者而言往往很高，因此跟随有信息成本优势的大投资者就是一种理性的选择（Calvo和Mendoza，2000）。另一方面因为名声效应，一些投资者尤其是基金经理，特别在乎他们的名声，如果他们提前行动导致错误就会让他们名声受损，为了避免这种情况发生，他们往往愿意做跟随者，这导致了普遍的羊群效应（Kim和Wei，1997）。

况下，投资者可能抛售多个市场资产，造成重大市场风险。在亚洲金融危机期间，泰国就由于市场信心大幅下挫出现了房地产市场和股票市场同时暴跌的现象。1997 年，曼谷商业区房价跌幅达到了22%，泰国股票市场的 SET 指数也由 1996 年 1 月底的 1410.33 点跌至 1997 年 6 月的 527.28 点，跌幅超过 60%。在中国，"十三五"时期，局部市场风险的爆发也可能对市场信心产生重大冲击，进而造成其他市场风险上升。

从股市看，股市风险爆发往往会对市场信心产生冲击并对其他市场造成不利影响。一方面，中国股市风险会通过市场信心途径传染到债券市场。比如，许祥云等就曾发现，在 2008 年全球金融危机爆发前，中国股市熊市会降低投资者对债券市场的信心，导致债券市场下行。另一方面，股市风险还会通过市场信心途径传染到外汇市场。股市下跌会降低投资者对人民币资产的信心，导致资本外流，冲击外汇市场。据高盛分析师估算，受股市大幅波动影响，2015 年二季度，我国资本外流达到 2240 亿美元，达到历史同期水平之最。

从债市看，目前我国信用债市场存在较大违约风险，一旦违约事件集中爆发，就可能造成市场恐慌，促使其他市场下行。信用债的违约风险要明显高于利率债，但由于市场普遍相信政府兜底会大幅度地降低企业违约概率，其结果是信用债的利率并没有和利率债拉开太多，彼此之间没有体现出应该有的利差（风险溢价），信用债的违约风险被明显低估了。根据 Wind 提供的数据，2017 年 9 月 1 日，1 年和 10 年期的国债到期收益率分别为 3.4%和 3.6%，而 1 年和 10 年的企业债（AAA）收益率则分别为4.6%和 4.9%，相差并不多。债券的收益一般比较稳定，被视为一种较"安全"的资产，一旦信用债违约事件集中发生，就会对市场信心会造成巨大冲击，引起其他市场的抛售行为，并可能导致重大市场风险。

从房地产市场看，楼市风险爆发将打击投资者对金融体系的信心，并诱发股、债、汇等市场风险。2月以来，以北京为代表的多个城市出台并升级了认房又认贷、提高首付比例、缩短贷款期限等限购限贷政策，北京甚至出台了"离婚一年内贷款按二套房执行"的限贷政策。这一轮调控也被称为"最严调控"。随着调控加强，房地产泡沫破裂风险也会不断上升。一旦高房价泡沫破灭，居民和企业的违约将增加，银行坏账率将显著上升。在一个银行主导、银行与其他金融子行业合作密切的金融体系中，这可能会引发系统性金融风险。在这种极端情况下，市场信心将会受到重挫，并可能诱发股、债、汇等市场风险同时爆发。

从汇市看，美元升值背景下，市场对人民币资产信心下降，可能引发资本外流和其他市场资产价格下降。"十三五"期间，我国资本外流趋势加强。在美国收紧货币政策，其他主要经济体依然选择宽松货币政策的情况下，包括人民币在内的主要货币都有相对于美元贬值的预期，资本外流趋势将显著加强。尽管2017年以来我国的外汇储备有所回升，从1月的29982亿美元上升到了7月的30807亿美元，但和2014年6月的历史最高水平39932亿美元相比，仍下降了约25%。持续的资本外流可能降低市场对人民币资产的信心，引发其他市场的抛售行为。

3. 资产负债表渠道

市场风险爆发往往伴随着资产价格大起大落，而股票、债券、房产等资产往往为家庭和企业所持有。因此，"十三五"时期，在

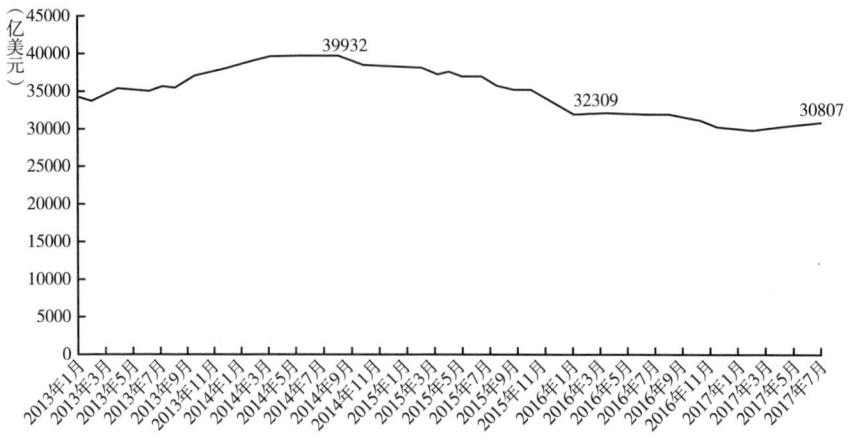

图 23　中国的外汇储备

资料来源：Wind 数据库。

我国部分部门杠杆率高企的背景下，某一市场风险爆发会对家庭部门、企业部门以及金融部门的资产负债表产生巨大冲击，诱发关联市场风险，进而酿成重大市场风险。

一是通过家庭部门资产负债表传导。家庭部门是股票、债券和房产的主要持有者，并且在部分市场存在较高的杠杆。一旦这些市场爆发重大风险，可能伴随着家庭财富的大幅缩水和家庭部门资产负债表的严重恶化。一方面，这将影响家庭消费行为，制约全社会消费需求扩张，宏观经济基本面将受到影响，进而导致证券市场和房地产市场进一步下行；另一方面，家庭部门可能会通过出售资产来偿还债务，以避免资产负债表的进一步恶化，这也将导致关联市场价格下跌。从而，单一市场的风险就通过家庭资产负债表的恶化传导到其他市场，并演化为重大市场风险。

二是通过企业部门资产负债表传导。在股、债、楼、汇等重要市场，企业都是至关重要的参与者。某一市场风险爆发将从两方面

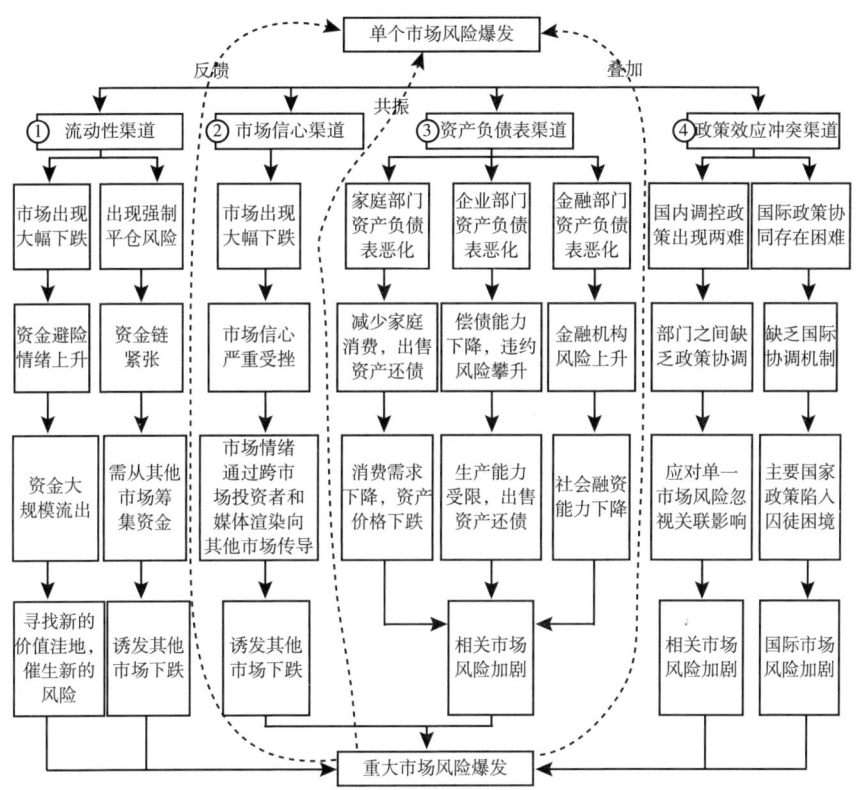

图24 风险在市场间的感染路径及重大市场风险的形成

影响企业资产负债表，一方面，企业是资产持有者，市场风险爆发会影响企业资产方，在股票、债券或房地产价格大幅下跌时，企业要改善资产负债表可能会大量抛售相关资产，引发新的风险；另一方面，企业是有价证券的发行方和房地产市场的供给方，相关市场风险爆发一旦导致企业资产负债表恶化，就可能会影响企业直接融资的能力，对相关行业企业的生产经营产生影响，也会诱发相关市场风险。

三是通过金融部门资产负债表传导。股、债、楼、汇等重点市场都与金融部门存在密切关联。某一市场风险爆发在给投资者和资产所有者带来风险的同时，极有可能给金融部门资产负债表带来冲击。一方面，金融机构本身是股市、债市和汇市的重要参与者，相关市场风险爆发会导致金融机构资产负债表恶化；另一方面，金融机构是股、债、楼、汇等重点市场的资金提供者，相关市场风险爆发给投资者带来损失的同时往往会波及金融机构，导致金融机构资产负债表恶化。金融部门资产负债表恶化本身既是重大市场风险爆发的根源，也是其表现，考虑到金融部门与各个市场的高度关联性，一旦出现金融部门资产负债表恶化，往往就催生重大市场风险。

4. 政策效应冲突渠道

宏观经济是市场运行的重要背景，国内外宏观经济政策对市场的影响极为显著。"十三五"时期，在国内经济形势复杂以及全球经济不景气情况下，国内宏观经济政策权衡以及国际经济政策协调难度均有所加大，这使得政策效应导致的市场风险概率有所提升。

一是国内宏观调控政策两难可能给不同市场造成负向影响。任何一个市场风险爆发，为避免风险扩散、放大形成区域性和系统性风险，政府必然会采取各类政策加以应对。但由于现代经济体系的复杂性和不同部门不同市场之间的关联性，同一项政策可能对不同市场、不同时期影响各异。化解一个市场风险的政策可能会恶化另一个市场的风险，化解长期市场风险的政策可能带来短期市场风险，政策效应的冲突是不同市场间风险扩散的重要渠道。由于应对风险的政策繁多，经济金融政策在不同市场之间存在政策冲突的可能性较高。"十三五"时期，在国内经济形势复杂和资产泡沫风险积累的情形下，宏观政策两难可能加速重大市场风险的爆发。比如，当股市、债市爆发风险并出现流动性不足时，为避免风险升级，政府可能会通过降息、降准等方式扩大货币供应，为市场提供流动性；但在人民币存在贬值预期的情况下，扩大货币供应会进一步加剧贬值压力，放大汇市风险；当汇市贬值压力加剧时，加强资本管制是防止资本外逃、减轻贬值压力的重要手段；但加强资本管制会打击国外投资者对本国资本市场的信心，股市和债市中的外国投资者可能会逐步退出市场，加剧股市和债市调整风险。

二是国际宏观经济政策协调不利可能造成市场风险。国内主要市场风险爆发往往有着鲜明的国际背景，与国际资本流动密切相关，国内市场风险的爆发往往伴随着国际宏观经济形势或主要经济体宏观经济政策的变化。"十三五"时期，考虑到全球低利率政策，如果政策协调不利，在我国市场与国际市场一体化程度不断提升的条件下，全球市场的波动可能对国内市场产生严重冲击，从而导致重大市场风险的爆发。与此同时，英国脱欧、美元加息等相关事件因素，可能会使国际市场风险进一步加剧，并使风险向我国市场蔓延，演化为国内的重大市场风险。

（三）重大市场风险爆发对实体经济的影响

"十三五"时期，我国金融市场局部风险爆发点较多，市场间风险传染可能性大，发生重大市场风险的概率明显高于"十二五"时期。重大市场系统性风险的爆发将对我国实体经济产生重大影响，从而诱发经济或社会风险。

一是通过凯恩斯—维克塞尔效应，对国民总产出形成影响，导致投资需求收缩和宏观经济陷入波动下滑的恶性循环的风险。根据凯恩斯和维克塞尔的理论研究，重大风险爆发可以通过市场利率和资产价格变化影响投资行为，并对社会总产出和生产结构产生重要影响，其传导链条为重大市场风险爆发——市场大幅波动——利率变动——投资变动——社会生产结构变动——社会总产出变动。金融市场的显著扰动，将通过凯恩斯效应影响投资支出，通过维克塞尔效应影响实体经济部门的生产结构，进而从总需求和总供给两方面对宏观经济形成负面冲击，导致投资需求收缩与宏观经济大幅下滑和波动，造成较大的实体经济影响和风险。"十三五"时期，重大市场风险爆发后，国内市场的投资者将预期利率上升和持有资产持续贬值，因此将在短期内抛售资产持有货币，从而导致市场利率上升和资产价格下降；市场利率上升将直接导致间接融资的减少，而包括债券在内的资产价格下降将导致直接融资的减少，通过投资乘数效应，又会成倍地放大为经济增长降速甚至 GDP 的减少，从而在短期内造成我国经济的大幅下滑式波动，对宏观经济运行形成严重负面效应。与此同时，重大市场风险爆发带来的利率上升预期以及利率的实际上升，将导致资金从资本品部门流向消费品部门，从而终结前期投资扩张带来的经济繁荣，可能使我国经济陷入较长期的衰退。

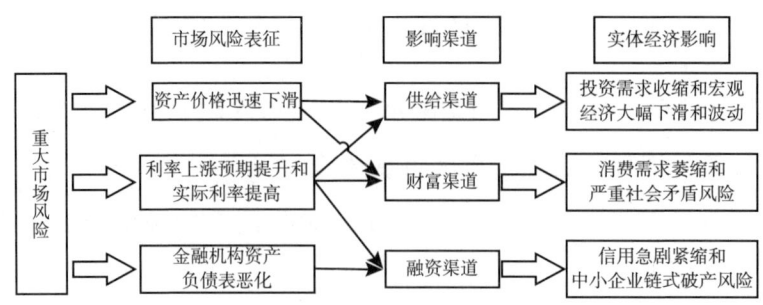

图 25　重大市场风险对实体经济冲击的逻辑线路

二是通过财富萎缩效应，对居民消费产生影响，导致消费需求萎缩和严重社会矛盾风险。重大市场风险爆发后，直接导致资产价格缩水和利率上升，这一方面通过财富效应使家庭资产迅速萎缩；

另一方面，通过消费贷款成本提升，影响居民消费，可能导致消费需求的萎靡。近年的一些实证研究表明，我国房地产市场的财富效应最大，股市和债市的财富效应正在迅速增长，而汇市的财富效应也正在逐步提升。"十三五"时期，如果重大市场风险爆发，可能迅速通过资产价格下跌和消费贷款利率下降渠道，影响居民资产财富存量以及信贷财富增长，从而在短时期内导致消费需求萎缩。与此同时，短期内资产价格的快速下跌，将导致市场投资者已有资产骤然缩水，引发局部群体性社会事件，并通过情绪传染迅速在市场蔓延，演化为更大范围和更大规模的群体事件，从而加速积累的社会矛盾风险的曝露。

三是通过资产负债表效应，对实体经济融资产生影响，导致信用急剧紧缩和中小企业链式破产风险。当金融市场面临不利冲击，例如股市崩溃、国际投机冲击、社会化风险恶化等，首先会使金融部门的资产负债结构恶化。一旦出现这种情况，金融机构要保证自身的安全性和流动性，不外乎两种选择，要么削减信贷，要么尝试筹集资金。在宏观环境不利、金融部门资产负债表恶化的情况下，金融机构很难获得足够的资金或是以合理的成本筹集到所需资金，结果只能是削减信贷。金融机构削减贷款又会导致更加不利的宏观环境，使金融市场的融资功能进一步丧失。金融部门资产负债表的恶化也直接导致了两个后果——利率上升和物价水平下降，而利率上升和物价水平下降又会进一步恶化资产结构，造成更为严重的信贷收缩。对于非金融部门，企业的资产负债表状况对整个经济的影响是基础性的。如果企业的资产负债表恶化成为一种普遍现象，就会加重金融市场上的逆向选择和道德风险，导致信贷收缩。因此，"十三五"时期，如果发生重大市场风险，在间接金融信贷紧缩的条件下，中小企业将面临更为艰难的贷款条件，可能产生较为严重的现金流断裂问题，并引发链式破产风险。与此同时，在实体经济加速"去产能"的背景下，如果重大市场风险引发资产价格大幅下跌，加之信用急剧收紧，一些传统大型企业也将可能面临资金链断裂的风险，从而反馈到市场，酿成更大规模的市场风险，并最终导致实体经济危机的发生。

五 "十三五"时期我国重大市场风险防范的主要问题

由于我国市场管理和监管仍然不完善，市场风险加剧有其体制和政策根源。这些体制和政策方面存在的问题，也是"十三五"时期我国有效防范重大市场风险面临的重要制度性障碍。

（一）混业经营模式下缺乏统一的监管机构

近年来，我国金融业混业经营逐渐成为一种不可阻挡的趋势，主要金融机构不断进行业务创新，金融业各个领域的界限也越来越模糊。混业经营对金融监管提出了更高的要求，但我国金融监管改革明显滞后于金融业发展，难以适应混业经营发展的需要。

一是监管领域存在空白。随着金融创新的快速发展，金融领域一些新业态、新商业模式、设计复杂的结构化产品和金融衍生品不断涌现。这些金融产品活跃了市场，但也有一些产品是为了规避监管，行走在灰色地带。比如，没有资质和牌照的机构开发的互联网金融产品、房地产市场中的首付贷产品、一些通过影子银行体系发行的结构化产品等。相关产品游离于监管体系之外，加剧了金融风险。由于我国金融监管体系仍然不健全，部门监管业务分工难以对金融市场实现全覆盖，监管依然存在真空地带，市场风险防范与监管面临主体缺失的问题。

二是监管信息沟通不畅。在金融市场关联度不断提升的背景下，监管部门之间的信息沟通至关重要。但是，由于不同监管部门之间，甚至不同地区之间有着比较激烈的监管竞争，政府部门之间还存在显著的"信息鸿沟"，各个部门之间的信息沟通并不顺畅。其直接结果是各部门本位主义强化，各部门在出台政策时缺乏全局眼光，对市场风险的变化缺乏全面的认识，对系统性风险的关注点不够统一，难以从防范重大市场风险的角度出发来制定政策。

三是监管决策协调困难。金融危机爆发以来，各国普遍认为强化宏观审慎监管是防止出现重大市场风险的有效手段。但实施宏观审慎监管需要有一个强有力的宏观审慎政策制定部门。从目前国内情况看，我国仍缺乏一个强有力的宏观审慎监管部门，单一部门难以掌握必要的统计数据和监管信息，无法对所有金融机构、重要金融市场、资本流动（包括外债）进行统一监管，各部门只负责银行、保险、证券交易、资本流动等领域的一个方面，不同部门之间的政策协调难度依然较大。

（二）金融资源配置机制不健全扭曲市场定价

金融资源错配会使金融资源大量流向无效率或低效率的部门，使得资本市场上成功融资的企业质量低于资源有效配置的均衡水平，也会导致房地产市场获得过多的信贷资源，进而使市场价格超出合理区间，造成价格"虚高"的泡沫，并可能成为市场风险的重要根源。

一是信贷资源向国有企业和重资产企业倾斜。由于长期以来我国利率市场化程度不高,在利率被管制的情况下,"融资歧视"的情况普遍存在。以国有银行为主体的金融市场使得金融资源更倾向进入国有企业,中小企业融资难问题严峻。"融资歧视"还体现在融资成本上,国有企业能够以较低成本获得融资,而中小企业融资成本长期居高不下。更有甚者,一些较易获得信贷资源的企业利用其优势地位获得融资后,转手以高利率向其他企业提供融资,严重扰乱了金融市场秩序。随着近年来经济持续下行、企业效益下滑,在现有的银行体制下,一些银行为保障名义上的资金"安全",只信任有资产担保的企业,导致资金流向一些产能过剩的生产企业。信贷资源在不同所有制和不同资产类型企业之间的错配,降低了金融市场效率,加剧了市场风险。

二是选择性产业政策导致的金融资源错配。长期以来我国实施的是选择性产业政策,即政府根据自身认知和意愿选择支持的产业,并通过各种政策予以扶持。金融扶持是产业政策实施的重要方式,受到重点扶持的产业获得了过多的金融资源,投资了过多的项目,在融资上"软约束"现象明显,部分行业还出现了产能过剩的情况,其结果是企业效益下滑,经营风险上升。而企业经营的风险也会向股市和债市传导,导致股市和债市的局部风险。

三是信贷资源过度向房地产市场倾斜。长期以来,房地产信贷受到了多方面的支持。从信用市场和资本市场看,房地产信贷是优质信贷,房地产企业贷款、债券发行和再融资往往受到市场的青睐。从地方政府看,房地产贷款能够推动房地产投资,是稳投资和稳增长的重要依靠力量,地方政府有动机鼓励辖区内的金融机构为房地产企业融资。从购房者看,住房按揭贷款是实现投机性购房的重要支撑，也是在资金有限的情况下满足合理住房需求的重要保障。从房地产企业看，获得资金就是获得发展和扩张的机会，房企对信贷资源也有着持续的渴求。多方面的激励导致房地产市场获得了过多的信贷资源，推动了房地产市场的快速扩张。其结果是导致了部分城市房地产库存积压，也导致了另一部分城市的房价泡沫。信贷资源的过度倾斜成为楼市风险积累的重要源泉。

（三）政府隐性担保和刚性兑付引发道德风险

过去三十多年，我国中央政府和地方政府对部分市场或企业提供了大量的隐性担保和刚性兑付。这种隐性担保和市场上的刚性兑付加剧了市场主体的道德风险，助长了市场的投机倾向，成为未来重大市场风险爆发的重要根源。

一是政府对股市的隐性担保加剧股市投机倾向和风险。与成熟市场的监管部门不同，中国证监会除了对二级市场的交易和信息披露实施监管外，还对企业上市流程进行严格的审批，并严格控制 IPO 的进度。其结果是，投资者认为监管部门对上市公司的质量负责，这种隐性担保和新股的稀缺性导致企业股票在二级市场上市之初被爆炒，大部分股票在快速上涨之后又经历了大幅下跌。而创业者为了实现企业上市，把精力越来越多地花在如何上市上，却无力提升产品、做好企业，这又进一步加剧了股票风险。在股市大幅下跌的情况下，监管部门往往会采用多种方式"救市"，这使得投资者认为证监会有决心有能力保证股市持续上涨。政府的各种隐性担保强化了市场的投机气氛，加剧了股市泡沫化的风险。

二是政府对债市的隐性担保扭曲市场定价，加剧债市泡沫化倾向。长久以来，在债券和信贷市场，当某一债券、信托或理财产品濒临违约时，大量中小投资者甚至机构投资者都会向政府、金融机构施加压力，而政府出于维持本地政府及企业形象、维持社会稳定的考量往往会对违约的信贷和债券产品兜底。其结果是市场缺乏对风险的定价功能，一些信用级别不够的企业或本不具备经济效益的项目也能够以较低的成本顺利从市场上获得融资。随着政府隐性担保的延续和债券市场规模的扩大，有潜在信用违约可能的主体和债项不断增加，高风险的债券却以较低的收益率在市场上交易，债市泡沫化的倾向逐步加剧，整个债券市场的风险也随之攀升。

三是政府对房地产市场的隐性担保催生房价泡沫。房地产市场上，由于政府、开发商和购房者各自的利益驱动形成了房产价格刚性。当房地产市场价格向下调整时，购房者往往会找政府讨要说法或向开发商索要赔偿。政府为维持社会稳定往往会要求开发商给予购房者一定的补偿，其结果是购房者的利益得到了保障，房价也形成了不会下跌的预期。在房价上涨过程中，政府获得了高额土地出让金以及快速增长的房地产投资与GDP，开发商获得了房地产市场快速扩张的商业收益。但就整个房地产市场而言，政府的隐性担保对市场产生了错误的激励，虚增了房地产投机需求，任何抑制房价上涨的政策都成了不可置信的调控，久而久之，房地产市场的泡沫积累就难以避免。

六 "十三五"时期我国重大市场风险防范的思路与对策

"十三五"时期，应针对我国主要市场风险的宏观来源、局部市场风险点和爆发点以及市场风险交叉感染路径，加快破除市场风险产生的体制性障碍，按照"强化一个前提，完善两大体系，提升三个能力，实施四方面针对措施"的思路，加快形成有的放矢、长短结合、疏堵并举、标本兼治的重大市场风险防范与化解政策体系。

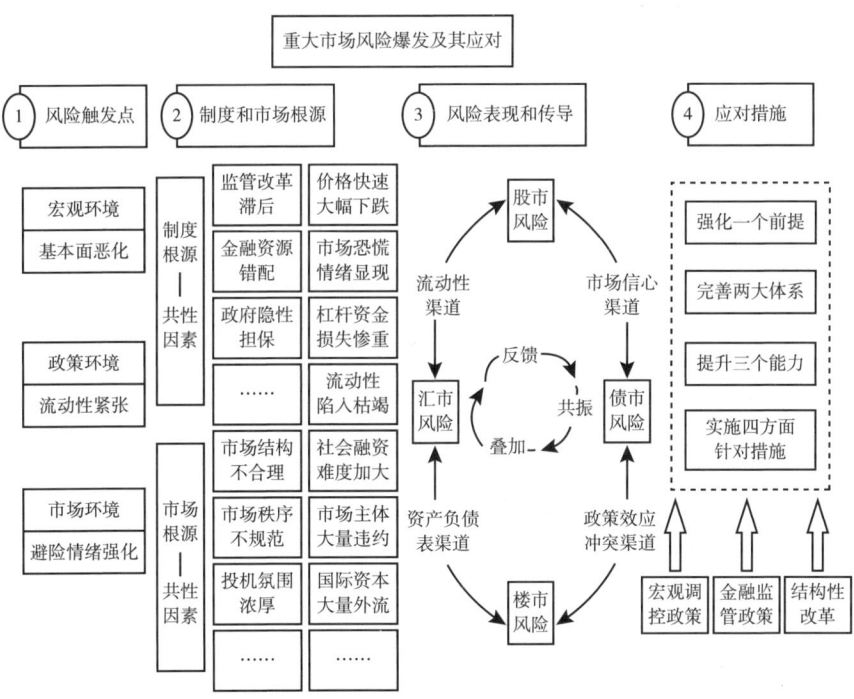

图 26　"十三五"时期我国重大市场风险防范对策思路逻辑

（一）强化一个防范前提，防止经济增速跌出合理区间

实现经济平稳较快增长，保证经济增速不跌出合理区间是确保不发生区域性和系统性风险的重要前提，也是防范重大市场风险的核心举措，必须实现防风险和稳增长有效结合，把握好稳增长与防风险的平衡点。要从供需双侧发力，推动中国经济实现结构优化和动力转换，不断提高经济发展的质量和效益。既要通过供给侧结构

性改革化解制约经济增长的各种体制障碍，使经济增长从要素、投资驱动向创新驱动转型，切实提高潜在增长率，又要通过科学实施财政政策、货币政策和其他各项宏观调控政策，有效解决总需求不足的问题，切实减少产出缺口。

加大体制改革力度，破除制约经济发展的体制机制障碍，改革各种催生、放大市场风险的体制机制。要通过改革财政体制，降低地方政府对土地财政的依赖，为房地产市场健康发展奠定基础。要通过金融体制改革，不断提高金融领域的市场化程度，改变信贷资源过度向国有企业和大型企业倾斜的金融资源配置模式，不断提高中小企业的融资能力。要积极稳妥推进资本项目开放，循序渐进推进人民币汇率形成机制改革，不断提高政策规则性和透明度，缓释外汇市场风险。要通过国有企业改革，使国有企业成为真正的市场主体，逐步消除政府隐性担保，避免国企在股市和债市上的违约风险。

实施稳健的货币政策，兼顾稳增长和防风险。建立多目标货币政策框架，通过多种货币政策工具为稳增长、防风险、调物价等多个政策目标服务。要做到松紧适度，更加强调货币政策的前瞻性、灵活性和针对性，保持货币信贷及社会融资规模合理适度增长。要优化货币政策传导机制，增强金融机构流动性管理的灵活性，避免大量流动性淤积在单一市场，形成资产泡沫。要不断提高定向调控和精准调控能力，优化信贷结构，通过多种手段引导货币"脱虚向实"，有效降低虚拟经济泡沫化程度。

实施积极的财政政策，保持经济运行在合理区间。落实各项减税降费措施，支持小微企业发展和创业创新，激发市场主体活力和经济增长内生动力。保证公共支出能力和力度，在坚持财政纪律和有效控制地方政府债务风险的前提下，适度提高中央政府赤字率，通过债务置换发挥好地方政府财政在稳增长中的积极作用。发挥财政资金效应,积极稳妥推广 PPP 模式,引导社会资金更多投向实体经济和基础设施建设薄弱领域。

(二)完善两大防范体系,统一金融监管体系和宏观审慎评估体系

1. 建立完善高效权威统一的金融监管体系

在现行"一行三会"监管架构的基础上,整合机构和人员,建立一个高效、权威、统一的金融监管部门。适应金融行业混业经营的发展趋势,以目标合理、责任清晰、人员专业、执法独立为目标改组金融监管体系。赋予金融监管部门获取宏观经济运行信息、金融市场信息和监管信息的权力,建立便利的信息获取渠道。赋予金融监管部门对所有金融机构、重点金融市场以及部分具有金融属性的市场制定宏观审慎管理规则的权力,并形成行之有效的手段实施这些规则。在党中央和国务院层面形成及时有效的协调机制,在重大市场风险有爆发苗头的情况下予以及时响应。

加强金融监管部门与其他宏观经济政策制定部门之间、金融监管部门与市场之间的沟通和协调。新的金融监管部门要与国家发展改革委、财政部等宏观职能部门之间加强沟通协调,从推进金融改革、稳定金融市场、防范金融风险和其他市场风险的全局出发,科学决定宏观政策和改革政策出台的时序,合理选择政策出台的时机。一方面避免不同部门出台政策对市场造成的冲击相互叠加,加剧市场波动,诱发市场风险;另一方面避免不同职能部门出台政策对市场造成的冲击相互叠加,减少因政策信息混淆而带来的市场波动加剧和市场风险增强。要吸取 2015 年政策预期不稳造成股市和

汇市大幅波动的教训，加强政策与市场之间的沟通，通过合理引导市场预期来稳定市场。

2. 建立完善逆周期的宏观审慎评估体系

逐步建立宏观审慎评估体系，构建日常风险识别和疏导机制。根据世界银行和国际货币基金组织的建议和先进国家的经验，结合我国宏观调控和金融监管的实际，可以考虑建立负责宏观审慎监管的金融稳定委员会，承担协调各监管部门、维护金融系统稳定性的职责。逐步明确宏观审慎政策目标，建立起由宏观审慎分析、宏观审慎政策和宏观审慎工具组成的宏观审慎制度框架，以识别、应对重大市场风险。通过构建宏观审慎政策框架，逐步解决宏观经济政策和金融政策"顺周期"的问题，从制度上解决和防止重要金融机构与市场部门爆发局部风险，并降低其演化为重大市场风险的概率。

以确定系统重要性金融机构为切入点，逐步推进宏观审慎监管。在市场参与主体之中指定系统重要性市场机构，由中央银行的最后贷款人安排进行优先覆盖，确保其紧急条件下可以优先获得流动性救助。同时对相关机构提出更高的披露要求，并接受中央银行更严格的监管。建立有序的金融机构破产清算机制，防范系统重要性金融机构的道德风险。加强系统性风险处置过程中的金融消费者权益保护机制，减少重要金融机构破产的负面影响。

（三）提升三大防范能力，强化风险预警、化解和应对

1. 提升风险预警能力

应加强主要金融部门和重点金融机构风险预警。综合经济部门和相关职能部门应加强风险的事前防范，政府部门应督促主要金融部门和重点金融机构建立部门风险识别和预警系统。要在科学识别

风险的基础上，借鉴国际机构的成熟方法，结合国内实际情况，以数据资料为参照，参考历史上发生的风险事件和损失情况，通过经济学的演绎和推理，运用概率论和数理统计方法，估计和预测风险发生的概率和损失程度。在此基础上建立风险预警的指标体系，及时发现风险苗头，真正做到防患于未然。

2. 提升风险化解能力

应加强风险的事前防范，努力化解风险、消除风险。要全面梳理主要市场风险的表现、源头和成因，明确系统性风险的风险源和可能的爆发点，着力推进风险防控工作科学化、精细化，真正做到有的放矢、对症下药。一旦发现风险苗头，各部门就要采取针对性、精细化的应对措施，力争把风险化解在源头，不让个别风险演化为综合风险，不让局部风险演化为区域性或系统性风险。

3. 提升风险应对能力

应加快提升风险的应对处置能力，用市场化手段科学化解市场风险。风险的不确定性和复杂性决定其随时都可能转化成危机，一旦风险转化为危机事件，就必须积极处置。可以考虑在世界银行对各国建议的应对系统性风险政策框架的基础上，按照国际惯例和经验，相关部门对可能爆发的系统性风险应急机制进行实战演练，形成应对预案，预备协调机制，明确处置办法。首先，应明确系统性风险处置过程中各部门的授权以及部门间的权利义务关系，形成"责权清晰、程序规范"的市场风险应对机制。其次，要做好各部门局部风险隔离处置预案，避免局部市场风险发生后，向其他市场和其他部门传染和蔓延，产生系统性风险。此外，要构建好风险承担机制，遵循市场法则，让市场主体根据自身的行为承担风险爆发带来的损失，逐步建立起通过破产清算、债务重组等市场化的方式处置危机的有效机制，防止政府无限救助和刚性兑付带来的市场道德缺失导致的系统性市场风险。

（四）实施四方面针对性防范措施，将局部风险抑制在爆发起点

1. 防范股市风险的对策措施

一是坚持市场导向，循序渐进推进注册制改革。注册制改革的本质是市场化改革，核心是处理好政府和市场的关系。通过注册制改革，发挥市场在信息搜寻和披露中的积极作用，大幅缩短企业上市周期，将有效缓解 IPO "堰塞湖"。通过实施注册制，也将推动新股定价市场化，培育市场自我约束机制，释放股市估值泡沫。注册制改革应坚持市场导向，放管结合、循序渐进，掌控新股发行节奏，避免新股大规模扩容冲击股市。

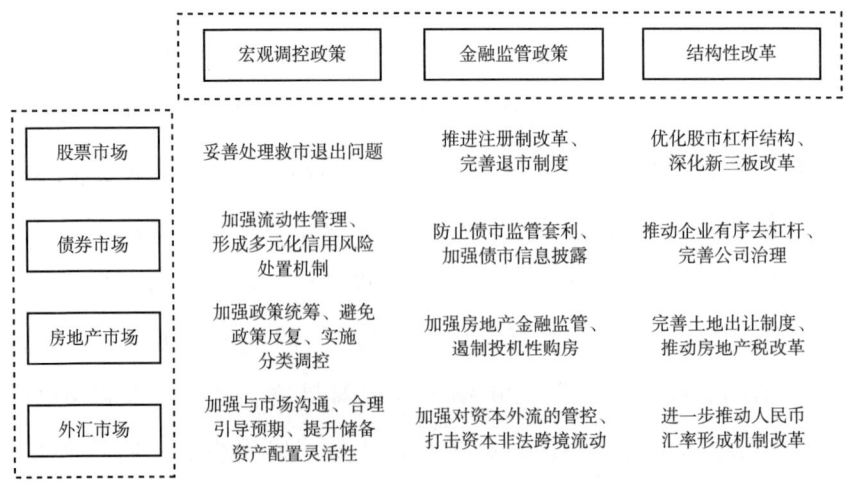

图27 针对重点市场风险防范的对策建议

注：考虑到涉及四大市场的对策建议较多，本图中只反映了其中一部分。

二是加强证券公司监管，优化股市杠杆结构。要加强对股市杠杆的规模、增速、结构和风险的监控，降低杠杆水平要循序渐进，切忌"一刀切"。加强对证券公司的监管和进一步规范视野内的各类配资业务，包括加强证券账户实名制管理，完善合格投资者管理制度，规范证券公司第三方信息系统接入，明确交易记录保存期以备追溯查询。禁止伞形信托下挂"拖拉机"账户，提高伞形信托劣后级认购门槛，限制最高配资杠杆比例。

三是深化新三板改革，推进分层制度改革，加快研究转板制度。通过实施分层制度，对不同层次的企业，在交易制度、发行制度、信息披露等方面实施差异化安排。通过建立畅通的转板机制，可对 A 股 IPO 起到重要分流作用。同时，转板制度可拓宽股权投资产品的退出渠道，降低兑付风险。新三板企业转板创业板，可由创业板设立单独层次接纳转板企业，或者只通过交易所之间转板。

四是完善退市制度，健全主动退市制度，坚决执行重大违法、不满足交易标准公司的强制退市。通过退市制度引导股市估值回归理性。健全上市公司主动退市制度，明确主动退市的途径、方式、公司内部决策程序等。确立重大违法公司强制退市制度。严格执行不满足交易标准的强制退市制度，坚决让经营不善、质量差、造假严重的公司退出市场。

五是妥善处理救市退出问题，尽快建立长效稳定机制。救市措施退出时机的选择应以是否能够实现经济稳定与金融稳定为标准，选择宏观经济走势良好、金融部门稳定、股价指数改善、市场稳定、投资者信心回暖的时机有序退出。在处理救市退出问题时，应立足于我国资本市场现状，同时借鉴国际经验，引入长期投资者如社保基金、养老基金、梧桐树系的长期投资平台作为救市资金的承接方,建设资本市场长效机制。同时可借鉴香港盈富基金模式发售,构建 ETF 指数,分批收回资金,也可以鼓励上市公司回购。

2. 防范债市风险的对策措施

一是推动企业部门有序去杠杆。去杠杆切忌粗暴的休克疗法,应着眼于改善企业经营状况,提升企业盈利能力。通过完善企业治理结构、改善经营管理、优化整合产能,提升企业发展能力和市场价值。在此基础上通过发行股票、引入股权投资、债转股等方式,在不影响企业生产经营活动的前提下降低企业债务杠杆和债务负担,推动企业进入良性发展轨道。

二是加强债市监管和信息披露。明确发改委、证监会、交易商协会等主体的监管职责,提升监管协作能力。防止监管标准的无序竞争和监管套利,加强部门间信息共享,加强跨行业、跨市场跟踪监测和风险预警。制定统一的信用债信息披露制度,明确发行人、承销商等不同主体在不同阶段的信息披露责任,加大对信息披露违规的处罚力度。

三是形成多元化信用风险处置机制。在现行法律框架下,不断完善兼并重组、债转股、资产证券化等信用风险处置机制。通过财政贴息等方式鼓励金融机构发放兼并重组贷款。科学设计债转股实施方案,避免债转股实施过程中的道德风险和逆向选择问题。提高破产执行效率,降低风险处置成本。做好持有人会议、受托管理人制度与司法程序的制度衔接,维护投资人合法权益,防止恶性逃废债务。

四是严防违约带来的金融风险和社会风险。一是要加强流动性管理,避免短期流动性枯竭引发的债市风险。二是提高风险揭示和应对违约的能力，保障债券市场稳定性，防止违约成为突发事件，冲击金融体系，诱发系统性风险。三是有效规避社会风险，一旦发生实质性违约要充分尊重各方合法利益诉求，在法律框架下解决相关问题，有效规避因违约而产生的社会风险。

五是稳妥发展信用风险管理工具。改变投资者目前主要依靠信用等级分类、授信等被动的信用风险管理模式，转向主动、动态的管理模式。逐步推出信用违约互换（CDS）等金融衍生产品，丰富投资者对冲手段。

3. 防范汇市风险的对策措施

一是把维持人民币汇率基本稳定、防范国际金融风险放在更加突出的位置。人民币汇率事关全球市场对我国经济发展前景和金融稳定的预期，汇率贬值和外储减少已逐渐成为国际投机资本做空中国的借口。必须在金融、贸易、投资等领域的政策制定中，把人民币汇率基本稳定放在更加突出的位置，切实防范国际金融风险。

二是提高外汇储备数据的透明度，加强外储变动合理性的解读和宣传，提高储备资产配置的灵活性。我国外汇储备减少资本外流等消极因素，央行运用外储干预汇率等主动因素，非美货币贬值等被动因素，但也有相当一部分是积极因素导致的。比如，我国对外投资规模持续上升，"藏汇于民"的规模不断扩大，央行对政策性银行注资，成立亚投行、金砖国家开发银行等国际性金融机构缴纳资本金等。这些都是促进经济增长和维护我国金融稳定的积极因素，应进行合理解读，加强宣传，避免外储数据被曲解和利用。同时，要提高储备资产配置的灵活性，在美元指数上行的末期逐渐减持美债，提高非美元资产在外汇储备中的比重。

三是加强对资本外流的管控，加大对非法跨境资本流动的打击力度。通过大数据技术有效识别、精准定位非法资金流动，加强对资金监测数据的深度分析。建立跨部门信息共享机制，加强反洗钱部门、外汇管理部门、金融机构之间的数据共享，实现联防联控。通过经济手段或者一定的法律授权增加过度投机者的投机成本，打击资产价格投机行为。加大对非法资金的处罚力度，加大对虚构服务贸易、虚构投资、网络虚拟交易等重点渠道的监控和查处力度。

四是顺应市场趋势灵活调整人民币汇率，通过消除人民币贬值预期遏制资本外流。汇率政策必须服务于稳增长、防风险的宏观调控目标。一方面，可顺应外汇市场供求状况，在人民币确有贬值需求的情况下有序推动人民币贬值，避免官方汇率和市场汇率背离催生贬值预期，同时有效促进出口。另一方面，在必要的时候要合理使用外汇储备，坚决维护人民币汇率稳定，有效应对国际游资恶意炒作，避免人民币汇率大幅波动对国际贸易和企业经营造成不利冲击。

4. 防范房地产市场风险的对策措施

一是分类施策，有保有压，防止市场进一步分化。相关调控政策出台时必须因地制宜、因城施策，严格限定政策实施范围，避免"一刀切"。在具体操作方式上，可以综合考虑租售比、房价收入比、去化周期、建设用地供应、产业发展空间和人口迁移等重点指标，建立房价调控预警指标体系，对全国主要城市进行分类施策。对于房价上涨迅猛的城市和库存偏低的城市，要积极扩大土地供应，鼓励房地产企业加快项目开发，用增加需求的方式遏制房价过快上涨。同时，可辅之以差别性的首付、贷款利率等政策，遏制市场中的投机性需求和非理性市场情绪。对于房价依然低迷的城市和去库存压力较大的地区，要进一步通过多种手段吸引常住人口落户，鼓励、培养居民的改善性住房需求，切实有效扩大住房消费。在条件具备的情况下，研究实施契税补贴、规费减免、贷款贴息、物业费补贴、个人所得税抵房贷利息等政策进一步推动去库存。

二是加强统筹，把握力度，避免政策失当造成房价大起大落。中央政府和各地方政府在进行房地产调控时，可以综合使用首付比例、利率等金融政策和契税、营业税等税费政策，也可以控制土地供应规模和土地出让节奏，甚至可以使用限购或放松限购等行政手段，但一定要注意相关政策的叠加效应。各部门出台政策时要增强大局意识，密切关注房地产市场动态，加强统筹，把握好节奏和力度。要切实避免政策在房价上涨过程中"火上浇油"或"快马加鞭"，导致房价加速上涨催生泡沫；也要避免政策在房价下跌过程中"釜底抽薪"或"雪上加霜"，造成房地产企业资金链断裂。要建立地方性房地产政策出台前的审查机制，防范地方政府的"机会主义"倾向和政策制定过程中的道德风险，避免出台各种"短命"政策。

三是加强监管，遏制投机，防止金融杠杆催生房价泡沫。中央政府在制定房地产有关的金融政策时，必须加强中央银行逆周期的宏观审慎管理。各部门和各地方要加强金融监管，严厉查处一些中介机构、房地产企业、P2P平台开展的不合规金融业务，打击为客户提供首付贷融资等变相突破住房信贷政策、加大购房杠杆的行为。在区分不同地区房地产走势、金融机构房地产贷款情况以及资产质量情况的基础上，赋予金融机构更大的自主权。

同时，要遏制房地产市场风险向其他市场蔓延，尤其要考虑房地产信贷政策变化对企业部门、家庭部门风险敞口的影响，评估政策实施对宏观经济总体杠杆率的影响，防止房地产市场风险演化为系统性风险。

四是发展产业，做强实体，夯实楼市持续健康发展根基。对于高库存城市，要摒弃对购房者给予高额财政补贴、零首付购房等扭曲市场供求关系、加剧局部金融风险的政策，真正将政策的着力点转移到促进产业发展、做强实体经济上来。要创造良好的产业环境、人才环境和城市生活环境，充分发挥本地区比较优势，形成优势产业集群，不断吸引人口流入，提升本地居民的收入水平，在房地产领域形成稳定的、可持续的市场需求。中央和省级政府可以将人口流向与住房调控政策挂钩，在人口净流出地区控制房地产用地供应量，在人口流入地区为农村转移人口提供政策优惠，通过新增城市人口来逐渐消化库存。

五是创新政策，拓展空间，丰富房地产市场政策储备。考虑到传统的首付比例、利率等政策空间有限，难以进一步撬动房地产市场高库存，也无法解决房地产市场结构性问题，下一步还应加强政策创新，扩充政策储备，不断拓展房地产市场的需求空间，着力推动部分二线城市以及三、四线城市"去库存"，在具体操作上，可考虑以下政策措施。首先，综合考虑收入水平和房价水平定期调整公积金缴存政策，在房价较高的城市适当提高公积金比例和额度上限，适当放开个人自愿缴存公积金额度空间，根据房价涨幅定期提升公积金贷款上限。其次，提升公积金使用的灵活度，扩大公积金异地贷款买房的实施范围，提高公积金异地贷款的便捷性，鼓励在一、二线城市缴存公积金的个人和家庭到部分二线城市以及三、四线城市买房。最后，重点完善新建住宅区的基础设施，在城市新开发区域，将一定比例的土地出让收入明确用于改善本区域基础设施，提高城市新建住宅的吸引力，进一步拓展新型城镇化的空间。

参考文献

[1] 安辉：《现代金融危机生成的机理与国际传导机制研究》，东北财经大学论文，2003。

[2] 柏宝春：《投机资本流动与金融风险传染相关性分析》，《统计与决策》2014年第5期。

[3] 鲍勤、孙艳霞：《网络视角下的金融结构与金融风险传染》，《系统工程理论与实践》2014年第9期。

[4] 陈道富：《新常态下金融风险防控》，《北方金融》2016年第1期。

[5] 龚明华、宋彤：《关于系统性风险识别方法的研究》，《国际金融研究》2010年第5期。

[6] 韩德宗：《基于VaR的我国商品期货市场风险的预警研究》，《管理工程学报》2008年第22期。

[7] 胡滨：《系统性风险预警：任重道远》，《金融博览》2014年第9期。

[8] 胡继晔：《如何防范和化解系统性金融风险》，《金融世界》2015年第9期。

[9] 黄亭亭：《人民币国际化基本条件分析：基于风险和责任角度》，《上海金融》2009年第4期。

[10] 贾彦东：《金融机构的系统重要性分析——金融网络中的系统风险衡量与成本分担》，《金融研究》2011年第10期。

[11] 姜林：《宏观系统性风险及其度量的国际经验借鉴》，《金融发展评论》2015年第6期。

［12］李波：《以完善宏观审慎政策框架为核心推进新一轮金融监管体制改革》，《新金融评论》2016 年第 1 期。

［13］廖岷、孙涛：《对当前中国金融系统性风险问题的实证研究》，《新金融评论》2014 年第 5 期。

［14］刘冬凌：《金融危机的国际传导路径和实证研究》，《金融理论与实践》2009 年第 3 期。

［15］马晓河等：《"十三五"时期经济社会发展的主要风险和应对机制研究》，国家发展改革委宏观经济研究院内部报告，2014。

［16］〔美〕米什金：《货币金融学》（第九版），中国人民大学出版社，2011。

［17］〔美〕萨缪尔森、〔美〕诺德豪斯：《微观经济学》，人民邮电出版社，2011。

［18］沈悦等：《房地产市场风险识别及预警：文献综述及研究方向》，《经济体制改革》2014 年第 5 期。

［19］王爱俭、王璟怡：《宏观审慎政策效应及其与货币政策关系研究》，《经济研究》2014 年第 4 期。

［20］王宝、肖庆宪：《我国金融市场间风险传染特征的实证检验》，《统计与决策》2008 年第 11 期。

［21］吴炳辉、何建敏：《国际收支视角下金融风险传染机制探讨》，《国际论坛》2014 年第 4 期。

［22］吴念鲁、杨海平：《经济金融风险传染的防范与治理——基于资产负债表视角的分析》，《西南金融》2016 年第 2 期。

［23］肖崎：《金融体系的变革与系统性风险的累积》，《国际金融研究》2010 年第 8 期。

［24］谢志超、曾忠东：《美国金融危机对我国金融市场传染效应研究：基于 VaR 系统方法的检验》，《四川大学学报》（哲学社会科学版）2012 年第 1 期。

［25］徐超：《系统重要性金融机构识别方法综述》，《国际金融研究》2011 年第 11 期。

［26］徐韵韵、孙琦峰：《中国未来主要金融风险潜在爆发点》，《中

国金融》2014 年第 8 期。

[27] 严丹屏、徐长生：《金融危机传染渠道研究》，《武汉金融》2003 年第 6 期。

[28] 杨海平：《中国当前金融风险传染的情景推演及对策》，《北方金融》2015 年第 11 期。

[29] 杨辉、杨丰：《金融系统紧耦合、风险互动与国际金融危机》，《中国货币市场》2010 年第 3 期。

[30] 易宪容：《当前中国金融体系的潜在风险分析》，《区域金融研究》2010 年第 1 期。

[31] 余文建、黎桂林：《中央银行如何防范和化解系统性金融风险：美联储的经验与启示》，《南方金融》2009 年第 11 期。

[32] 袁晨、傅强：《我国金融市场间投资转移和市场传染的阶段时变特征：股票与债券、黄金间关联性的实证分析》，《系统工程》2010 年第 5 期。

[33] 张斌、熊爱宗：《新兴市场资本外流与应对》，《中国金融家》2013 年第 7 期。

[34] 张敏锋：《我国当前高额外汇储备成因及管理研究》，《北方经济》2009 年第 7 期。

[35] 张明：《中国面临的短期资本外流：现状、原因、风险与对策》，《金融评论》2015 年第 3 期。

[36] 张泉泉：《系统性金融风险的诱因和防范：金融与财政联动视角》，《改革》2014 年第 10 期。

[37] 张晓朴：《系统性金融风险研究：演进、成因与监管》，《国际金融研究》2010 年第 7 期。

[38] 中国金融四十人论坛研究部：《防范金融系统性风险确保房地产软着陆》，《21 世纪经济报道》2014 年 9 月 15 日。

[39] 中国人民银行货币政策分析小组：《中国货币政策执行报告（二〇一六年第一季度）》，2016。

[40] Acharya Viral V., Christian Brownlees, Robert Engle, Farhang Farazmand, and Matthew Richardson, "Measuring Systemic Risk, Regulating Wall Street：The Dodd-Frank Act and the New

Architecture of Global Finance", pp. 85 – 119.

[41] Adrian, Tobias, and Markus K., Brunnermeier, CoVaR. No. w17454, "National Bureau of Economic Research", 2011.

[42] Alessi, L. and C. Detken, "Quasi Real Time Early Warning Indicators for Costly Asset Price Boom/Bust Cycles: A Role for Global Liquidity", *European Journal of Political Economy*, Vol. 27 (I), 2011.

[43] Allen, M., C. Rosenberg, C. Keller, B. Setser and N. Roubini, "A Balance Sheet Approach to Financial Crisis", IMF Working Paper 210, 2002.

[44] BernankeBen, "Long-term Interest Rates: Remarks at the Annual Monetary/Macroeconomics Conference: the Past and Future of Monetary Policy", San Francisco, 1 March, 2013.

[45] BIS. Capital Flows and Emerging Market Economies, "A Report by a CGFS Working Group Chaired by Rakesh Mohan", CGFS Papers, No. 33, 2009.

[46] Eichengreen, B., A. Rose and C. Wyplosz, "Contagious Currency Crises: First Tests", *Scandinavian Journal of Economics*, Vol. 98 (4), 1996.

[47] Girardi G., Ergün A. T., "Systemic Risk Measurement: Multivariate GARCH Estimation of CoVaR", *Journal of Banking & Finance*, 2013, 37 (8).

[48] Hart O. and Zingales L., "How to Avoid a New Financial Crisis", Working Paper, 2009.

[49] Hattori, Masazumi, Hyun Song Shin and Wataru Takahashi, "A Financial System Perspective on Japan's Experience in the Late 1980s", 16th Bank of Japan International Conference, Bank of Japan IMES Discussion Paper E – 19, May 2009.

[50] Hofer A., "The International Monetary Fund's Balance Sheet Approach to Financial Crisis Prevention an Resolution", *Monetary Policy and the Economy*, 2005 (1).

［51］ Larry Summers, "Secular stagnation? The Future Challenge for Economic Policy", Institute for New Economic Thinking, 2014, http：//larrysummers. com/secular-stagnation/#sthash. qfqoaD6p. dpuf.

［52］ Lo Duca, M. and T. Peltonen, "Macro-Financial Vulnerabilities and Future Financial Stress：Assessing Systemic Risks and Predicting Systemic Events ", ECB Working Paper, No. 1311, 2011.

［53］ Mathias Drehmann and Nikola Tarashev, "Systemic Importance：Some Simple Indicators ", BIS Quarterly Review, Bank for International Settlements, March, 2011.

［54］ Misina, M. and G. Tkacz, "Credit, Asset Prices, and Financial Stress", *International Journal of Central Banking*, Vol. 5 （4）, 2009.

［55］ Tarashev N. , C. Borio and K. Tsatsaronis, "Attributing Systemic Risk to Individual Institutions ", *Methodology and Policy Implications*, BIS Working Paper, 2010.

［56］ Turner Philip, "The Global Long-term Interest Rate, Financial Risks and Policy Choices in EMEs", Working Paper, No. 441, 2014.

［57］ Unite Nations, "World Economic Situation and Prospects", United Nation, 2016.

［58］ World Bank, "Recent Developments in Local Currency Bond Markets", October, 2013. www. g20. org/load/783687600.

［59］ Zhou C. , "Are Banks Too Big to Fail? Measuring Systemic Importance of Financial Institutions ", *International Journal of Central Banking*, 2010.

"十三五" 时期
防范重大市场风险的对策思路研究 | 专题报告

"十三五"时期我国股票市场
风险及其应对研究

　　内容提要：股市是金融市场的重要组成部分，重大股市风险的爆发会对金融市场乃至宏观经济产生重大冲击。2015 年 6 月中旬以来，A 股经历了三次重大调整。短期内的急速下跌，造成市场恐慌情绪蔓延，杠杆作用进一步放大了风险，流动性极度衰竭，一度千股跌停，股民财富蒸发。股灾阻碍了中国股市改革的进程，IPO 暂缓和注册制延迟推出削弱了股市的融资功能，股市风险向其他市场的传导也增加了整个金融体系的风险。股市风险还会通过影响投资者风险偏好、金融机构风险意识和资金在大类资产间的轮动，造成债券市场、房地产市场、外汇市场和商品期货市场的价格波动。"十三五"时期，在企业利润增速放缓、无风险收益率见底回升、风险补偿要求提高、供给侧改革落实、IPO 开闸、国家队救市退出、估值泡沫、减持解禁等压力下，股市仍有调整压力，并将风险传导至其他主要市场加剧资产价格波动。为应对未来股市可能发生的大波动，应长期制度建设与短期稳定措施双管齐下。

股市重大风险是经济危机的重要来源之一,尽管并不是所有的股市危机都会造成经济危机,但基本上历次重大经济危机都伴随着股市风险的爆发。2015年以来股市重大风险的爆发为我们提供了一个剖析股市重大风险爆发原因、影响和应对政策实施效果的重要案例。我们重点以2015年以来爆发的股市重大市场风险为例分析股市重大风险爆发的根源、股市与其他市场的相互影响、"十三五"时期股市可能面临的重大风险及其应对。

一 股市重大风险爆发的原因分析

2015年6月、2015年8月和2016年1月,A股经历了三轮大幅下挫,上证综指跌幅都在千余点。触发股灾的原因不尽相同,但基本上都是获利了结、经济数据低迷、货币政策边际转向和政策干预。

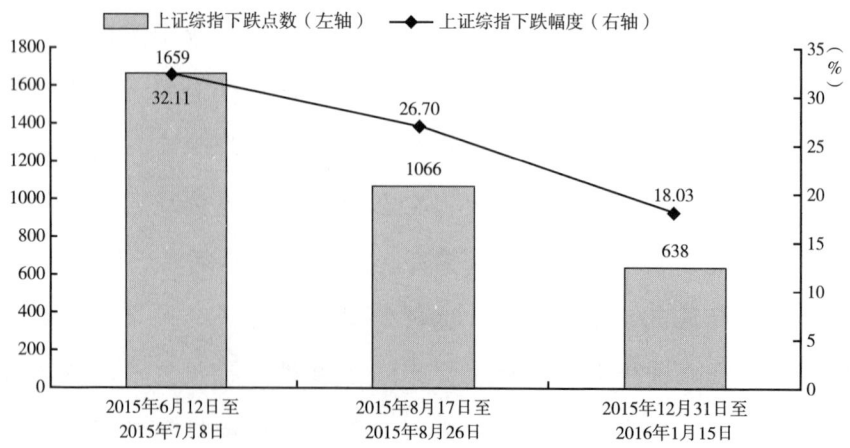

图1 三轮股灾上证综指下跌点数及幅度

资料来源:Wind数据库。

（一）第一轮大幅下跌的原因

2015 年 6 月 12 日上证综指见底后开始持续回落，17 个交易日跌幅达 32%，多次上演千股跌停的惨剧。触发该轮股灾的原因主要包括以下几个方面。

一是前期股市快速上涨，存在回调压力。2014 年 6 月 12 日至 2015 年 6 月 12 日一年间，上证综指、中小板指数与创业板指数最大涨幅分别达到了 153.2%、208.2% 和 158.2%。

二是经济数据下滑，股市缺乏基本面的支持。按照传统的经济学理论，实体经济应该是股市的滞后指标，但实体经济状况并未随着股市的大幅上涨而改善。2014 年 6 月至 2015 年 6 月，固定资产投资累计增速从 17.3% 下滑至 11.4%，社会消费品零售总额同比从 12.4% 下滑至 10.6%。

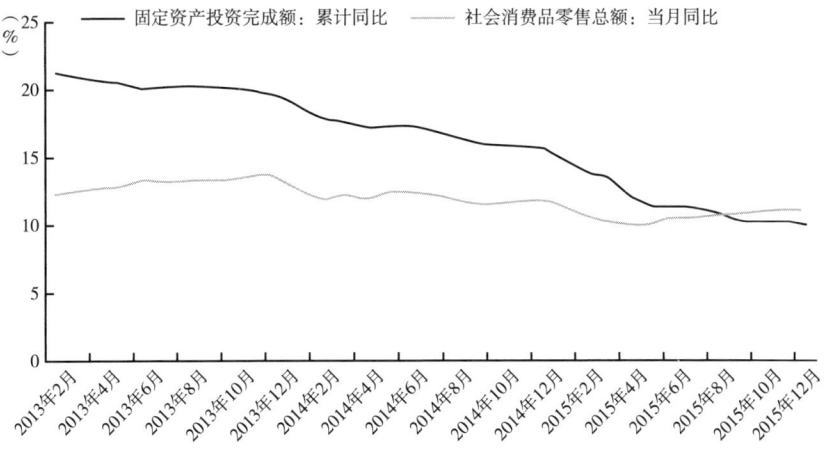

图 2　固定资产投资累计增速与社会消费品当月同比增速

资料来源：Wind 数据库。

三是改革力度低于市场预期。牛市启动源于 2014 年年中的中央政治局会议增强了改革预期，投资者风险偏好回升，大量资金涌入。但在实际中改革力度较弱，特别是一些关键领域如国企改革、土地制度改革，投资者对中国经济转型与企业盈利改善的乐观预期逐步回落，从而要求更高的风险补偿。

四是资金面开始紧张，引发了市场对货币政策转向的担忧。前期股债双牛的一个重要支撑是央行持续降准降息所释放的流动性沉积在金融体系内，银行间资金面极度宽松。但 5 月底 R007 开始上升，从 5 月 29 日的 1.99% 上升至 6 月 3 日的 2.25%，叠加 6 月末年中结算、上缴财政存款和存款准备金，银行间市场资金面有所收紧。此外，央行不续作 MFL、重启逆回购，引发市场对货币政策转向的担忧和质疑。

五是 IPO 申购冻结大量资金。中国核电、国泰君安冻结巨量资金 11 万亿元，加上新一轮 IPO 被核准信息公布，预计冻结资金规模达到 4 万亿元。

六是暴力去杠杆，场外融资"一刀切"，加剧了市场调整。与 2007 年牛市不同的是，2015 年上半年的牛市中，券商两融、分级基金、伞形信托和场外配置起到了推波助澜的作用。5 月底证监会开始清查场外配资，6 月 12 日证监会要求各证券公司不得通过网上证券交易接口为任何机构和个人开展场外配资活动、为非法证券业务提供便利。5000 点高位清理场外配资，手段强硬"一刀切"，使得高杠杆的场外配资盘强平和爆仓，推倒了股市下跌的第一张多米诺骨牌，继而引伞形信托、分级基金和券商两融去杠杆。

(二) 第二轮大幅下跌的原因

2015 年 8 月 18 日，上证综指连续跌破 3900 点和 3800 点两个关键点位,当日重挫 6.15%,两市逾 1500 只个股跌停。7 个交易日内大盘下跌将近 3 成,众多股票连续跌停。触发股市二次大幅下跌主要有以下三个方面原因。

一是"8·11"汇改后资本流出加快。由于经济下行和股市大幅波动,市场上存在人民币贬值的预期。8 月 11 日央行公告称决定完善人民币兑美元中间价报价机制,两个交易日内人民币兑美元中间价贬值超过 3.5%。汇改确认了市场上存在的人民币贬值预期,但同时也强化了投资者对中国经济增长前景的悲观预期,资本流出压力加大,当月央行外汇储备减少金额达 939 亿美元。

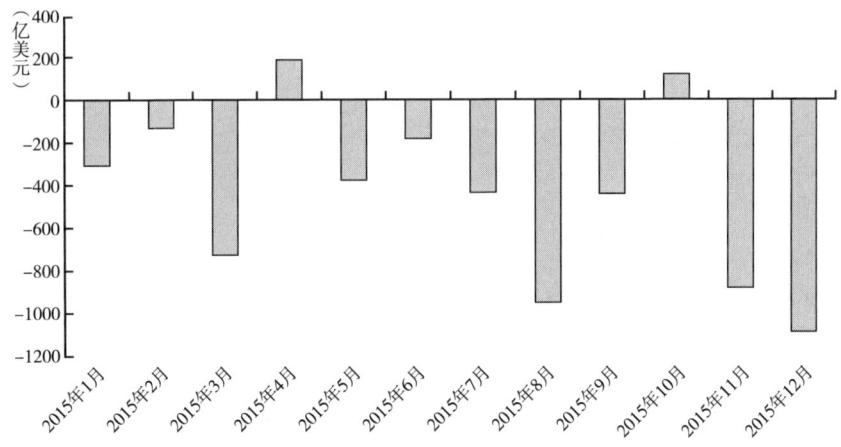

图 3 "8·11"汇改后资金加快流出

资料来源:Wind 数据库。

二是通胀压力明显回升,引发市场对货币政策转向紧缩的担忧。猪肉受供给因素制约,4 月起开始持续上涨,并带动 CPI 同比从 5 月的 1.2% 快速上涨至 8 月的 2.0%,创下一年以来新高。在通胀上行压力下,投资者开始担忧货币政策转向。

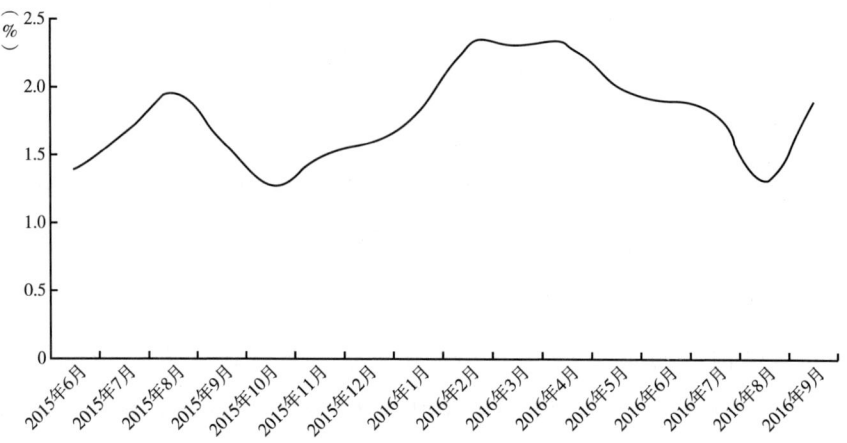

图4 人民币兑美元中间价单日贬值幅度

资料来源：Wind 数据库。

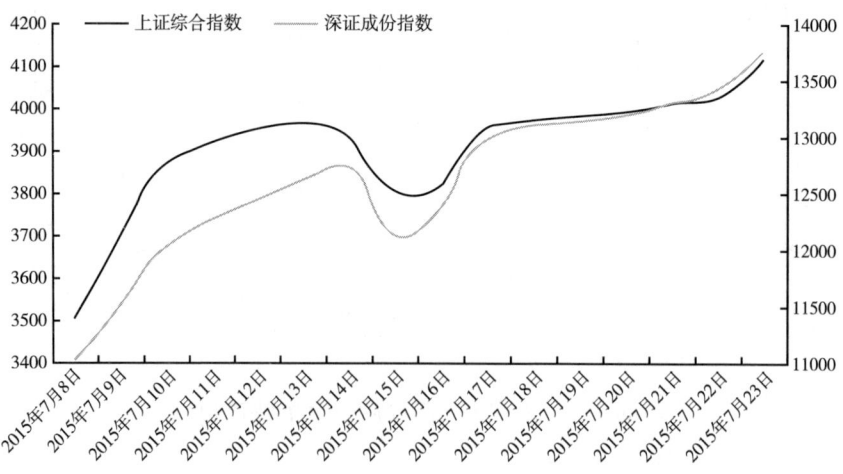

图5 2015 年 8 月 CPI 同比创一年以来新高

资料来源：Wind 数据库。

三是政府参与救市，股市开始反弹，存在获利了结的压力。
从一行三会到国资委，再到公安部打击恶意做空，救市政策频频出台，以证金公司为代表的国家队更是拿出了真金白银直接入市。在救市措施的带动下，股市从 7 月 9 日的低点 3507 一度反弹了18%。而在未来政策不明朗的情况下，投机资金和套牢盘存在抛售压力。

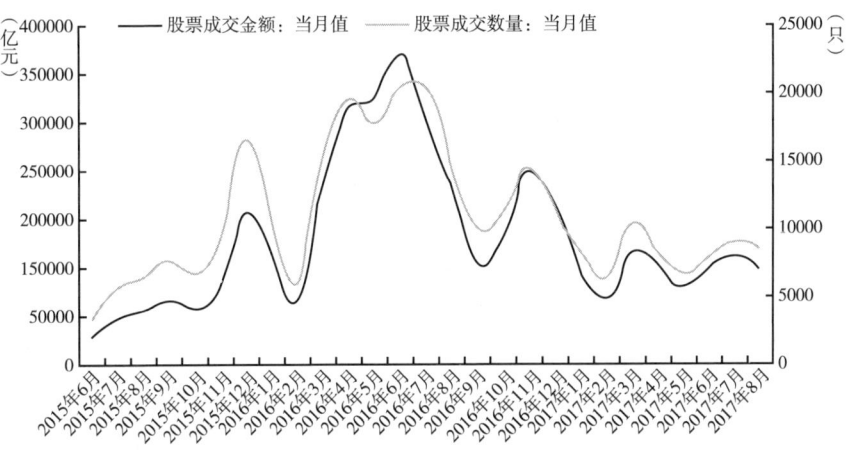

图 6　第一次政府救市上证和深证回升行情

资料来源：Wind 数据库。

（三）第三轮大幅下跌的原因

2016 年 1 月 4 日这一新的一年首个交易日，也是熔断制度首个实施日，沪深 300 指数两度触发熔断阈值，两市提前收盘。上证综指 11 个交易日内从 3539 点跌至最低点 2844 点，跌幅接近 20%，也跌破了前期 2850 点的低点。总的来看，引发第三轮股灾的原因包括以下五个方面。

一是 1 月 4 日权威人士再度在《人民日报》上发声，对供给侧结构性改革做出了解读和阐释，强调供给侧改革是当前的政策重点。如果供给侧改革发力，结合韩国 1997 年的经验，股债汇都面临较大调整压力。

二是熔断制度的推波助澜。1月4日熔断制度推出，这一制度本意是为了维护市场稳定，此前国内已有期权市场触发熔断后市场恢复的成功先例。但在国内股票市场散户比例高的情况下，熔断反而像杠杆一样，具有助涨助跌的作用。

三是年初后公募基金净值排名压力兼容，基金经理减持。2015年四季度A股迎来了一波反弹，部分股票股价突破了前期高位，这部分是因基金拼净值排名压力下不少基金选择硬扛。进入2016年，公募基金净值排名压力减弱，部分基金选择减持与换仓。

四是短端和长端利率都存在上升压力。2015年10月底以后，7天逆回购利率一直维持在2.25%没有进一步下调。而自8月股灾之后，避险资金驱动下10年期国债到期收益率从3.6%下降至2.8%。

五是1月8日是解禁日，出于避险考虑投资者提前卖出。2015年7月8日证监会出台禁令要求大股东及董监高6个月内不得通过二级市场减持公司股票，2016年1月8日迎来大规模解禁期，投资者提前卖出规避大股东及董监高解禁后所带来的市场下跌风险。虽然此后证监会、交易所对大股东减持股份相继出台相关规则，但是市场并不买账。

二 股市风险爆发制约改革进程，加大宏观经济风险

股灾期间流动性匮乏，杠杆资金加速股票下跌。央行持续宽松释放了大量的流动性，但在实体经济下行的背景下，银行贷款意愿

不强，沉积于金融体系内的流动性通过券商两融、伞形信托、分级基金和场外配资进入股市，仅券商两融一度达 2.3 万亿元。当股市下跌后，杠杆率较高的场外配置盘首先去杠杆，引发连锁反应，传导至杠杆率相对低的分级基金、伞形信托和券商两融，曾有信托公司的工作人员上班第一件事就是在集合竞价阶段，以跌停价挂单卖出客户抵押的股票。市场上流动性极度缺乏，多数股票开盘即跌停，挂单量与成交量之比达到上百甚至上千，而这又加剧了市场恐慌情绪。第一次股灾后救市阶段前期出台的相关政策并没有遏制住下跌趋势，直至 7 月 9 日央行宣布必要时将提供流动性支撑才开始上涨，当日上证综指大涨 5.76% 。

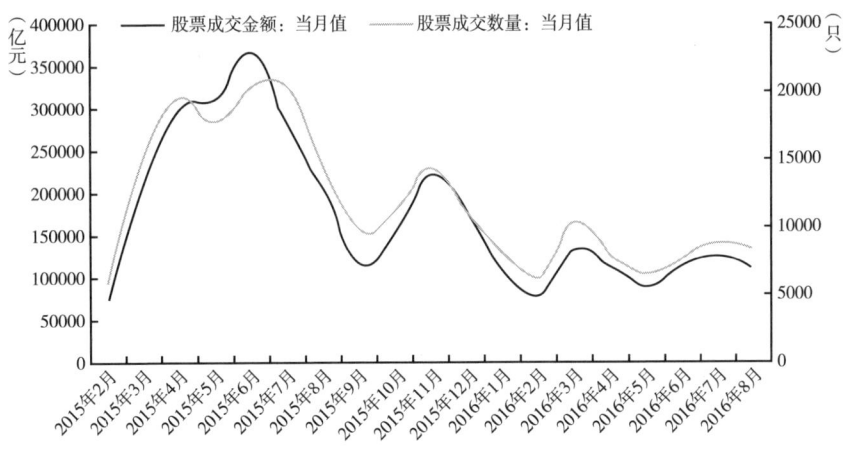

图 7 两市成交数量和成交金额

资料来源：Wind 数据库。

股灾导致居民财富蒸发，也使得部分进行股票质押的大股东对公司控制力减弱。中国居民缺少投资渠道，房地产和储蓄是居民的主要资产，而存款利息不断下降甚至低于名义利率、房地产

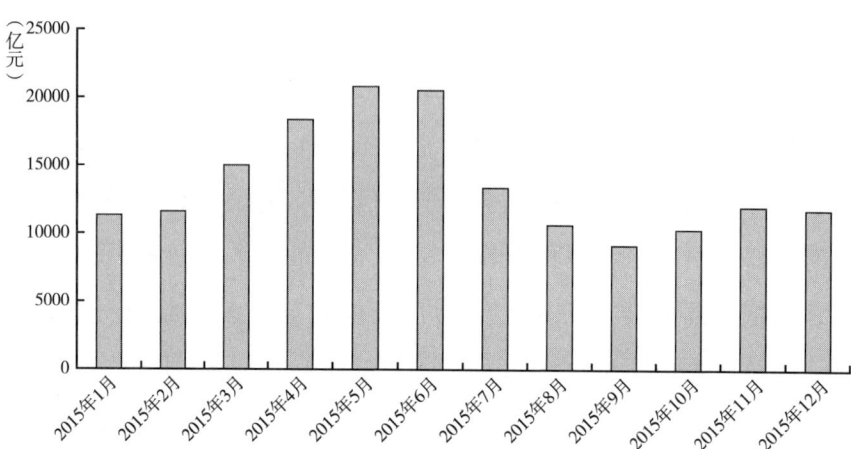

图 8　两市融资余额

资料来源：Wind 数据库。

市场供给过剩压力下出现调整，居民财富 2014 年下半年开始向股市转移，加快了股票市场上行，反过来又吸引更多的居民财富进入股市。股灾发生后沪深两市市值从最高点的 76 万亿元下跌至最低时的 43 万亿元，导致居民财富蒸发。同时为了获得企业日常经营需要、进行投资等，部分上市公司的大股东将所持有的股票质押给银行、证券公司等金融机构。股灾发生后，半数股票跌幅超过 50%，部分在高价进行质押的股票触发了警戒线被强制出售，质押该股权的大股东对公司的控制能力减弱。目前职业经理人制度在中国上市公司间还未广泛推广，不少大股东即是管理层，其所持公司股份的减少不利于激发企业家精神，长远来看是不利于公司发展的。

股灾也增加了系统性金融风险的概率。一是证券公司、信托公司和基金公司为投资者提供了杠杆资金来源，股票持续下跌后成交量急剧萎缩，相关金融机构可能无法及时卖出客户的股票，导致本金遭受损失。二是商业银行、证券公司向上市公司大股东提供股票质押业务，尽管有较高的风险警戒线，但是在牛市上涨阶段，市场处于非理性状态，不少大股东高位进行股票质押。在股价持续下跌触发警戒线后，由于市场流动性极度匮乏，股票质押机构可能无法完全卖出股票而承受本金的损失。三是股灾救市后，以证金公司为首的国家队除拿出自有资金参与救市外，还通过短期贷款、发行金融债等方式筹集资金。2016年下半年点位较国家队入市时的3700点下跌了将近700点，国家队的浮亏也增加了商业银行的风险敞口。四是2015年7月间，监管机构要求证券公司拿出自有资金救市，并要求4500点前不得退出，目前证券公司也遭受了浮亏。由于商业银行、证券公司和信托公司是金融系统最重要的组成部分，相关机构风险敞口扩大增加了中国金融风险的概率。

虽然中国发展直接融资的战略不会因股灾而改变，但股灾延缓了中国资本市场的改革进程。中国目前以商业银行主导的信贷融资为主，资金投向易受行政干预，需求方的融资成本也较高。提高股权融资和债券融资比例是中国金融改革的方向之一，但相关的改革举措因股灾而调整。一是IPO被暂停。2015年3月曾一度每月两次IPO，但在股灾时因天量冻结资金而被暂停。2015年11月虽然经过修改打新规则后再次出台，但中间的几个月暂停延迟了部分公司上市。二是注册制延迟推出。推出注册制是2015年金融改革的目标之一，包括央行副行长、证监会主席等在内的多位金融监管高层都曾表示尽快在年内推出。股灾发生后这一计划被搁置，目前来看也没有推出的日程安排。三是熔断机制本身是有助于稳定金融市场的，但是因推出时机的不适宜导致股灾而被暂停。短期来看确实是有助于稳定金融市场的，但这种朝令夕改一方面增加了市场对政策的不信任性，另一方面从监管机构的角度来看，改革成本的增加也会影响后续改革的积极性。

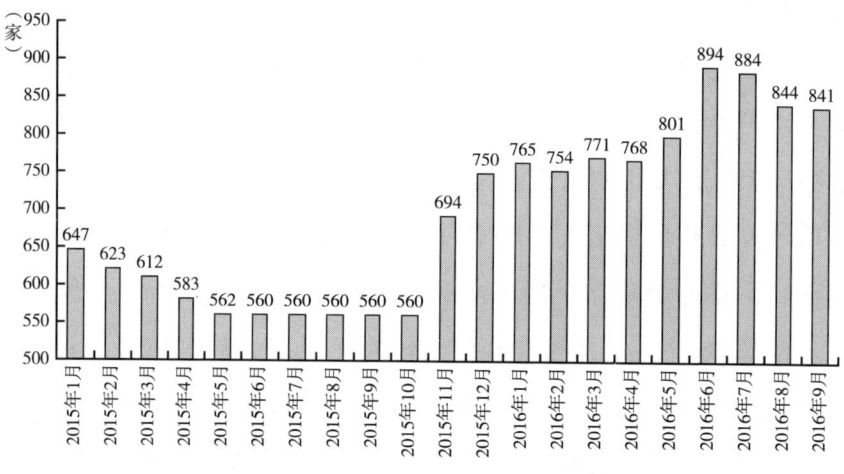

图9　截至各月底证监会受理首发企业家数

资料来源：Wind 数据库。

从宏观经济的层面看，股灾增加了宏观经济风险与经济转型成本。从纵向历史比较看，中国非金融企业部门杠杆率处于历史高位；从横向国别比较看，中国非金融企业部门杠杆率世界第一，超过美国、日本等发达国家，也远超印度、巴西、俄罗斯和南非等同类型新兴市场。发展股权融资是降低非金融企业部门杠杆率的方式之一，而股灾导致 IPO 暂停和注册制延迟推出，普通企业仍难以在 A 股获得股权资金，杠杆率的高企加大了经济运行风险。与此同时，中国正处于转型阶段，需要新经济的发展来对冲传统经济的下滑，提高全要素生产率对经济增长的贡献率。但转型与创新需要低成本的资金支持，注册制延迟推出，一方面使企业尤其是创新型的企业难以通过 IPO 获股权融资支持，另一方面由于退出通道的减少，发展 VC 和 PE 的积极性开始回落。

三 股市风险与其他市场交叉感染的
路径和原理分析

股灾除影响资本市场改革进程、加大宏观经济运行风险和增加转型成本外，还会通过影响投资者风险偏好、金融机构风险意识和资金在大类资产间的轮动，造成债券市场、房地产市场、外汇市场和商品期货市场的价格波动。

股灾加剧债市泡沫。大类资产配置中股票和债券的流动性仅次于现金，因两者价格波动存在获利空间而被投资者青睐。虽然短期内可能因流动性充裕而出现股债双牛，如2014年下半年和2015年上半年，但从长周期来看，股债双牛的情形并不常见。股灾发生后市场恐慌情绪蔓延，尤其在第二次股灾中股指跌至新低抹平国家队救市成果后，资金加快从股市向债市转移。在2014年下半年和2015年上半年中，基准利率已快速下行，信用利差也不断被压缩，股灾发生后资金的转移进一步吹大债市泡沫，硬生生地买出新一轮债券牛市，高等级信用债与同期限国债甚至一度出现信用利差倒挂。经济下行压力下，信用违约事件频发，股灾后被吹大的债市泡沫面临破裂压力，未来信用利差将扩大，冲击一级与二级市场。

股灾发生后，资金的再配置也增加了房地产市场风险。债券市场300万元的投资门槛将大部分投资者排除在外，债券市场投资者以机构客户为主。股灾发生后，对于广大散户而言，相对稀缺的一、二线城市地产成为合意投资标的，这也是为什么在供给总体过剩的情况下2015年下半年房价开始了一轮上涨，2016年初后涨价趋势进一步强化。房价的快速上涨不利于房地产去库存，一是价格

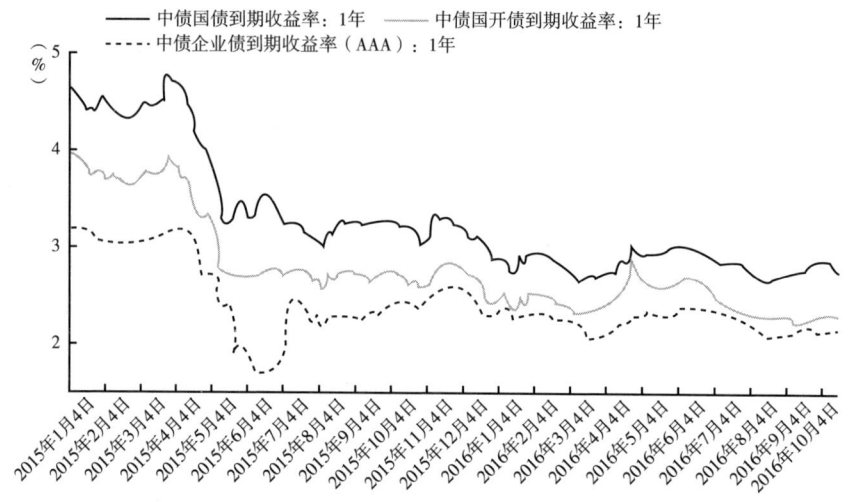

图10 1年期国债、国开、企业债收益率走势

资料来源：Wind 数据库。

上涨会抑制居民住房购买力，尤其是在一、二线城市的房价收入比明显偏高的情况下；二是房价上涨带动了相对短视的房地产开发企业投资，房地产固定资产投资增速从2015年全年的1%快速增加到2016年1~9月的5.8%，未来随着销售增速的回落，商品房库存将被动增加，而高房价使得去库存压力进一步增加。

股灾导致人民币贬值和资本流出压力增加。股灾从两个角度影响人民币汇率，从短期的角度看，股灾后人民币资产吸引力降低，短期资本流出。虽然外资直接参与A股的渠道有限，但是前期投资收益部分留存在国内，经济下行后实体投资回报率降低，而股市的上涨留住了部分资金。股灾发生后，人民币资产收益率的吸引力降低，外资全球资产配置中减少人民币资产的配置份额，导致资本外流，这也是2015年7月央行口径外汇资产数额下降的原因之一。从长期的角度看，股灾发生后证金公司参与救市、7月IPO打新后

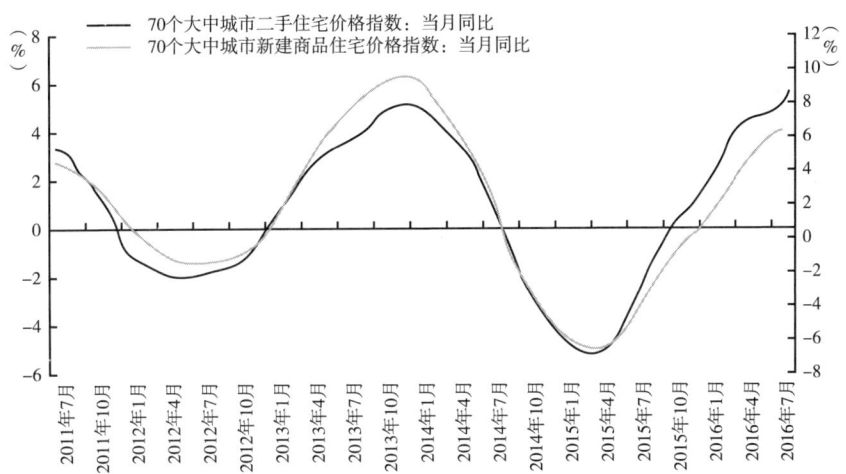

图 11　70 个大中城市新建住宅和二手住宅价格指数当月同比变化

资料来源：Wind 数据库。

资金返还给投资者、暂停熔断机制，使得国外投资者担心中国经济增长前景的同时进一步对中国的市场化水平表示担忧，这在长期来看，也是不利于人民币汇率的稳定的。

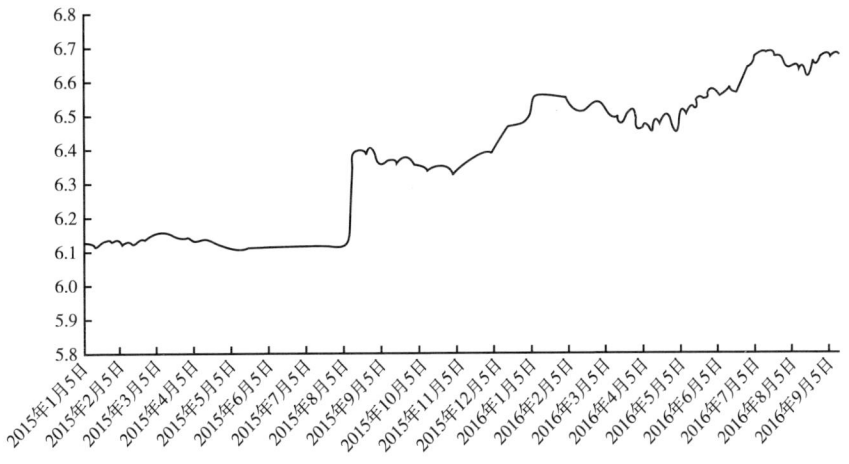

图 12　美元兑人民币汇率走势

资料来源：Wind 数据库。

股灾也加剧了大宗商品价格的波动。一个影响渠道是资产再配置。受制于产能过剩，工业品价格持续下跌，叠加供给侧改革的预期，使得工业品价格存在上涨基础。2016 年 3 月，前期稳增长政策持续发酵后经济数据出现短期改善，期货市场上预计大宗商品存在上涨动力，而股灾后轮动的资金涌入大宗商品市场，以螺纹钢为代表的黑色系价格出现了一轮暴涨，多个品种持续涨停。此后在政策打压、稳增长力度放缓后经济复苏被证伪等压力下，出现了一轮大回调。另一个影响渠道是资金涌入一线城市和部分二线城市的房产，造成价格飙升，销售、拿地、新开工的渠道被疏通，进而带动对上游原材料的需求，为游资提供炒作空间。但从中长期来看，产能过剩的局面没有实质性改观，而总需求依赖于基建和地产投资并不强，大宗商品价格不存在持续涨价的基础，游资炒作后面临较大回调压力。

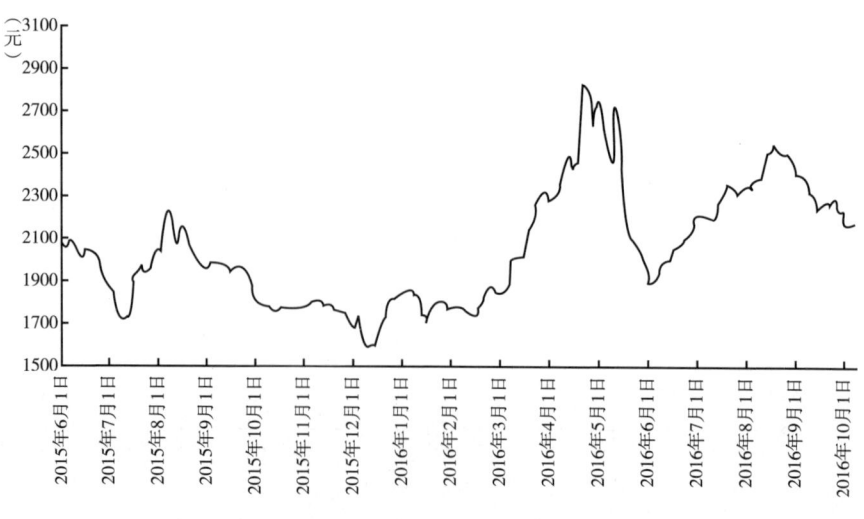

图 13　螺纹钢价格走势

资料来源：Wind 数据库。

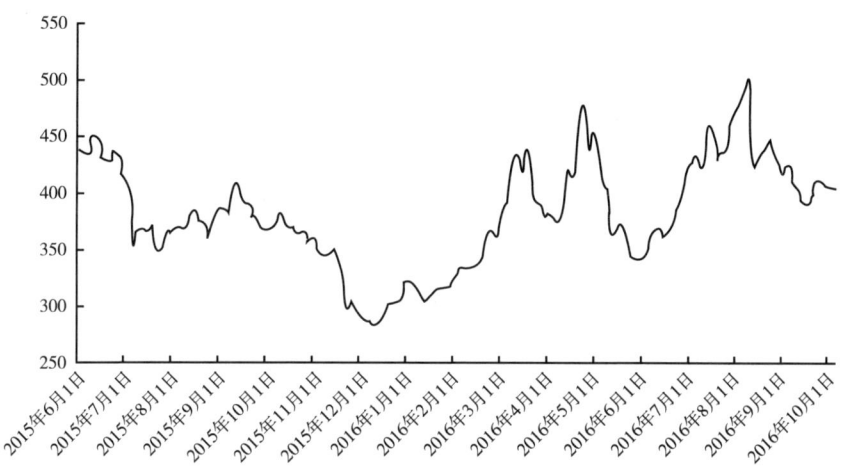

图 14　铁矿石价格指数走势

资料来源：Wind 数据库。

四　"十三五"时期股市风险预测

2016 年 2 月以来，市场恐慌情绪有所缓解，上证综指在 2700 ~ 3100 点区间波动。展望"十三五"时期，仍有诸多利空因素使股市面临调整压力。

第一，企业盈利能力下滑。从收入端来看，未来随着经济增速下行导致居民收入增速进一步放缓，预计消费增速维持逐步下跌的趋势；出口受全球增长动能放缓、全球化红利消退的影响，对经济增长的贡献逐步回落，甚至可能转为负值；制造业面临去库存和去产能压力，如果供给侧改革发力，制造业投资增速进一步下滑；房地产行业去库存仍是第一要务，上半年的楼市回暖冷却后，固定资产投资恢复趋势性下行；而基建受财政压力约束，也难以长期保持高增速，因此 GDP 增速预计将逐步下行，带动企业增速也下滑。而成本端人口结构过拐点导致人力成本攀升，企业借新还旧（钢铁行业所发债券偿还债务的比例从 2010 年的 40% 增加到 2015 年的 92%）下的财务费用刚性增加，进一步挤压企业利润。长期来看，股市主要还是由基本面因素决定，企业盈利能力下滑可能会给股市带来调整压力。

第二，无风险利率边际收窄空间缩小。经过两年多的债券大牛市后，10 年期国债到期收益率已下行至低位，2015 年下半年股灾后到期收益率进一步下跌，目前在 2.7% 左右。未来进一步收窄的空间有限，从国内因素看，一是经济虽然继续下行但下行幅度边际收窄，二是 PPI 跌幅收窄、劳动力成本上升使得通胀压力面临回升风险，三是商业银行坏账率上升，超储率降低，用于配债资金减少；从外部因素看，美联储加息时点短期延迟，但其货币政策转向的概率不大，全球流动性宽松的局面可能逆转，这也将限制国内政策宽松的空间。实际上 10 年期国债到期收益率在 2.7% 附近震荡后并未有实质性突破，后续即使有所下跌，下跌的空间也非常有限。

第三，经历过三轮股灾后，"讲故事"已经不再像牛市时那样奏效，投资者要求的风险补偿回升。股市中信心比黄金更重要，这也是 2014 年股票价格持续上涨而在 2015 年年中的股灾后，政府多举措救市但每有一段上涨后即调整的原因。投资者风险偏好回落，要求能够获得更高的补偿。一是在经历三轮股灾后，恐慌情绪一度蔓延，而"追涨杀跌"的特性使得部分散户对股票投资产生畏惧心理。二是 2014 年风险偏好回落的原因之一是年中的中央政治局会议结果超预期，市场预计改革措施将有所落实，各种改革概念板块获得资金青睐。但目前来看，改革措施远低于市场的预期，尤其是国企改革、土地改革等关键领域，"讲故事"已经难以像以前一样吸引到真金白银了。

第四，供给侧改革发力所导致的股市调整。应该说供给侧改革被高度重视，深改组会议、财经领导小组会议、中央经济工作会议和政治局会议都讨论过供给侧结构性改革，权威人物也两次在《人民日报》上发声强调要坚定不移地推进供给侧改革。从近期的政策来看，稳增长力度在减弱，而武钢和宝钢的战略重组或意味着供给侧改革政策正在逐步落实。如果供给侧改革逐步发力，将有更多的企业破产，短期盈利数据回落，货币紧缩和信用违约事件频发导致基准利率上升，结合韩国供给侧改革期间股债汇三杀的经验，股市也将面临调整压力。

第五，IPO 开闸占据市场内的流动性。2015 年 11 月打新出台新规则后 IPO 重启，不再要求投资提前缴款，而是根据中签结果补交。短期来看，新规后打新对资金面的扰动减弱。但长期来看，如果 IPO 加速甚至注册制推出，需要警惕 IPO 放量后对流动性的占用。根据证监会最新批文，截至 2016 年 9 月 29 日，受理首发企业 841 家，其中，已过会 92 家，未过会 749 家。未过会企业中正常待审企业 694 家，中止审查企业 55 家。上一次企业数量达 800 家要追溯到 2012 年 11 月，IPO "堰塞湖"增加了证监会的发行压力，未来 IPO 或将提速，缓解审批压力的同时也可以部分抵消信用违约后债券融资规模缩小的影响。值得注意的是，当越来越多的企业上市而没有明显增量资金入市时，新股对流动性的占用使存量股下跌压力增加。

第六，国家队救市退出风险。国家队救市资金来源包括银行拆借、券商出资、央行再贷款、股东增资和发行金融债等，根据

2016 年一季度的财报,国家队现身 1288 只 A 股的十大流通股东中,合计市值约为 1.1 万亿元,占全市场流通市值的 5.9%。作为救市的绝对主力,证金公司通过负债结构调整实现负债端金额长期化与稳定化,中短期来看无偿还压力,降低了证金公司抛售股票偿还负债的压力。但需要注意的是,由于国家队的深度介入,一旦国家队减持,可能引发这部分国家队重仓股的进一步下跌,如伊利股份、建投能源等。

第七,虽然 A 股在股灾后市盈率有所回落,但仍高于发达国家资本市场和历史平均水平,未来估值风险仍需关注。从主板市场看,中国内地主板(含中小板)PE 为 19 倍,略高于日本主板(17 倍),显著高于中国香港主板(10 倍)和美国纽交所(7 倍)。从创业板市场看,中国内地创业板 PE 为 73 倍,略低于日本创业板(75 倍),稍高于中国香港创业板(61 倍),显著高于美国 NASDAQ(25 倍)。美国目前股市已位于历史高点,但 PE 还是显著低于我国水平。剔除掉金融企业后(市值占比 28.8%但 PE 只有 8.4 倍),非金融股 PE 为 39.4 倍,距离最低估值水平(20 倍)仍有较大调整空间,而根据历史经验,非金融 A 股达到泡沫顶点时,PE 都在 50～60 倍之间。在泡沫破裂后,PE 会持续向下调整至 20 倍以下,新一轮持续的上升行情才会开启。

第八,大股东减持解禁风险。2015 年 7 月 9 日证监会为稳定股价出台相关政策,要求所有上市股东"五选一"(大股东增持、董监高增持、公司回购、员工持股计划、股权激励)制定稳定股价方案。预计减持禁令到期后,大股东持有的累计 8300 亿元限售股将一次解禁。按照以往经验,预计大股东减持不超过 1500 亿元,占 A 股目前月成交额(约 10 万亿元)的比重不到 1%,而且

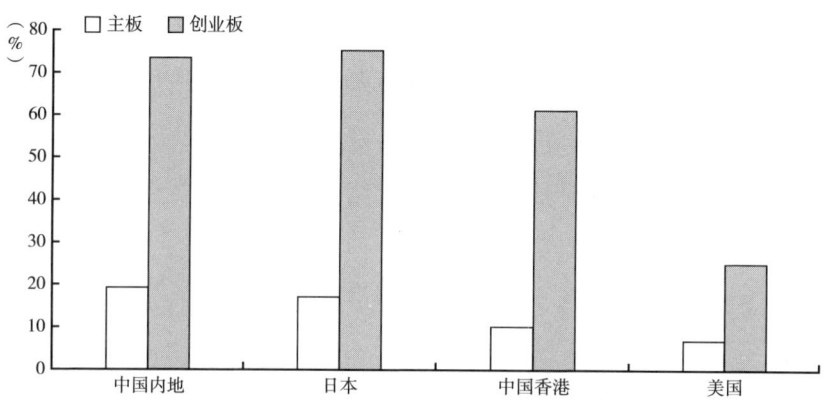

图15 中国内地、日本、中国香港、美国股市平均市盈率对比

资料来源：Wind 数据库。

2016 年 1 月 7 日证监会要求上市公司持股 5% 以上股东，在 3 个月内通过证券交易所集中竞价交易减持股份的总数，不得超过公司股份总数的 1%。

因此解禁对市场的冲击相对有限，但需要注意的是减持新规不适用于大股东减持其通过二级市场买入的上市公司股份，也就意味着在 2015 年股灾期间一大批大股东所增持的自身股票护盘可以不受减持新规限制在市场出售，减持解禁的风险仍在，如金洲集团股东增持时的成本线已被跌破，一旦大股东为了止损大量减持，将使股价进一步下跌。

五 "十三五"时期股市风险交叉感染预测

"十三五"时期，在企业盈利未明显改善的情况下，持续的股市上涨缺乏基本面的支持。在上述风险因素作用下，股市面临着回调压力，恐慌情绪作用下资金向其他资产转移，驱动相关资产价格上涨，但当相关资产价格上涨后获利空间收窄而持有风险上升时，资金的流出又造成资产价格下跌。需要警惕股灾发生后，资金在大类资产间的轮动所引发的资产价格暴涨暴跌。

债券市场方面，受股灾后恐慌情绪蔓延影响，资金需求安全边际较高的资产债券无疑是最佳选择。但债券价格上涨意味着泡沫变大，尤其是当基准利率和信用利差都处在低位时。股灾发生后，由于价格波动小、收益相对稳健，债券无疑是投资者短期可以选择的资产。

短期来看，股票市场的急剧动荡，会影响市场投资者的风险偏好，债券的吸引力会上升，带动收益率快速下行；中长期来看，股票市场的连续下行，能否带动债券市场走向牛市，关键在于基本面的走向，以及货币政策方向的选择。此外，伴随着政策利好，一般短端利率下行空间更大，期限利差呈现扩大趋势。

需要警惕债市没有基本面支持的上涨，一是经济 L 型底部震荡，边际下行幅度小于 2015 年，本身对债市形成压力；二是"十三五"时期受国内劳动力成本上升和 PPI 跌幅收窄等压力下通胀回升、外部美联储加息导致全球性宽松逆转等因素的制约，货币政策持续宽松的空间不大，基本上是以对冲性为主，没有了央行放水的支撑，基准利率下降空间不大，甚至可能反弹；三是产能过剩和强经济周期行业盈利面恶化导致信用违约事件频发，信用债市场化定价加快，被低估的信用利差回归。因此，若发生股灾，短期债市有一轮牛市行情，但也意味着未来有更大的调整压力。

外汇市场方面，股灾将增加资本外流压力，尤其当人民币存在较强的贬值预期时。一个国家的汇率短期受资金流动影响，但长期来看主要是由基本面因素决定，股灾通常意味着企业盈利数

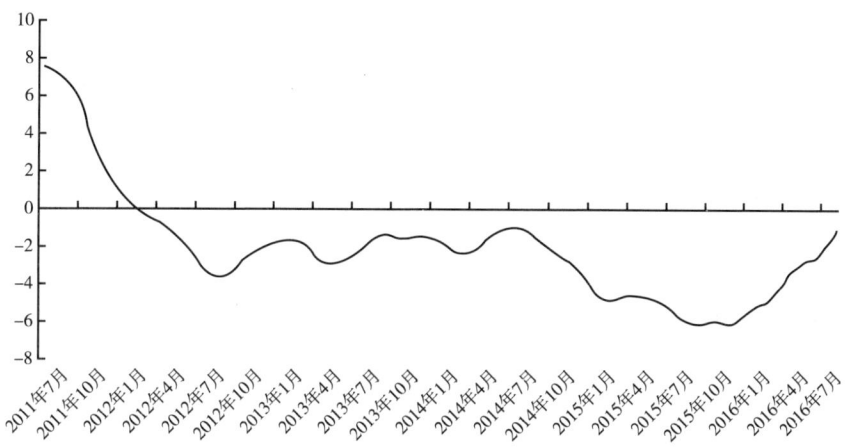

图 16 PPI 走势

资料来源：Wind 数据库。

据会改善，导致市盈率高企，同时意味着人民币资产的收益率降低尤其是在实体投资回报率放缓的情况下。如果美联储保持加息，全球资产配置中人民币资产与美元等资产回报率差收窄，甚至境外投资者赚取的息差难以覆盖汇差所导致的损失，境外投资者将降低在中国的资产配置比例。资金的流出一方面加剧了人民币贬值，另一方面也会加大股市的调整压力。虽然美联储紧缩政策屡屡延期，但只要加息预期仍在，国内股灾也会强化人民币贬值额预期，从而导致资产流出，有时加息预期比加息本身对市场的冲击更大。

房地产市场方面，预计"十三五"时期将继续分化，股灾后资金进入供给稀缺的一、二线楼市，造成相关城市的房价短期出现波动。一线城市受低库存、人口流入和住宅土地供应限制等因素影响，短期虽有波动，但长期来看仍具有配置价值。存款利率不断降低甚至实际利率为负，对于个体投资者而言，供给稀缺的一、二线城市房产是为数不多的合意投资标的。资金涌入后推动价格进一步上涨，并带动部分二线城市房价上涨。三、四线城市则因高库存、人口向大城市聚集等，去库存仍是第一要务，价格上涨空间较小，对于投机甚至保值的资金而言吸引力不大。因此，股灾后对三、四线房地产市场的影响不大，主要是在短期内推高一、二线城市房价。

大宗商品方面，长期价格走势由供需状况决定，股灾对大宗的短期影响取决于当时大宗商品的价格水平。长期来看随着经济增速下行和经济结构变化，需求端增速不断放缓，而供给端则取决于供给侧改革的落实情况。如果供给侧改革发力，产成品库存处于低位，过剩产能逐步收缩，价格止跌甚至趋势性上行至高位，对于有获利需求的资金而言吸引力下降。如果经济下行风险加大，供给侧改革让位于稳增长，则去库存、去产能步伐放缓，大宗商品价格趋势性下移至低位，此时虽然基本面上不支持配置，但是因价格跌至低位后，更容易吸引资金参与。

六 加强长期制度建设实施短期稳定 措施防范股市风险

为防范股灾再次发生，威胁到金融体系的安全，应长期制度建设与短期稳定措施相结合。

一是推进注册制改革，坚持市场导向，循序渐进。注册制改革的本质是市场化改革，核心是处理好政府和市场的关系。与核准制相比，注册制将事前审核权下放至交易所和券商，监管层只负责核查上市公司信息披露的真实性以及事后问责，不再对公司价值做出判断，从而大幅缩短企业的上市周期，有效缓解目前的

IPO"堰塞湖"。实施注册制后新股定价将更加市场化，有利于形成市场自我约束，释放股市估值泡沫。注册制改革应坚持市场导向，放管结合、循序渐进，掌控新股发行节奏，避免新股大规模扩容冲击股市。

二是加强证券公司监管，优化股市杠杆结构。要加强对股市杠杆的规模、增速、结构和风险的监控，降低杠杆水平要循序渐进，切忌"一刀切"。加强对证券公司的监管和进一步规范视野内的各类配资业务，包括加强证券账户实名制管理，完善合格投资者管理制度，规范证券公司第三方信息系统接入，明确交易记录保存期以备追溯查询；禁止伞形信托下挂"拖拉机"账户，提高伞形信托劣后级认购门槛，限制最高配资杠杆比例。

三是深化新三板改革，推进分层制度改革，加快研究转板制度。新三板改革有以下两个重要方向。一是分层制度。目前新三板已实施分层管理（基础层/创新层），未来随着实践推进和经验积累，新三板层级应更加细化。对于不同层次的企业，在交易制度、发行制度、信息披露等方面实施差异化安排。二是转板制度。新三板企业转板创业板，可由创业板设立单独层次接纳转板企业，或者只通过交易所之间转板。转板制度启动，意味着新三板企业可以将挂牌存量股份直接向沪深交易所申请上市。通过建立畅通的转板机制，可对 A 股 IPO 起到重要分流作用。同时，转板制度可拓宽股权投资产品的退出渠道，降低兑付风险。

四是完善退市制度，健全主动退市制度，坚决执行重大违法、不满足交易标准公司的强制退市。完善的退市制度作为资本市场净化器，是推行注册制和保证市场优势劣汰的必要前提，有助于引导股市估值回归理性。自 2001 年开启退市制度以来，A 股共有 89 家公司退市,年均退市率不足 0.3%。退市制度改革,一是要健全上市公司主动退市制度,明确主动退市的途径、方式、公司内部决策程序等;二是要确立重大违法公司强制退市制度;三是要严格执行不满足交易标准的强制退市制度,坚决让经营不善、质量差、造假严重的公司退出市场。

五是妥善处理救市退出问题,尽快建立长效稳定机制。救市措施退出时机的选择应以救市目标是否实现为标准,具体包括经济稳定与金融稳定。经济稳定主要表现为宏观经济走势良好。金融稳定包括在没有政府或中央银行支持下的金融部门的稳定、股价指数改善、市场稳定、投资者信心回暖。我国政府在处理救市退出问题时,应立足于我国资本市场现状,同时借鉴国际经验,尽快建立长效稳定机制。第一,引入长期投资者,如社保基金、养老基金、梧桐树系的长期投资平台作为救市资金的承接方,建设资本市场长效机制。第二,构建 ETF 指数,可借鉴香港盈富基金模式发售,分批收回资金。第三,鼓励上市公司回购。

六是改革涨跌停板制度。涨跌停很可能被视为证实某种趋势的临界变化值,这种强烈的临界趋势效应导致人们怀有"价格尚未涨够或跌够"的想法,从而导致价格进一步顺应趋势。因此,只要市场主力能够或敢于封住涨停板,卖盘会大幅度减少。不仅如此,在个股出现过涨停板以后,股价的第一、二次回调总会吸引大批买盘进场抢筹,这无形之中就为市场主力操纵股价提供了方便。跌停的临界趋势效应则使买盘迅速萎缩,使人无法再行卖出,并且还会对次日的走势产生强烈的负面影响。卖盘无法在当天兑现,便会集中到第二天去,这样跌停起到了助跌作用。因此,结合我国资本市场发展状况,我们认为应放宽涨跌幅限制幅度。

参考文献

[1] 陈晓升、王佳音、管清友、杨柳:《中国股灾的反思——中国经济报告》,清华大学国家金融研究院课题组,2016 年 1 月。

[2] 谢百三、童鑫来:《中国 2015 年股灾的反思和建议》,《价格理论与实践》2016 年第 1 期。

[3] 皮海洲:《2015 年中国股灾发生的原因分析》,《武汉金融》2015 年第 11 期。

[4] 赵浩杰:《从股灾中看熔断机制》,《经营管理者》2016 年第 2 期。

"十三五"时期我国债券市场风险
及其应对研究

内容提要： 2015 年以来，我国债市违约风险频发。长期来看，打破刚性兑付是债券市场可持续健康发展的必经之路，但短期内需防范信用违约事件的"蝴蝶效应"：评级泡沫调整，信用利差上升，企业再融资受阻，形成恶性循环，并将风险传导至股票市场、房地产市场、大宗商品和外汇市场等主要市场。展望"十三五"时期，中国债券市场仍可能在多重风险作用下面临调整压力，包括：企业经营现金流状况恶化、外部信用支持力度减弱、基准利率和信用利差提高、流动性边际恶化、发债主体评级下调、城投债存政策风险、到期压力持续、企业境外发债面临汇率风险等。为防范信用违约事件加速风险扩散，"十三五"时期需通过改革，推动企业部门有序去杠杆，完善信用评级体系，加强债市监管和信息披露，稳妥发展信用管理工具，形成多元化的信用风险处置机制。同时要加强宏观审慎管理，加快各个市场的制度建设，防范债市违约对股市、楼市和汇市的交叉感染。

2014 年 3 月 "11 超日债" 违约事件，结束了中国债市的刚性兑付时代。2015 年下半年至今,在经济下行导致的发债主体基本面恶化和制度缺陷导致的企业恶意逃废债务共同作用下,债券市场违约日益常态化和多样化,表现出违约速度加快、违约品种和主体范围广、后续处置难度大的特点。债市潜在风险可能是"十三五"时期诱发宏观经济风险的重要根源。我们将在分析 2015 年以来债市违约频发的背景、原因、影响的基础上,分析"十三五"时期债市可能面临的重大风险以及分析债市与其他市场交叉感染的可能路径,并提出防范债市风险的对策建议。

一 违约风险对债市的冲击及其对宏观经济的影响

(一)违约风险爆发的背景及其对债市的影响

债券市场本身面临调整压力,个券违约无疑是打开了"潘多拉之盒"。一方面,基准利率面临上行风险。一是因通胀压力明显大于 2015 年;二是经历史上最长的债券牛市后,10 年期国债到期收益率一度到达 2.7% 的低位,在货币政策边际紧缩的情况下,面临反弹压力。三是经济 L 型底部震荡,边际下行幅度小于 2015 年,本身也会对债市形成压力。四是产能过剩和经济周期导致企业盈利面恶化,经营亏损直接导致违约风险骤升。另一方面,信用评级泡沫化与信用利差被低估。一是 2010 年来债券发行人杠杆率持续上升,资产回报率随着经济增速的下行也不断下滑,还债能力减弱,但企业信用评级整体在不断上调,全市场 AA 级及以上评级占比从 70% 上升到了目前的 80% 左右。二是 2015 年年中股市大幅调整后,避险资金流入债市,驱动信用利差下行,甚至出现高等级信用债利差倒挂现象。据测算,交易所钢铁行业信用利差最高被低估了240bp,机械设备行业信用利差被低估130~140bp。

表1 截至2016年第三季度信用债违约情况

债券名称	发生日期	发行人	发行时主体评级	债券余额
15亚邦CP004	2016-09-29	亚邦投资控股集团有限公司	AA-	2.00
15东特钢CP003	2016-09-26	东北特殊钢集团有限责任公司	AA	7.00
13华光04	2016-09-21	金乡县华光食品进出口有限公司	A-	0.20
13东特钢PPN002	2016-09-06	东北特殊钢集团有限责任公司	AA	3.00
13华珠债	2016-08-22	华珠(泉州)鞋业有限公司		0.80
15国裕物流CP001	2016-08-08	武汉国裕物流产业集团有限公司	AA-	4.00
15云峰PPN004	2016-08-01	上海云峰(集团)有限公司	AA-	10.00
14佳源债	2016-07-28	河南佳源乳业股份有限公司		1.50
15东特钢PPN002	2016-07-18	东北特殊钢集团有限责任公司	AA	8.70
13东特钢PPN001	2016-07-11	东北特殊钢集团有限责任公司	AA	3.00
金满锐溢	2016-06-17	东兴金满堂商贸有限公司		0.11
15川煤炭CP001	2016-06-15	四川省煤炭产业集团有限责任公司	AA+	10.00
15华协农业04	2016-06-13	甘肃华协农业生物科技股份有限公司		0.05

续表

债券名称	发生日期	发行人	发行时主体评级	债券余额
15 华协农业 03	2016 - 06 - 13	甘肃华协农业生物科技股份有限公司		0.05
14 东特钢 PPN001	2016 - 06 - 06	东北特殊钢集团有限责任公司	AA	3.00
15 华协农业 01	2016 - 06 - 01	甘肃华协农业生物科技股份有限公司		0.05
15 华协农业 02	2016 - 06 - 01	甘肃华协农业生物科技股份有限公司		0.05
14 益优 02	2016 - 05 - 29	鄂尔多斯市益通路桥有限公司		0.70
15 春和 CP001	2016 - 05 - 16	春和集团有限公司	AA -	4.00
13 雨润 MTN1	2016 - 05 - 13	南京雨润食品有限公司	AA	10.00
11 威利 MTN1	2016 - 05 - 12	保定天威英利新能源有限公司	AA	14.00
12 泰亨债	2016 - 05 - 10	天津市泰亨气体有限公司		0.80
15 东特钢 CP002	2016 - 05 - 05	东北特殊钢集团有限责任公司	AA	7.00
11 蒙奈伦	2016 - 05 - 04	内蒙古奈伦集团股份有限公司	AA -	8.00
11 蒙奈伦债	2016 - 05 - 04	内蒙古奈伦集团股份有限公司	AA -	8.00
13 桂有色 PPN002	2016 - 04 - 22	广西有色金属集团有限公司	AA	5.00
11 天威 MTN2	2016 - 04 - 21	保定天威集团有限公司	AA +	15.00
13 东特钢 MTN2	2016 - 04 - 12	东北特殊钢集团有限责任公司	AA	8.00

续表

债券名称	发生日期	发行人	发行时主体评级	债券余额
15 华昱 CP001	2016 – 04 – 06	中煤集团山西华昱能源有限公司	AA +	6.00
15 东特钢 SCP001	2016 – 04 – 05	东北特殊钢集团有限责任公司	AA	10.00
15 东特钢 CP001	2016 – 03 – 28	东北特殊钢集团有限责任公司	AA	8.00
13 天威 PPN001	2016 – 03 – 28	保定天威集团有限公司	AA +	10.00
15 雨润 CP001	2016 – 03 – 17	南京雨润食品有限公司	AA	5.00
13 中联 01	2016 – 03 – 13	江苏中联物流股份有限公司		0.20
12 中成债	2016 – 03 – 10	中成新星油田工程技术服务股份有限公司		0.60
13 桂有色 PPN001	2016 – 03 – 09	广西有色金属集团有限公司	AA	5.00
15 宏达 CP001	2016 – 03 – 08	淄博宏达矿业有限公司	AA –	4.00
15 云峰 PPN001	2016 – 02 – 29	上海云峰(集团)有限公司	AA –	10.00
14 中恒 02	2016 – 02 – 29	中恒通(福建)机械制造有限公司		0.50
14 云峰 PPN001	2016 – 02 – 29	上海云峰(集团)有限公司	AA –	6.00
15 云峰 PPN005	2016 – 02 – 29	上海云峰(集团)有限公司	AA –	10.00
14 云峰 PPN003	2016 – 02 – 29	上海云峰(集团)有限公司	AA –	10.00

续表

债券名称	发生日期	发行人	发行时主体评级	债券余额
15 云峰 PPN003	2016 - 02 - 29	上海云峰（集团）有限公司	AA -	10.00
14 云峰 PPN002	2016 - 02 - 29	上海云峰（集团）有限公司	AA -	10.00
11 天威 MTN1	2016 - 02 - 24	保定天威集团有限公司	AA +	10.00
15 亚邦 CP001	2016 - 02 - 14	亚邦投资控股集团有限公司	AA -	2.00
15 山水 SCP002	2016 - 02 - 14	山东山水水泥集团有限公司	AA +	8.00
13 山水 MTN1	2016 - 01 - 21	山东山水水泥集团有限公司	AA	18.00

资料来源：Wind。

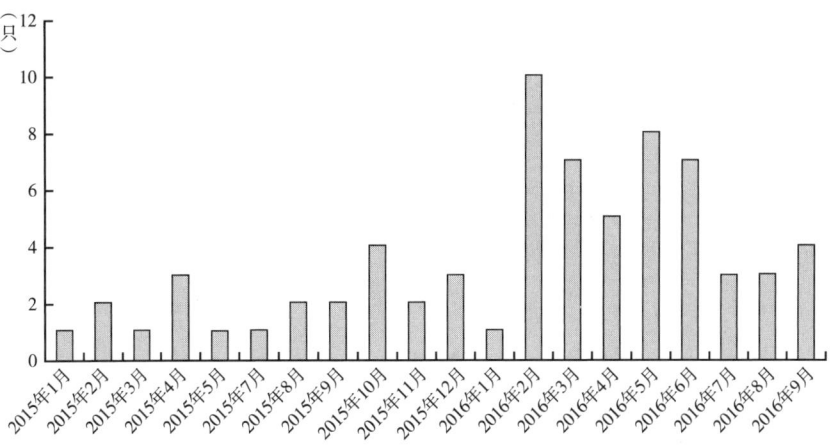

图 1　2015 年 1 月至 2016 年 9 月违约信用债月度数量变化情况

资料来源：Wind。

　　频发的违约事件，从以下两个方面加速债市风险扩散。一方面是冲击流动性，而杠杆效应放大不利冲击，加快市场基准利率上升，这个风险是针对所有企业的。在经历了两年多的债券牛市后，到期收益率处于低位，机构投资者普遍通过加杠杆增厚利润。2015年3月底的一次调查显示，受访者账户平均杠杆在1.43倍，41%的受访者杠杆在1~1.5倍，其中杠杆率在3倍以上的有4%。分机构来看，券商加杠杆较为普遍，仅9%的受访者无杠杆，平均杠杆水平在2倍，基金、城商和农商行杠杆水平较高，而保险、信托、五大行和政策行杠杆水平较低。

　　杠杆效应将放大不利冲击，债市整体收益率上升。一是相关债券若暂停交易，类似于股灾期间的停牌，投资组合中若有暂停交易的债券，在面临赎回或到期的时候将无法及时回收流动性，而杠杆效应放大了投资者所承担的风险，投资者通过卖出其他债券进行止损和换取流动性，而信用债流动性较差，会进一步传导流动性收紧的风险。二是杠杆效应还加剧市场恐慌情绪，降低投资者风险偏好，即使违约风险不高的债券流动性也将受冲击，低资质债券更是首当其冲。

　　违约风险引发评级下调，信用利差上升，企业再融资受阻，形成恶性循环。正如前文所述，信用评级泡沫化和信用利差被低估，未来信用评级下调空间很大。违约事件使得评级泡沫逐步破灭，截至9月30日，2016年长期信用评级遭到下调的企业主体数为119家，几乎是2015年同期81家的1.5倍。从采掘、有色和钢铁等领域较为关注的产能过剩行业来看，评级遭受下调的企业通常出现持续亏损、营业利润大幅下滑、已获利息倍数为负、资产负债率超过70%。未来随着盈利能力的减弱，将有更多的发债主体评级被下调。

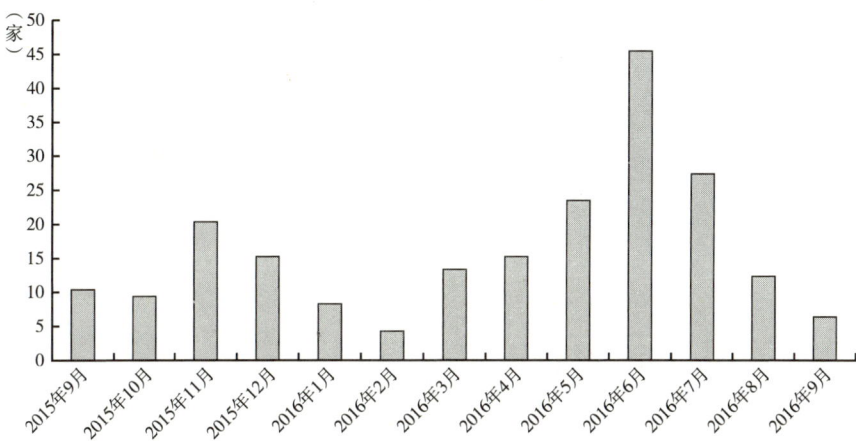

图2 信用评级下调企业数量

资料来源：Wind。

以 2015 年 1 月 1 日至今所发生的评级调整产业债为样本，可发现在剔除基准收益率影响之后，评级下调的产业债相对收益率（个券中债估值收益率－基准收益率）上移。低等级信用债对评级调整的反应大于高评级债券：银行间市场内主体评级下调后，剔除基准收益率的影响，AA＋、AA 和 AA－评级产业债的相对收益率在不到 10 个交易日内分别上行了约 30bp、230bp 和 240bp；交易所市场内主体评级下调后，剔除基准收益率的影响，AA＋、AA 和 AA－评级产业债的相对收益率在不到 10 个交易日内则分别上调了约 25bp、300bp、500bp。

信用违约事件还影响一级市场发行，导致融资规模萎缩。中国已成为全球第二大信用债市场，2015 年信用债发行规模为 7.1 万亿元，新增社融中企业类债券增速也达到了创纪录的 19.1%，信用债市场的壮大为企业提供了相对低廉的资金来源，金融进一步服务于实体。但信用事件频发导致恐慌情绪蔓延，一级市场发行受阻，5 月非金融企业信用债净融资 – 165. 44 亿元，继 2010 年 7 月和 2013 年 12 月后非金融企业信用债融资额再次低于当月偿还额。

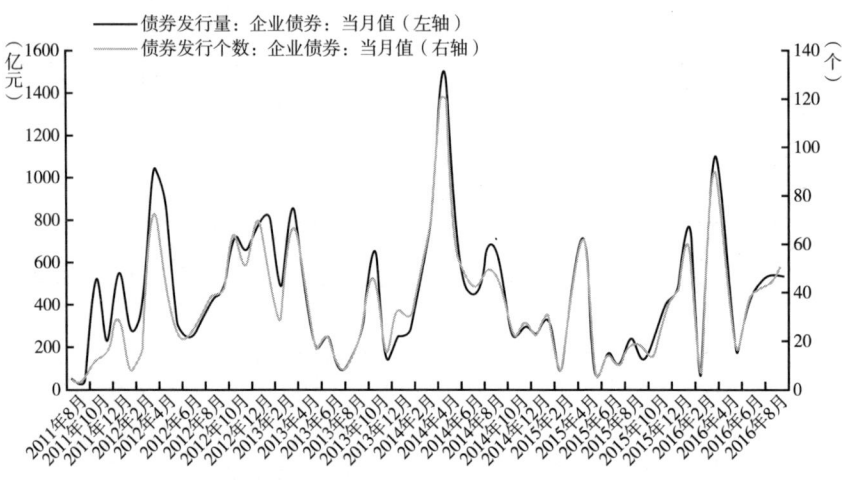

图 3　企业债券发行量与发行个数

资料来源：Wind。

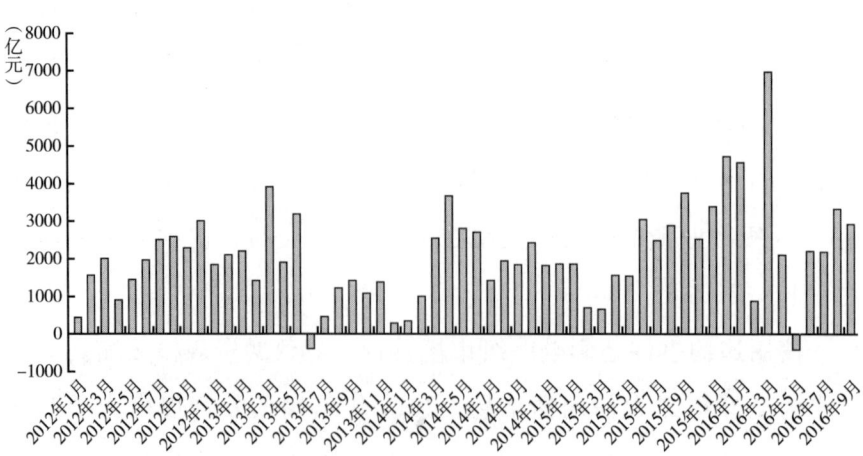

图 4　企业债券每月净融资

资料来源：Wind。

（二）债市违约风险爆发对宏观经济的影响

债市融资规模萎缩削弱了债市对实体经济的支持力度，或使得经济复苏进程夭折，从而进一步增大违约风险，形成"违约风险增大——再融资受阻——经济回落——违约风险进一步增大"的恶性循环。一个明显的例子是民间固定资产投资，民间固定资产投资占固定资产投资的比例约为2/3，固定资产投资的企稳需要民间固定资产投资发力。但2016年初以来，民间固定资产投资增速持续回落（2015年全年累计增速为10.1%，高于全部固定资产投资的10.0%；2016年1～9月为2.5%，只有同期全部固定资产投资增速8.2%的30%，除因固定资产投资回报率下降外，也与企业融资难度增加有关。

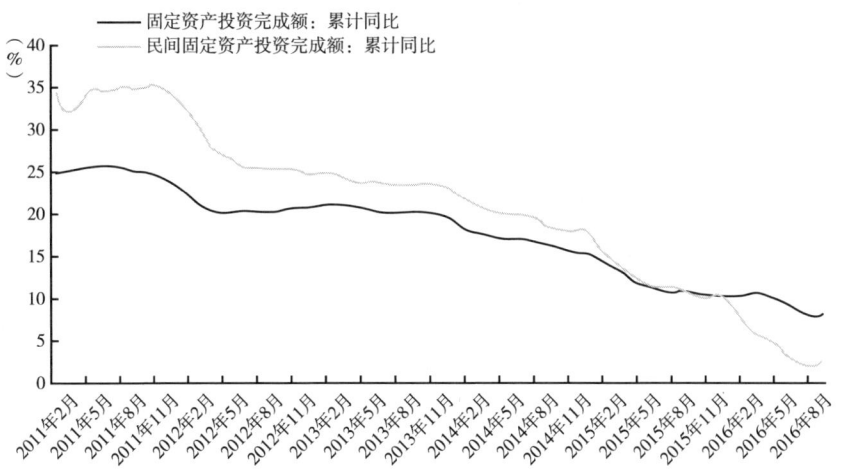

图5 固定资产投资完成额和民间固定资产投资完成额累计同比增速

资料来源：Wind。

信用违约除在短期影响经济增长外，还在长期增加经济转型的难度。企业转型升级需要低成本的资金，最能发挥此项作用的无疑是属于直接融资的债券。评级机构在部分公司发生违约后，迅速下调其信用等级则进一步封死了企业通过债券市场进行再融资之路。比如，在东北特钢违约后，联合资信将其主体长期信用等级由 AA 下调为 C。中铁物资在债务融资工具暂停交易后，大公国际将其评级由 AA + 下调至 AA - ，展望维持负面。而对于没有发生违约的企业，也因评级下调暂缓或者取消发行企业债，融资成本大幅提升。

转型升级是企业的突围之路。但是，转型需要的资金又成为企业面临的一道难题，有企业算过一笔账："装备的投入、研发上的资金，占整个资金总量的90%；企业的升级至少要三年期的资金，转型最少要五年期的资金，这个还不算研发的投入"。如果不能解决长期的资金问题，升级转型只是纸上谈兵，或者事倍功半，甚至半途而废，正如东莞一位电池企业老板所言，"转型升级就像一艘大船在掉头，水不够深就很容易搁浅，这里起关键作用的水，那就是资金"。中小企业和缺少抵押物的创新型企业本难以从银行取得贷款，又因违约带来的影响难以从债市取得资金，因此十分不利于企业的创新与转型。

二 债市风险爆发和传导的机理分析

（一）债市风险爆发后可能引发不同市场间风险轮动

流动性充裕下金融机构负债端成本不断下降，而优质资产愈发稀缺，导致大量的低成本资金无处可去。过去两年中金融机构将大量资金配置到相对安全的债券市场进行避险，尤其在 2015 年年中股市大调整后呈现加速趋势，高等级信用债与同期限的国开债收益率一度出现倒挂。违约事件频发后，债市的安全性和配置价值都降低，迫使大量配置型资金寻找新的投资渠道，如股市、楼市、汇市和商品期货等市场。

与债券相比，这些资产有几大明显区别。一是属于风险资产，价格较债券波动大，金融机构提高其他资产的配置比例后所面临的风险增加。二是市场容量有限，不管是楼市还是股市都只有一部分优质资产满足追求稳健的金融机构配置需求。三是短期化投机明显，债券市场由于投资门槛高，主要是机构投资者参与，而其他市场有大量的个人投资者。当机构投资者将资金配置到其他市场后，资产价格上涨吸引个人投资者进入，价格上升的同时也降低了该资产的继续配置价值，不适合追求稳健收益的机构型配置资金长期持有。

因此，大量追求无风险收益的资金在各类风险资产市场中快速轮动，经典的"美林时钟"在国内被戏称玩成了"电风扇"。大规模资金在风险市场的快速游走，一方面增加了机构配置资金的难度，另一方面催生了一次又一次的暴涨暴跌，如 2015 年四季度的信用债泡沫，2016 年前三季度部分一、二线城市房价暴涨，周期商品倒"V"形走势。

（二）债市风险对其他市场的传导分析

1. 债市风险对股市的影响

股票市场方面，债市违约造成市场恐慌情绪，加大本已信心不足的股市波动。在违约事件集中出现的交易日，市场恐慌情绪蔓延。4 月 14 日至 5 月 13 日，上证综指、中小板指和创业板指分别

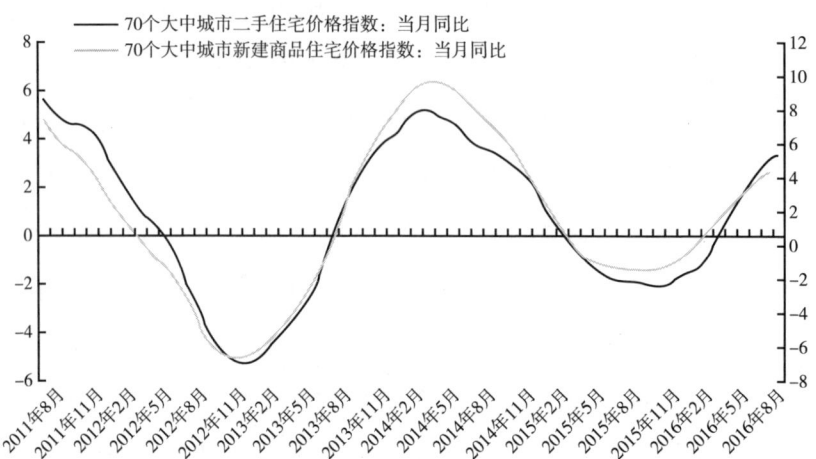

图 6　70 个大中城市新建商品住宅和二手住宅价格指数当月同比变化

资料来源：Wind。

下探 255 点、1088 点和 300 点，下跌幅度分别为 8.3%、9.4% 和 12.9%，当然，债市违约事件只是股市行情下探中一个且未必是主要因素，当前股市整体信心不足、底部震荡走弱态势受到多重因素影响，二者的联动性值得进一步观察和分析。

另一种看法是股市短期受益于配置资金的流入，但因缺少基本面的支持，增加了未来回调的风险。作为机构投资者配置比例最高的两种资产，当违约导致债市恐慌情绪蔓延时，出于资金配置比例要求等原因，会增加对股票的配置比例。尤其是当股市大幅调整后配置价值上升时，如 2016 年 3 月股市整体呈上行趋势。但从中长期来看，资金转移驱动的股市上涨缺少基本面的支持：从分子端来看，债市违约意味着企业营收和现金流状况恶化，短期 EPS 提升的概率不大；从分母端来看，违约事件冲击流动性，在杠杆作用下加快基准利率上升，无风险利率增加，而对股市的风险补偿因子短期内因债市违约而降低，但从中长期来看取决于改革力度、对未来经济的预期等，在集中性的债市违约影响被市场消化后，对股市的风险补偿也会增加。因此总的来看，债市信用风险对股市的影响是短多利空。

2. 债市风险对汇市的影响

频繁的信用违约降低了人民币资产吸引力，资本外流，但国内发债难度上升倒逼企业境外融资，换汇时对人民币需求增加，因此违约事件对人民币汇率的影响是不确定的。2015 年年中后外汇开始大规模流出，主要是因为在宏观经济下行压力下，实体资产投资回报率降低，而年中的股市大幅调整使得人民币资产吸引力大幅下降。债市作为安全边际较高的资产，吸引了部分外资，缓解了资本流出和汇率贬值的风险。频繁的信用违约事件，强化了外资对中国经济前景的悲观预期，也使得人民币资产的吸引力进一步降低。但与此同时，由于国内发债成本上升、发行难度加大，有条件的企业扩大境外发债融资比例，如离岸美元市场二季度城投债发行规模为 27 亿美元，大幅高于一季度的 2 亿美元，而二季度国内城投债发行规模为 1160 亿元，远低于上年同期的 2564 亿元。企业境外融资后回国换汇时增加了对人民币的需求，这在一定程度上支撑了人民币汇率。因此正反作用下，信用事件对人民币汇率的影响需要视具体情况而定。

3. 债市风险对房地产市场的影响

信用违约通过资产再配置推高房价、增加房企融资难度两个渠道放大房地产市场的风险。2016 年年初以来，一线及部分二线城市房价出现了一轮暴涨，除受前期房地产市场多环节松绑、库存处于低位影响外，也与信用风险爆发后资产配置荒加剧相关，资金进入供给稀缺的一、二线城市房地产市场，进一步抬高了房价收入比。楼市风险加剧，权威人士在 5 月 9 日的讲话中明确指出了房地产泡沫并将其列于九大风险中的第二位。

房地产市场销售持续回暖，也带动了地产投资反弹，1~9 月投资同比达到了 5.8%，远超上年全年的 1.0%。从供给端看，由于项目新开工放量且项目具有持续性，预计年内地产投资能维持 5% 左右的增速。从需求端看，由于人口结构过拐点、城市人均住宅 33 平方米改善型需求有限，预计销售增速将逐步回落。未来商品房库存将被动增加，房企销售费用上升，而因销售回落，房地产开发企业外部融资需求增加。频繁的违约事件加大了房地产企业融资难度，在现金流压力下，其可能降价去库存，成为引爆房价调整的导火索。

4. 债市风险对大宗商品市场的影响

信用违约下资产再配置，资金涌入商品市场，黑色系经历了一轮倒"V"形的过山车走势。受制于产能过剩，工业品价格持续下跌，PPI 同比至今已连续 51 个月为负。在前期稳增长政策持续发酵下，一季度末经济数据出现回暖，叠加供给侧改革预期，资金涌入商品期货市场，多个品种持续涨停，螺纹钢期货 3 月初升至最高点，14 个交易日累计涨幅达 31.3%。监管机构提高保证金比例、增加涨跌幅限制打压商品期货投机，叠加经济复苏被证伪、供给侧改革执行力度低于预期，商品价格持续下跌，以螺纹钢期货为例，从 4 月 21 日的高点至 5 月 30 日的最低点累计跌幅达到了 32%。商品期货的暴涨暴跌，除受供需因素影响外，也与信用违约后资金寻找高收益资产的推波助澜相关。

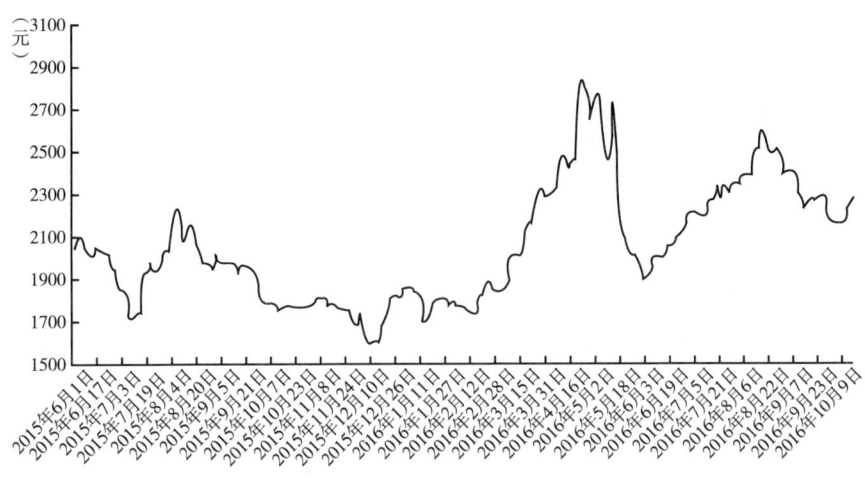

图 7　螺纹钢价格变化

资料来源：Wind。

三　债市重大风险的特征分析

(一) 债市已从刚性兑付时代进入风险定价时代

近年来，信用违约日益常态化和多样化，刚性兑付已成为过去式，中国债市迎来"风险定价时代"。

从违约数量看，呈加速趋势。2014 年违约事件 6 起，2015 年 26 起，截至 2016 年三季度末已经发生违约 48 起，超过过去两年的总和；从违约规模看，2014 年公募债违约规模为 10 亿元，2015 年公募债违约规模为 78.7 亿元，2016 年上半年公募债累计规模为 277 亿元；从违约品种看，私募债共违约 46 起，公募债 28 起，其中短融及超短融 13 起、中票 7 起、长债 8 起；从主承销商看，从证券公司到股份制银行,再到五大商业银行,而超短融 15 东特钢 CP001 的违约,打破了"主承我只认国开"的信仰;从违约行业看,2015 年违约企业主要集中在轻工制造、重型机械、钢铁、水泥等产能过剩行业,2016 年已蔓延至化工、食品多元、批发业、农副食品加工业等行业,违约行业从个别过剩的传统行业蔓延至其他行业;从信用评级看,主体评级从 AA + 级的中国铁路物资股份有限公司到 C 级的山东山水水泥集团有限公司,债项评级从 AAA 级的 13 青岛 SMECN1 到 BB 级的 11 天威 MTN2;从违约主体看,以民营企业为主,占违约企业数量的 44%,2015 年 4 月天威违约意味着违约主体从民企扩展到地方国企,2015 年 10 月中钢债违约意味着违约主体扩展到央企,目前产业债各品种都有违约,发债主体中仅剩融资平台尚遵循契约精神。

但城投债作为最后的堡垒,未来也有违约风险,尤其是资质较差的区县级城投。作为地方政府融资平台的城投公司,由于拥有了地方政府的隐性担保,不仅自己可以通过私募债市场进行融资,还可以为民营企业发行中小企业私募债提供担保。一旦经营不善,作为信用债最后的信仰,城投债也很可能成为违约的主体。一是经济下行压力下,城投企业主要从事的基建、公共事业等行业的盈利能力下降,而地方政府兜底的能力随着财政增速的下滑也在减弱。目前地方政府兜底城投,主要是为了避免违约后影响当地城投后续融资,但当财政压力加大时,地方政府未必有能力完全兜底,毕竟此前已有央企国企打破刚兑预期的先例。二是目前参与私募债市场的大多是区县级的城投企业,资质较差,互相担保存在较大隐患。如 2015 年 4 月 19 日江苏大宏纺织集团股份有限公司宣布无力兑付其于 2013 年发行的中小企业私募债"13 大宏债"而发生违约就是典型案例,而担保方为射阳县城市投资发展有限公司,属射阳县财政局代管企业,违约后担保方提出了有条件进行代偿的方案。

(二)主观和客观因素并存是债市违约的重要特征

从已发生违约事件看,违约具有很强共性:一方面是客观原因,经济下行导致基本面恶化,另一方面是主观原因,制度缺陷导致企业恶意逃废债务。

从客观上看,经济下行导致部分行业经营绩效持续下滑,现金流达到枯竭"临界点"。债券违约事件主要集中在钢铁、煤炭、有色、水泥、化工等产能过剩行业。2015年动力煤和螺纹钢期货日结算均价较2014年分别下降23.87%和28.95%。受此影响,2015年中钢协会员企业主营业务连续12个月出现亏损,主营业务全年累计亏损超过1000亿元;全国规模以上煤炭企业负债总额高达3.68万亿元,行业利润仅为441亿元。价格下跌、盈利能力下滑导致一些经营困难的企业现金流进入枯竭的"临界点",现金流动负债比率等指标迅速恶化,个别企业因此陷入违约"泥潭"。由于我国经济整体下行,下游产业需求过于低迷,处于上中游的强周期行业产能过剩,这些行业供求严重失衡,产能过剩问题凸显,相关产品价格持续低迷,企业盈利能力下降,经营亏损导致资产大幅缩水,但由于工资刚性等原因,企业的营业成本未能成比例地下降,企业利润大幅下降,同时由于前期企业的过度规模的投资,相关企业债务急剧上升,并最终造成发债主体资不抵债,发生债务违约事件。总的来说,企业或者债券发行人的经营绩效下滑和财务状况持续恶化是导致债券市场信用债违约事件频发的主要原因。

从主观上看,内外管理不善导致债务权责不清、逃废债务现象屡见不鲜。一种是利用资本运作，恶意逃废债务，部分企业大股东通过转移发债主体资产到上市公司、大幅资产减值谋求破产等方式逃废债务。企业破产重整的本质意义在于公司治理结构和债务的重整，但现在一些民企甚至是国企打着破产重整的旗号恶意逃废债务，对债券市场造成严重影响。比如，国企兵装集团通过将旗下上市公司保变电气亏损的新能源业务转移到旗下的天威集团，导致天威集团45亿元债务违约；广西有色持续计提大额资产减值损失，迅速把资产负债率提高到100%以上，达到破产清算要求，实现逃废债务目的。上述行为不仅严重分割了债券投资者利益，还扰乱了债券市场秩序，制约了债市融资功能发挥。

另一种是实际控制人发生变更，导致债务无人负责。对国有企业来说，由于核心领导班子通常由国资委任命，并非市场化选聘，一方面导致经理人更换频繁，另一方面导致其缺乏职业经理人的责任意识，前任举债后任不认账的现象时有发生。此外，由于近年来反腐力度加大，不少国企领导落马，这对债券偿付产生了负面影响。比如，13苏新城的违约和其总裁王振华接受纪委调查被迫辞职有直接关系。从已有违约事件来看，很多违约企业都处于容易滋生腐败的行业，比如路桥施工和房地产等。对民营企业来说，实际控制人非正常变更带来的风险更大，民营企业经营过程中一旦出现实际控制人跑路或因违法被查等事件，很可能将会导致公司发行的债券出现兑付危机，从而使得银行贷款也很难收回。"11超日债"违约事件的起因便是2012年底发行人上海超日太阳能科技股份有限公司的实际控制人被曝跑路，前往美国。

在主客观原因的推动下，2016年以来违约事件加速扩散，处置难度越来越大。截至目前，48只违约债券中仅有9只完成兑付，其余 39 只仍悬而未决。违约后，多数民企发行人通过资产重组、争取银行流动性支持等途径完成兑付；而地方国企、央企等大多已经连年亏损，积重难返，政府支持力度减弱，重组进展较慢，拖累债券兑付。

四 "十三五"时期债市风险预测

2016 年 5 月以来信用风险有所缓和，上证公司债指数结束下跌趋势，创历史新高。但展望"十三五"时期，在多重利空因素共同作用下，类似于 4 月的频繁违约或再现。综合看来，"十三五"时期债市风险因素主要有以下几个。

第一，经济下行压力下企业营收难有改观，而人力成本攀升、债务滚动下财务费用刚性增长都将挤压企业利润，现金流状况恶化。从生产法看，劳动力人口占比和绝对规模下降，同时产能又面临重化工业过剩而新兴行业不足的局面，潜在增长率下滑；从支出法看，收入增速回落使得消费增速难以持续反弹、全球化红利消退、出口已过黄金时代、制造业面临去库存和去产能压力，增长动力主要来自基建和房地产投资，随着政策刺激力度的减弱，固定资产投资增速将逐步下滑。因此，"十三五"时期经济仍面临较大下行压力，企业收入增速也难以有明显改观。而成本端人口结构过拐点导致人力成本攀升，企业借新还旧（钢铁行业所发债券偿还债务的比例从 2010 年的 40% 增加到 2015 年的 92%）下财务费用刚性增加，进一步挤压企业利润。企业盈利能力的弱化提高了未来信用违约的风险。

第二，非金融企业杠杆率较高，决策者尝试将非金融企业部门杠杆向政府和居民部门转移，外部信用支持力度减弱恶化企业现金流。2015年非金融企业杠杆率约为127.8%，横向比较和纵向比较都处于高位，积累了较大风险。近期决策层尝试通过扩大财政支出、居民部门购房等方式加杠杆，提高非金融企业的需求改善其盈利状况从而降低杠杆率。该措施面临的问题，一是政府加杠杆后由于资金使用效率较低，未必能降低非金融企业部门的杠杆率；二是居民部门加杠杆意愿不强，除购房外也缺少其他渠道。因此该政策在执行过程中未必能有效实现其初衷，相反为了控制非金融企业部门的杠杆率，可能会出台一些政策提高企业部门加杠杆的难度。对盈利能力较差尤其是需要债务滚动维持日常经营的企业，外部融资力度减弱加大了其资金链断裂的风险。

第三，供给侧改革逐步推进，而结合韩国经验，供给侧改革中基准利率和信用利差都面临上行风险。权威人士连续两次在《人民日报》上发声，强调供给侧改革才是当前的最主要任务。目前已有十余省市出台文件，根据权威人士的讲话，中央层面的文件也在抓紧制定中。近期武钢和宝钢的重组，意味着供给侧改革政策或将逐步出台和落实。供给侧改革中，一方面需要适度从紧的货币政策予以配合，这增加了基准利率的上行风险，否则货币宽松释放的流动性会进入国企央企等部门进行无效投资或者是推高资产价格；另一方面将有大量企业破产。结合韩国在亚洲金融危机时期的改革经验，国内基准利率走高、信用利差走阔，增加了企业融资难度和信用违约概率。

第四，在国内资产价格走高、外部美联储加息制约下，货币政策宽松空间有限。中国的M2增速与名义GDP增速缺口在2%~3%，但并没有引发持续的高通胀，这主要是因为房地产市场作为池子吸收了大量的流动性。随着近期房地产市场逐步恢复至常态，成交量下滑，房价全局性上涨的概率不大，房地产吸收流动性的功能弱化。在这种情况下，持续宽松释放的流动性寻找新的相对高收益资产，要么在金融市场间快速轮动，要么进入农产品等市场推高物价，要么进入国企央企等信贷优势部门进行无效投资抬高杠杆率，无论是流向哪个渠道都会积聚风险。近期，美联储公布9月议息会议纪要，尽管决策层仍存分歧，但对加快正常化步伐基本达成共识，调查显示，美联储12月加息的概率已调升至70%，仍有上涨趋势。

第五，刚性兑付打破后，将有更多评级虚高的发债主体面临评级下调压力，冲击一、二级市场。在美国市场上，标普给予AAA评级的美国本土公司只有微软、强生和埃克森美孚，而大公国际给予的505家国内发债主体评级中，AAA级的高达65家，A级以下的只有7家。许多境外发债的中国企业，境外评级经常大幅低于国内评级，如恒大集团2015年5月标普给予B＋的评级，而同年6月其拟在国内发行200亿元债券时，被中诚信证评、大公国际和联合评级同时给予AAA级评级。信用违约事件的频繁发生，对评级结果的客观性与公正性提出了更高要求，信用评级泡沫将逐步被挤破，这将增加企业的再融资成本和难度。对于依赖借新还旧程度高的企业，如钢铁、煤炭等产能过剩而负债率高的行业企业，资金链断裂的风险加剧。

第六，城投债存政策风险，在政府给出超越市场的偿债保障时需注意后续政策延续。上半年地方债发行出现"井喷"，原因是当局要求2017年底完成地方债置换，在信用债违约爆发的背景下，高溢价的城投债无异于镶上金边，受到市场追逐，但是当地方债务置换之后，没有新的政策托底，因为城投债依靠地方政府，而各地方政府财力、投资能力差别很大，若不提升对城投债背后财务状况的甄别能力，有很大潜在违约风险。

第七，2016 年下半年信用债到期压力虽仅略高于上半年，但因信用债违约后发行规模萎缩，企业偿债压力实际上是陡增的。根据 Wind 的统计，企业债、公司债、中期票据、短期融资券、定向工具、资产支持证券下半年到期量共计为 2.82 万亿元，略高于上半年的 2.71 万亿元，单月偿债压力均小于二季度各月。但需要注意的是，信用违约增加了发行成本，部分优质企业取消发行，而资质较差的企业发行难度增加，导致信用债发行规模急剧萎缩。3 月信用债发行规模一度达到 1.32 万亿元，而 4 月和 5 月分别只有 7752 亿元和 5718 亿元，6 月信用风险有所回落，但信用债发行量也只有 6747 亿元，低于上半年均值 7818 亿元。到期压力增加提高了信用风险，预计下半年发行规模回升至一季度水平的概率不大，在外部信用支持力度减弱的情况下，集中到期使得企业偿债压力倍增。

第八，企业境外发债规模日益增加，面临计价货币升值和协调处置难度大的风险。由于国内发债成本上升和发行难度加大，部分资质相对较好的企业选择海外发债，且发行规模迅速攀升，如城投企业境外发债规模从 2016 年一季度的 2 亿美元增加到二季度的 27 亿美元。短期来看，境外发债可以获得低成本资金、缓解企业现金流状况，但长期的风险值得关注：一是人民币贬值压力仍存，若人民币汇率继续走弱，将增加企业偿债的人民币计价成本，息差甚至可能完全被汇差抵消；二是境外债务清偿相对市场化，政府的干预力度较弱，不像国内政府部门经常组织债权人与债务人协商。国内企业境外发债违约后，清偿压力下发债企业可能出售相关资产，这又提高了其在国内所发行的债券违约风险。

五 "十三五"时期债市风险交叉感染预测

在多重利空因素共同作用下，未来信用债市场仍有较大违约风险，而一旦违约事件集中爆发，恐慌情绪下资金会寻找其他风险资产，驱动价格上涨。但在经济下行压力下，股市、楼市、汇市和商品缺少基本面的支撑，资金流出后价格调整压力加剧，需要警惕资金在大类资产间轮动所引发的风险资产价格暴涨暴跌。

短期由于债市违约后资金流出，而股票作为流动性较好的资产之一可能受益于资金流出而价格上涨，但是，在缺少基本面支撑的情况下，意味着中长期价格仍有下跌压力。根据 DDM 模型，股价上涨的动力，一是来自盈利面的改善，二是来自无风险收益率的下降，三是风险补偿的回落，但在中长期区间内，频繁的债市风险对这三个因素都是利空：第一，信用违约意味着企业本身现金流状况恶化，而违约后外部信用支持力度的减弱使得企业经营愈发困难；第二，违约事件不仅影响信用利差，还通过资产配置需求、杠杆作用等渠道抬高基准利率；第三，违约债券暂停交易导致市场丧失了流动性，整个市场的成交量出现萎缩，金融市场系统性风险偏好下降，信用事件发生后投资者降低预期回报率，对股票的风险偏好也在回落，风险补偿上升。因此，频发违约后股市经历短期上涨后面临回调压力。

外汇市场方面，债市违约对人民币汇率的影响复杂。一方面，债市违约可能引发市场流动性短期短缺，提高市场利率水平，扩大境内外利差，同时违约债券持有人为满足流动性需求，可能需要将部分外币资产转换为人民币资产，这将给人民币带来一定的升值压力。另一方面，债市违约尤其是违约集中发生，可能加大市场对中国债务风险的担忧，削弱境外资产境内投资热情和造成换汇避险，给人民币汇率带来贬值压力。

虽然违约事件本身造成的短期资金流出不大，但会削弱境外投资者对中国经济的信心，这个层面上看"十三五"时期信用违约会加大人民币汇率贬值压力。一个国家的汇率长期来看主要由经济基本面因素决定，违约频发一是意味着微观企业盈利状况恶化，二是意味着宏观增长动能放缓、人民币资产吸引力降低。如果美联储保持加息，全球资产配置中人民币资产与美元等资产回报率差收窄，甚至境外投资者赚取的息差难以覆盖汇差所导致的损失，境外投资者将降低在中国的资产配置比例。资金的流出，一方面加剧了人民币贬值，另一方面也会加大债市调整压力。如果美联储继续保持宽松政策，境内的持续违约也会提升境外投资者的风险偏好，这也不利于人民币汇率的稳定。

房地产市场方面，预计"十三五"时期将继续分化，信用违约事件造成一、二线城市房价短期波动。一线城市受低库存、人口流入和住宅土地供应限制等因素影响，短期虽有波动，但长期来看仍具有配置价值。当信用违约造成市场缺少高收益资产时，资金涌入供给相对稀缺的一线城市，推动房价进一步上涨，并带动部分二线城市房价上涨。三、四线城市则因高库存、人口向大城市聚集等，去库存仍是第一要务，2016年上半年新开工同比的回升也使得未来房地产库存将被动回升，因此从需求层面看，债市违约对三、四线城市的房地产市场影响并不大。但需要注意的是，信用违约会增加房地产开发企业融资难度，加大房价调整风险。

大宗商品方面，长期价格走势由供求决定，信用违约对大宗短期影响取决于大宗商品价格水平。长期来看随着经济增速的下行和经济结构的变化,需求端增速不断放缓,而供给端则取决于供给侧改革的落实情况。如果供给侧改革发力,产成品库存处于低位,过剩产能逐步收缩,价格止跌甚至趋势性上行至高位,对于有获利需求的资金而言吸引力下降。如果经济下行风险加大,供给侧改革让位于稳增长,则去库存、去产能步伐放缓,大宗商品价格趋势性下移至低位,此时虽然基本面上不支持配置,但是因价格跌至低位后,更容易吸引资金参与。

六 加强长期制度建设实施短期稳定
措施防范债市风险

总的来看,债券违约企业的绝对数量仍非常低、占比很有限,但违约事件会加速扩散,尤其是当信用评级泡沫化与信用利差低估时,造成恐慌情绪蔓延。必须对"刚性兑付"预期打破后可能对市场造成的冲击保持警惕。既要引导风险有序释放,又要不断加强债市体制机制建设,夯实债市健康发展的制度根基,同时还要防范债市违约对其他市场的交叉感染。

一是推动企业部门有序去杠杆,改善企业经营状况,提升盈利能力。一方面,当前债市杠杆结构性分化,部分产品杠杆率较高,资金供给对需求覆盖能力下降,需警惕货币利率抬升对杠杆收益的冲击,特别是在信用利差和期限利差均低位的情况下,机构可能主动降低杠杆。另一方面,在通胀压力回升、美国加息预期下,货币政策或从宽松转向稳健,缺少增量资金后债市波动加大,监管层应关注杠杆风险,需防范被动去杠杆风险。因此,推动企业部门去杠杆应着眼于改善企业经营状况，提升企业盈利能力。通过完善企业治理结构、改善经营管理、优化整合产能，提升企业发展能力和市场价值。

二是完善信用评级体系，做出具有前瞻性的评级，促进风险合理定价，而非违约发生后大幅下调融资企业信用评级，推波助澜。第一，加快信用评级立法，加强信用评级行业规范。第二，加强信用评级行业自律。制定评级行业收费标准，公开评级收入来源，防止评级机构与受评对象的暗箱操作；规范信用评级人员的行为，制定评级人员执业守则，防止评级人员徇私舞弊。第三，完善信用评级机构认证制度，建立准入退出机制。第四，评级机构应尊重信用逆周期的发展要求，更加审慎评予级别。在级别评定时，不仅要看到受评主体在良好发展环境下所能获取的财富创造能力及偿债来源，更需要考虑其在不利环境下的抗风险能力。

三是加强债市监管和信息披露，严厉打击逃废债务、恶意违约，增加违约成本。第一，大力发展交易所债券市场，从需求和供给层面推动交易所债券市场信息披露能力的提升。第二，实现不同债券市场的互联互通，协调和统一债券市场的信息披露规范。建立统一的债券市场监管体系，由监管部门制定统一的债券信息披露规范体系。第三，明确发改委、证监会、交易商协会等主体的监管职责，强化债券市场信息披露的惩罚机制，鼓励发行人的自愿性信息披露。防止监管标准的无序竞争和监管套利，加强部门间信息共享，加强跨行业、跨市场跟踪监测和风险预警。

四是稳妥发展信用管理工具，在严格监管基础上合理分割、转移和管理个券的风险。金融衍生品作为风险管理的工具，其主要功能之一在于分割、转移与管理基础资产对应的风险，实现价格发现功能以及提高市场效率。在发展信用管理工具的过程中，我们建议监管部门及企业要注意以下四点：第一，保持谨慎的投资态度，避免不完全保值；第二，严格风险管理授权审批制度；第三，加强对宏观经济波动的调查和研究；第四，改变投资者目前主要依靠信用等级分类、授信等被动的信用风险管理模式，转向主动、动态的管理模式。

五是形成多元化的信用风险处置机制，保护无担保债券人权益。首先，在现行法律框架下，不断完善兼并重组、债转股、资产证券化等信用风险处置机制。通过财政贴息等方式鼓励金融机构发放兼并重组贷款。科学设计债转股实施方案，避免债转股实施过程中的道德风险和逆向选择问题。提高破产执行效率，降低风险处置成本。其次，稳步发展企业债券市场应该明确风险承担责任。遵循市场经济发展的客观规律，投资人通过购买债券投资于企业，有权按照约定期限取得利息和收回本金，同时也应承担企业违约欠债的风险。

除应对债市自身风险外，还需多举措防范资金在大类资产间的轮动，造成其他资产价格暴涨暴跌，风险传导至其他资产。

一是宏观层面上加强管理，防范资金在大类资产中的快速轮动引起资产价格暴涨暴跌。第一，将场外配资纳入管理范围，规范透明。美国、中国香港等地方，杠杆交易非常透明，易于管理。在开立账户前，严格审查场外配资客户的资产及信用记录等。第二，严控两融和伞形信托的标的及融资比例。在成熟国家，对两融标的均进行了严格管控。第三，"开正门，堵偏门"，进行逆周期调节。杠杆交易和股市存在内生正相关关系。牛市时，对杠杆的需求是客观存在的。例如，美国融资的最低配额是 2.5 万美元，但是融资利率非常高，两个条件可以相互制衡。第四，由于两融、伞形信托和场外配资涉及跨部门监管，建议成立一行三会联合行动小组。第五，加强法治，打击坐庄、不法勾兑等行为，引导市场进行价值投资。

二是加快金融市场化方向改革，防范系统性风险。金融干预会降低资源配置效率，资金流向国企和央企部门是导致企业部门杠杆率快速攀升的原因之一。金融改革逐步推进后，在市场化经营原则下，金融机构更应注意风险与收益的平衡。第一，逐步减少对金融企业经营策略的干预，让金融机构作为市场主体自负盈亏。第二，建立存款保险制度、金融产品违约机制、金融机构破产处置机制等基础机制。第三，逐步放开市场准入，降低民营企业和外资进入的门槛，在竞争机制作用下金融机构决策更加市场化，有助于抑制资金的快速轮动。

三是加快股市、楼市、大宗商品和汇市自身的制度建设，一个健康的市场本身也有助于抵御其他市场所带来的冲击。

第一，在股票市场方面，应加强信息披露和 IPO 市场化定价。一方面，要强化信息披露，解决信息不对称问题，继续推进以信息披露为中心的发行制度建设，逐步淡化监管机构对拟上市公司盈利能力的判断，改进发行条件和信息披露要求。要进一步落实发行人、各中介机构独立的主体责任，全过程、多角度提升信息披露质量。另一方面，加快推进注册制改革，在注册制下，证券发行审核机构只对注册文件进行形式审查，不进行实质判断，发行人营业性质、发行人财力、素质及发展前景、发行数量与价格等实质条件均不作为发行审核要件。

第二，在房地产市场方面，应该有针对性地进行引导，采取区别对待、分类指导的原则。一、二线城市应加大住房建设用地供应。一、二线城市经济发展势头较好，人口流入较多，住房需求较大，适当增加土地供应不会带来新的库存积压的问题。另一方面，充足的供应可以让房价保持在相对合理的水平。三、四线城市应加强去库存刺激，引导需求释放。与一、二线城市供不应求的情况相反，三、四线城市的土地供给充足，但需求不足，叠加前几年大量的房地产开发投资，使得其存在大量的房地产库存需要消化。面对去库存压力，可通过改善基础设施和居住环境，促进产业升级，引导周边农业人口到城市居住，壮大本地经济的发展实力，通过租售并举的方式来实现"去库存"。

第三，针对外汇市场，逐步放开准入和加强预期管理。未来应进一步放宽市场准入，激活外汇市场活跃度。外汇市场准入的放开可以让更多外汇交易主体进入银行间外汇市场，将进一步发挥市场本身的调节作用，增强外汇市场活跃程度。此外，应加强外汇市场的预期管理，保持与市场的良好沟通。应提高金融政策出台的透明度，就政策意图等方面与市场进行恰当的沟通，促进投资者形成稳定预期，防止政策"突袭"带来市场的过度反应。

参考文献

[1] 蒋恒、杜立辉：《我国债券市场违约成因分析及未来信用状况展望》，《债券》2016 年第 5 期。

[2] 吴伟央：《债券违约应对处理的国际经验》，《中国农村金融》

2016 年第 5 期。

［3］陈燕青：《债券违约频发波及股市》，《深圳商报》2016 年 4 月
23 日。

［4］高国华：《债券违约或为打破刚兑怪圈提供契机》，《金融时报》
2016 年 5 月 24 日。

［5］赵敏：《前 5 月债券违约规模超去年国内信用评级普遍虚高》，
《财会信报》2016 年 5 月 30 日。

"十三五"时期我国房地产市场风险及其应对研究

内容提要：房地产是我国国民经济的重要部门之一，关系到国民经济的平稳可持续发展。过去几年以来，房地产市场成为日益复杂的经济体系，其风险在持续累积，并形成了高价格、高库存、高杠杆、高度金融化和高度关联性等"五高"风险特征。房地产部门的风险存在向银行部门、影子银行部门、资产市场、财政体系以及经济产业链传染的风险机制，特别是"十三五"时期，房地产部门存在库存产能调整不力从而恶化供求错配、"三去"诱发资产负债表衰退、房地产基本功能失调引发高度金融化等重大风险，并演化为银行部门信用违约、资产市场价值重估、金融体系系统性危机、地方财政恶化以及宏观经济停滞等问题。"十三五"时期，化解房地产部门的风险任重道远，需要稳步推进房地产部门的去库存、去产能、去杠杆，加强房地产市场的科学调控，大力完善房地产市场投融资机制，有效应对房地产部门风险对银行部门的冲击。在个别城市和地区允许房地产市场风险曝露，树立投资或投机"失败"典型，打破管控——降价——放松——暴涨循环的市场预期，以小的风险释放来防范系统性风险。完善金融信息统计体系，建立风险应对联动机制，健全系统性风险应对和宏观审慎管理框架，市场行政双管齐下建立风险分摊机制。深化财税体制改革缓释"土地财政"困局，建立健全地方政府财权与事权的匹配机制，注重供给侧结构性改革，深化土地制度、户籍制度和公共服务均等化等重大改革，以改革释风险、以改革促转型、以改革谋发展。

"十二五"时期，我国经济整体处于一个全球金融危机风险消化阶段，经济增长速度从高速转变为中高速，在内外风险相互强化的背景下，我国经济进入"新常态"。在应对全球金融危机特别是应对经济下滑趋势的过程中，房地产部门发挥了积极的作用。在我国经济结构中，房地产部门具有较强的前向和后向拉动效应，是国民经济的支柱和主导产业之一，是"十二五"时期经济稳定发展的重要保障，但是，由于此前房地产价格上涨较为迅猛，国家采取了市场和行政双管齐下的调控政策，房地产投资速度日益下滑，房地产市场较为疲软。

2014年底以来，为了应对经济下滑，中央政府和各地政府在"保增长、调结构、促改革、惠民生、防风险"的政策基调下，开始结构性放松对房地产市场的调控举措。特别是2015年3月30日，中央政府出台了降低首付比例、降低营业税免征年限等支持房地产市场发展的政策，房地产市场的行政性干预被大大弱化，房地产市场的价格开始逐步企稳。2015年下半年，由于经济下滑压力加大，我国进一步扩大了总需求，财政政策与货币政策亦走向更加积极的轨道上，信贷投放加速。2015年底，中央政府提出了去库存、去产能、去杠杆、降成本、补短板的工作任务，房地产部门是去库存最为重要的领域之一。但是，"十三五"时期开局之年，在政策较快放松、信贷投放加大和市场需求扩张的过程中,我国房地产市场出现了重大的结构性变化,一线城市房价进一步攀升,并逐步传递至二线城市,但是,三、四线城市房地产市场的价格仍然较为低迷。一线城市和部分二线城市新开工面积大幅上升,"日光盘"屡屡出现,抢购潮再度盛行,一线城市房地产市场又进入了一种疯狂状态。2015 年5 月至 2016 年 8 月,一线城市住房价格从 28880 元每平方米上涨至38723 元每平方米,涨幅达 34.5%,其中深圳房价涨幅高达 68%,二线和三线城市房价分别上涨 12.4% 和 5.5%。

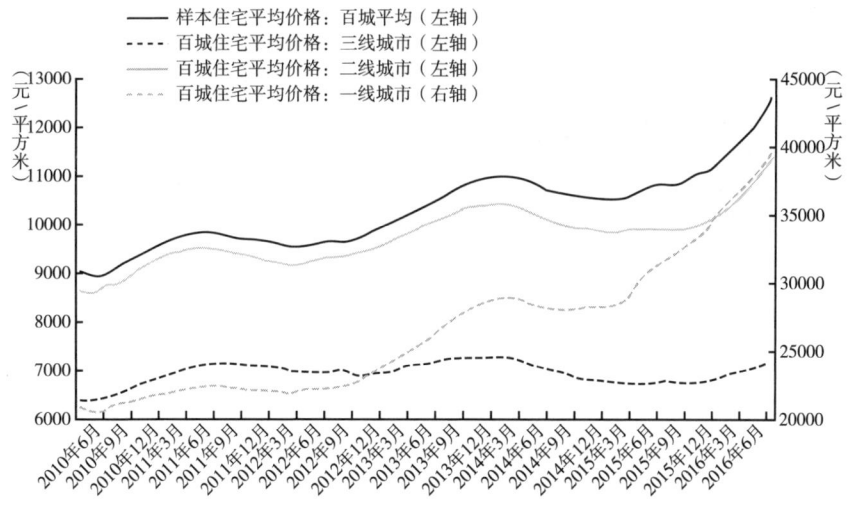

图 1 我国住宅价格走势

资料来源:Wind。

作为国民经济最为重要的支柱和主导产业之一,房地产部门产业链较长,其前向和后向的关联效应极为显著,更重要的是,房地产部门的供给和需求都与金融体系紧密联系在一起,供给端与土地收入、开发性贷款、房地产信托、直接融资以及其他融资业务紧密相关,需求端与按揭贷款、部分理财产品等关联在一起。房地产市场成为金融体系稳定的一个核心要素。2016 年国庆以来，多个城市集中出台房地产市场的调控政策，充分凸显房地产市场风险令人担忧。

"十三五"时期，为了坚决守住不发生系统性和区域性金融风险的底线，需要对房地产市场及其关联市场的风险演进进行具有针对性的分析。本文基于房地产市场的考察，分析房地产市场的内生风险以及与其他市场的内在关联性，研究房地产市场的风险特征，特别是指出"十三五"时期房地产市场风险及其外溢效应对金融体系的影响，最后提出房地产市场和相关金融市场的风险处置及应对建议。

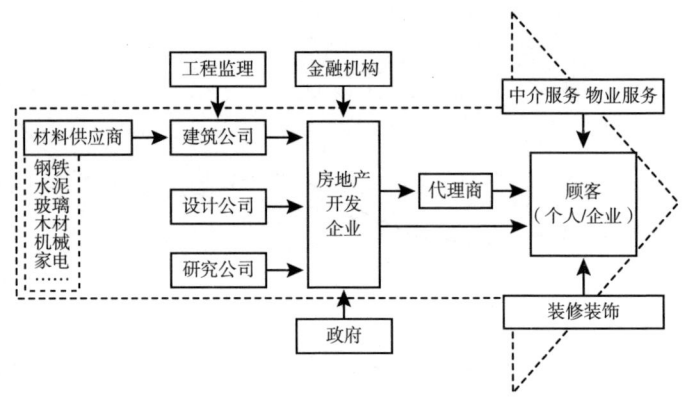

图 2　房地产部门产业链示意

一　房地产市场的风险逻辑及其向其他
市场感染的机理分析

房地产部门是产业链条最长的经济部门之一，前向和后向的关联度较高，这注定了房地产部门是一个与其他部门关联度非常高的行业，这也决定了房地产部门的风险更加容易向其他部门传染，可能引发链条式继而网络式的风险传染，甚至发生系统性的金融风险。整体而言，房地产部门的风险可以通过信贷关联渠道（银行）、非传统信贷渠道（影子银行）、资产估值渠道（资本市场、汇率市场）、财政渠道（地方政府）以及产业链渠道（实体经济）进行跨界传染。在一定程度上，房地产部门的风险是系统性风险演进中最为核心的跨空间传染风险。

（一）房地产风险向银行部门的传染机理

通过信贷关联机制传递的房地产市场风险是指房地产市场通过抵押与信贷和银行部门紧密关联起来而可能引致的传染风险，主要表现为银行部门的风险。作为资金密集型产业，房地产建设周期长、投资量大，房地产开发企业自有资金有限，并且银行贷款作为最重要的资金来源，促成了房地产开发贷款规模大、期限长的特征，带来了高风险。房地产市场的开发投资以及销售环节等都需要巨量的资金投入，需要银行部门的信贷支持，而银行信贷的支持一般都需要相应的抵押品。在具体业务操作中，不管是开发投资环节还是销售环节，土地、楼盘以及被分割之后的销售单元都成为信贷的抵押品，银行以抵押品作为价值的支撑为房地产企业或居民发放房地产信贷，房地产部门与银行部门紧密地联系在一起。

房地产与银行两个部门之间存在明显的金融加速器效应。房地产市场是有周期的，银行部门的信贷投放一样具有周期（有时被称为金融周期），两个周期的相互反馈往往能够形成较为显著的金融加速器效应[①]。"房价上涨——乐观的投资者买入——进一

---

① 郑忠华、邸俊鹏：《房地产借贷、金融加速器和经济波动》，《经济评论》2012年第11期。

步推高房价——强化投资者预期并吸引其他经济主体参与进来"的这种预期的自我实现和强化机制很容易出现，这是加速器效应的微观基础。在经济繁荣时期，房地产市场亦呈现繁荣，不管是房地产企业还是居民对于资产增值和收入增长保持乐观态度，住房消费投资以及房地产开发投资持续上涨，房地产价格亦持续上升，银行获得的抵押品价值亦不断升值，银行对于房地产部门的信贷投放继续强化，二者形成相互强化的正反馈，房地产投资消费以及房地产信贷投放都被加速扩张，杠杆率随之上升。特别是2011年以来，国内房地产部门总负债与销售收入的比值一直处在300%左右的高位，这使得房地产部门的偿付风险凸显。一旦价格下行，高度金融化和高杠杆所潜在的金融加速器作用显性化，那么，房地产企业的偿付能力将被大大弱化，违约的风险将急剧加大；同时，房地产部门与其他金融部门的高度关联性大大加强。

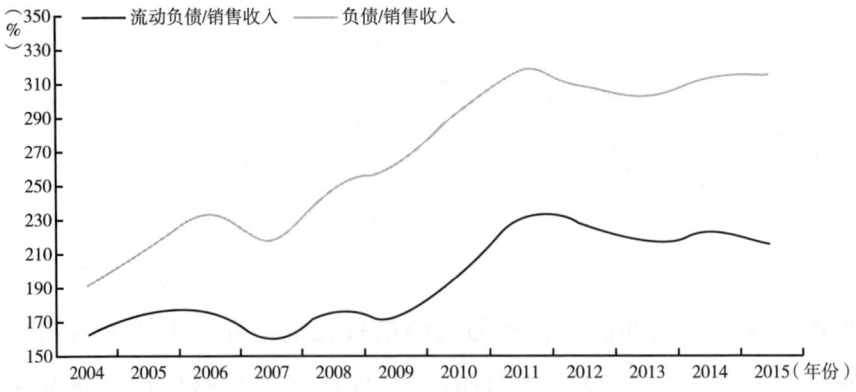

图3　房地产部门偿付风险趋势

资料来源：Wind。

(二) 房地产风险向影子银行部门的传染机理

非传统信贷关联机制主要是指房地产市场的风险通过影子银行业务与其他金融机构相互关联的机制，主要涉及所谓的影子银行机构。房地产部门的发展资金主要来自以下三个方面。一是开发商的自有资金或股东权益；二是开发性的融资，主要分为两个来源：第一个来源是银行的信贷，第二个来源是非传统信贷渠道的资金，比如信托、理财、基金等创新性融资渠道，往往与所谓的影子银行紧密相关；三是销售端的销售收入（定金、预收款、抵押贷款等）。在三个不同资金渠道中，开发性融资中的非传统信贷资金是风险最为隐秘的渠道，亦是风险传递中潜在风险最大的领域。

更值得注意的是，国内的影子银行与国外的影子银行存在较大的差异，即国内的影子银行很多业务实际上是银行的表外业务，被称为"银行的影子"[1]。与国外相对商业银行较为独立的"平行银行体系"不同[2]，国内很多影子银行业务是与银行联系在一起的，比如银行信托合作的信托产品、银行证券合作的集合资产管理计划、同业业务中的委托贷款、买入返售等有很大一部分实际上是隐性的房地产开发贷款。一旦房地产市场下行，房地产商的销售不力、回款不畅，那么信托、证券等子行业的资产端将面临重大的违约风险，而以信托、证券等作为通道但本质为银行信贷的风险则更大。

房地产的加杠杆使得金融系统内部的各种杠杆进一步深化，特

---

① 殷剑峰等：《影子银行与银行的影子》，社会科学文献出版社，2013。
② Geithner, Timothy, "Reducing Systemic Risk in a Dynamic Financial System", Speech Transcript, The Economic Club of New York, New York City, 2008.

别是金融创新和监管规避形成的杠杆、银行等部门为了牟利而发行理财产品而形成的杠杆以及一些融资项目跨界叠加形成的高杠杆，这是房地产市场风险传递中最为隐秘和不确定的一环，可能形成以下三个重大的风险。

一是流动性风险。出于风险管控的压力，银行给予房地产企业的开发性贷款的期限实际上是相对较短的，但是，开发期限和去化时间与下游需求紧密相连，可能是一个长期的因素，如果房企销售受阻或资金链紧张，会给银行贷款、信托计划等融资形式以及银行间市场等多个行业和多个市场带来信用风险，而金融机构为追求房地产资金运用高收益引致的"资金空转"和资产负债期限错配，会引发流动性风险。

二是系统性风险。从整个金融体系出发，商业银行房地产贷款是我国金融风险中一个重要的风险点。一旦高房价泡沫破灭，那么房价下跌螺旋将逐步强化，居民和企业的违约增加，银行坏账率显著上升，并传染至其他金融业态。在一个银行主导、银行与其他金融子行业合作密切的金融体系中，银行风险及其传染性将可能引致系统性金融风险[1]。

三是地方债务风险。地方政府融资平台债务主要以土地出让收入作为还债的来源，土地财政与房地产市场的景气紧密相关，如果房价下跌，那么地方政府土地出让的需求下降、价格下跌，地方财政收入来源受到明显的制约，地方政府及其融资平台的债务将可能出现重大的违约风险[2]。

---

[1] Reinhart, Rogoff, "From Financial Crash to Debt Crisis", *American Econimic Review*, 101 (5), pp. 1676 – 1706.

[2] 时红秀:《地方政府债务规模究竟有多大》,《中国经济时报》2010 年 7 月 5 日。

(三) 房地产风险向资本市场传染的机理

房地产金融化使得房地产成为一种重要的准金融资产，其价格波动将会影响其他大类资产的价格，特别是影响资本市场。随着房地产市场的发展特别是价格持续的上升，房地产的性质已经逐步从普通的必需品转变为可以获得高收益的投资品，成为一种重要的资产。并且，由于房地产部门涉及的链条较长，房地产作为一种资产，其价格变化具有重要的系统性影响。

一是房地产价格成为国外对人民币大类资产估值调整的重要指示器。如果房地产价格面临较大的下行压力，那么经济下滑的压力就较为凸显，房地产价格、股票市场价格以及人民币汇率等都可能呈现协同性的下滑趋势。

二是房地产价格成为国内金融资产估值调整的主要渠道之一[①]。由于国内金融资产市场的广度和深度有限，金融要素价格形成的市场化机制相对不完善，房地产价格的变化引发其他金融要素及金融市场的资产价格变化，比如，房地产价格下跌使得整个风险溢价上升，国债收益率曲线上升，国债价格下降，而国债收益率是标准的无风险收益，其收益率上升必然导致其他债券品种的收益率上升以及价格的下降。

三是房地产价格是资产价格自我强化下跌螺旋的重要一环。2015 年中期，国内房地产市场疲弱，价格面临较大的下行压力，而股票市场因为去杠杆出现快速的非理性下跌，二者相互强化形成

---

① Ito, Takatoshi and TokuoIwaisako, "Explaining Asset Bubbles in Japan", NBER Working Paper 5358, 1995.

了资产下跌的螺旋；2015 年 8 月 11 日人民币汇率形成机制改革又使得国内资产与人民币汇率形成内外风险的共振，包括房地产、股票在内的国内资产亦面临重大的重估压力。

（四）房地产风险向财政体系的传染机理

房地产市场的风险将直接影响到地方政府的土地出让金收入，对地方政府的债务可持续具有系统性的影响。巨额的土地出让金具有四个重要的作用：一是覆盖土地一级开发和转让的成本；二是补充其他用地类型的开发成本，比如工业用地；三是用于城市的基础设施开发与建设；四是作为地方政府及其融资平台的融资保障。不管是土地的一级开发、其他用地的成本补偿、基础设施建设还是政府举债，土地出让金成为这个链条的核心环节。如果房地产市场发展良好，土地出让金得以保障，那么整个链条可以顺畅运行；但是，如果房地产市场遭遇需求冲击，那么土地出让金将会大幅萎缩，地方政府的土地开发、工业发展、基础设施建设以及融资都将面临重大的资金约束[1]。房地产市场发展中，地方政府成为一个"准企业"，其成本是为房地产市场的发展提供基础设施，比如一级开发的土地、良好的基础设施等，其收益就是日益高企的土地收入，房地产开发的成本中，土地成本已经超过 40%。

（五）房地产风险向产业链的传染机理

房地产在我国产业结构中具有重大的支撑作用，从 2007 年投

---

[1] 傅勇：《财政—金融关联与地方债务缩胀：基于金融调控的视角》，《金融评论》2012 年第 4 期。

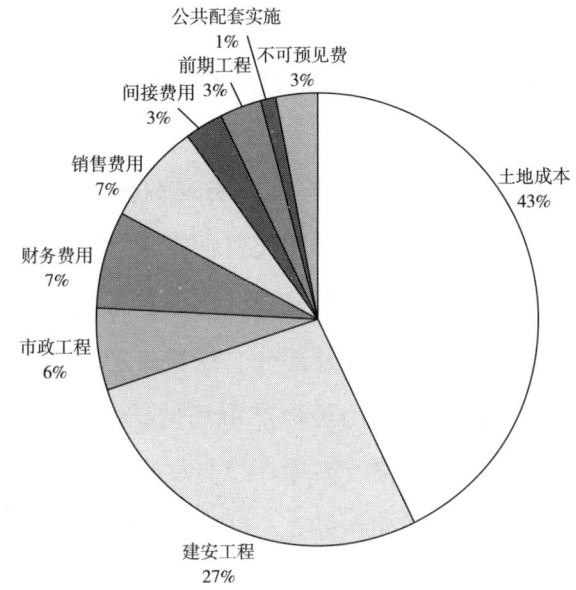

图4　2013年至2016年6月底房地产开发成本结构

注：该成本为2013年至2016年6月底周数据简单平均。

资料来源：Choice数据库。

入产出表的上下游分析，其前向和后向效应之和达到12.3，预计2015年房地产行业的前后向效应之和应该比2007年的水平更高。中国房地产部门具有极为明显的产业关联性，其在产业结构中具有"系统重要性"，它关系到其上游的钢铁、水泥、玻璃、建材、有色等行业的产能吸收，还关系到其下游的家电、轻工、家纺甚至汽车等的需求。基于2007年的投入产出表分析①，房地产部门是中国前向及后向增长拉动效应最高的行业。如果我国房地产出现严重的价格下跌或迅速的去库存，那将是一次关乎产业链全局的风险，甚至存在发生严重经济危机的可能性。

① 详见国家统计局《投入产出表（2007）》。

二 近期房地产市场风险的基本特征

2014 年底以来，随着保增长成为宏观调控的第一目标，各项政策稳步放松，加上改善性需求和投资性需求共同存在甚至相互强化，房地产市场金融化特征日益显现，房地产部门出现了较为显著的企稳回升，并迅速拉高一线及部分二线城市的价格、新开工面积以及后续的投资，但是，我国房地产市场的结构性特征较为明显，同时，整个市场存在高价格、高库存、高杠杆的特征，与其他部门特别是金融体系的关联系亦在提高，特别是一线城市房价呈现高度的金融化。房地产市场高房价、高库存、高杠杆、高度金融化和高度关联性是近期房地产市场风险的基本特征。

（一）高价格

我国房地产市场上升周期引致了高房价。20 世纪末我国开启房地产市场化改革以来，房地产价格虽有一定的波动，但是整体处于趋势向上、价格不断攀升的上升周期。这个房地产周期的形成具有几个重要的根源：一是城市化扩张的实际居住需求增长，特别是外来人口的住房需求扩张；二是城市居民改善性需求的增加；三是房价持续上行引致的投资需求快速扩张等。特别是，全球金融危机之后的四万亿元刺激计划使得房地产市场价格出现一轮全面、高速上涨的态势。在全球金融危机以及部分行政调控期间，房地产价格有一定的回落或是放慢增长速度，全国房地产市场的价格整体呈现高位运行、部分地区非理性上涨的态势。2015 年以来，由于政策的放松特别是信贷的大规模扩张，使得一线城市以及部分二线城市的房地产市场价格出现飙升的态势。从统计数据看，2015 年 5 月至 2016 年 8 月，一线城市住房价格涨幅达 34.5%，其中深圳房价涨幅高达 68%，但是，实际上在此区间深圳部分区域或楼盘出现超过 100% 的非理性上涨的态势，一线城市呈现快速金融化的趋势。

房地产市场的高价格是第一大风险，可能使得"十三五"时期内生的房地产需求出现萎缩，引发房地产市场的螺旋式下跌。第一，由于房地产价格持续上行且维持高位，房地产部门相对于其他部门的收入和利益具有比较优势，这使得过多的资源配置在房地产部门，而私人部门可能逐步地走向产业空心化，不利于宏观经济的长期可持续发展。第二，"十三五"时期经济可能持续下行，收入增长速度降低，而持续高位运行甚至非理性上涨的房价，将使得房地产的需求逐步萎缩，库存持续高位，从而使得房地产市场面临产能过剩的困境，房地产部门内生稳定机制面临需求的制约。需求不足将使得房地产部门面临去产能的重大压力。第三，房地产部门与银行等金融部门紧密相连，房地产市场需求不足和价格下行将使得金融体系面临重大的风险，守住区域性和系统性风险底线的压力日益加大。

（二）高库存

近期，我国房地产部门去库存取得了一定的成果。2015 年四季度以来，在去库存的政策指引和信贷的巨量投放下，商品房销售面积和金额均快速增长，呈量价齐升的态势。2016 年 1 ~ 8 月，全国商品房销售面积 8.75 亿平方米，同比增长 25.5%，增速比上年全年提高 19 个百分点；销售额 6.67 万亿元，增长 38.7%，增速比上年全年提高 24.3 个百分点。

但是,从全国房地产市场的整体趋势看,去库存仍面临巨大的压力,高库存是"十三五"时期房地产部门的第二大风险。一方面,去库存呈现了结构性特征,一线城市和小部分二线城市去库存较为明显,但是,大部分二线城市和三、四线城市去库存的压力十分明显。2016年8月,全国商品房待售面积7.1亿平方米,较上年末仅减少1000万平方米左右,即使按照目前回升后的去库存速度,非重点城市库存去化时间可能要到36~50个月。库存保持在相对高位,将使得购房者产生较为稳定的观望情绪,对于未来库存去化将是一个需求的约束,同时,去库存可能整体存在于"十三五"时期,使得供给端扩张面临重大的现实压力。

(三) 高杠杆

房地产部门的发展是资产负债率持续上升的过程,负债率已经达到难以持续的水平。房地产部门的发展是一个资金驱动型的发展模式,资金主导了开发贷款和消费贷款的增长并引发了房地产市场的系统性上升。但是,在资金主导的市场体系中,房地产部门持续地处在一个加杠杆的过程中。整个过程分为以下两个方面。

一是房地产企业部门的加杠杆,使得其负债率持续攀升。2005年,房地产部门资产负债率为59.35%,处于一个负债率较为合理的水平,但是,全球金融危机之后,我国房地产市场的企业持续地处于加杠杆的状态,2015年底,房地产部门企业资产负债率达到了76.4%,这已经严重地偏离了较为合理的负债水平,呈现出较高的杠杆率。这种高杠杆使得房地产企业面临巨大的内生财务脆弱性,一旦下游需求不畅、回款不力,就可能很快陷入偿付风险从而引发信用违约。

二是居民部门的加杠杆。居民杠杆率在过去几年增长较快。截至 2014 年末，居民部门未偿贷款余额 23.2 万亿元，占 GDP 的比重为 36.4%。从 2008 年到 2014 年间约上升了 18 个百分点①，家庭债务的增长最重要的原因之一是住宅按揭贷款的高速增长。有研究认为，房地产行业的高杠杆来自整体金融机构持续增加对于房地产需求端的支持，使得房地产基本面无视人口年龄结构、人均居住面积、收入增长状况等的动态变化趋势。

不管是房地产企业开发贷款类的加杠杆，还是居民部门抵押贷款类的加杠杆，都容易引发房地产市场体系的信用违约风险。2015 年底房地产企业部门的负债高达 3.8 万亿元，如果考虑到其他隐性负债，那房地产部门的负债规模将更大，在企业部门去杠杆中，就可能引发信用风险，直接冲击房地产部门自身以及银行等金融部门，从而直接诱发信用风险。

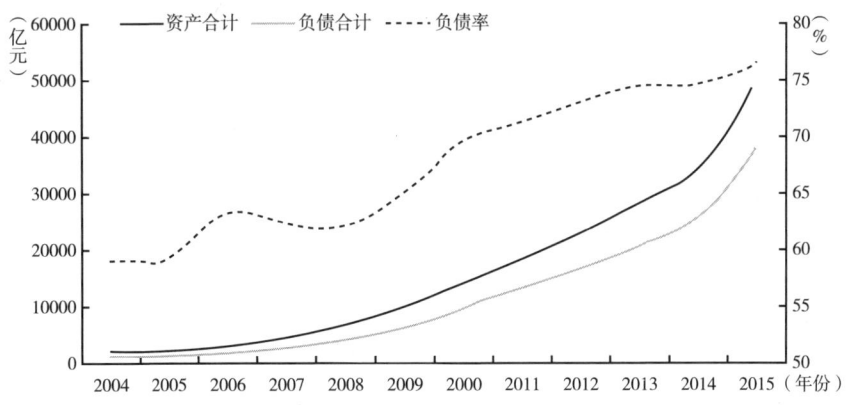

图 5　房地产企业资产负债发展状况

资料来源：Choice 数据库和作者计算。

---

① 李扬、张晓晶：《中国国家资产负债表 2015》，中国社会科学出版社，2015。

（四）高度金融化

"十二五"时期一线城市及部分二线房产正在蜕变为金融品，呈现高度金融化的趋势。特别是 2014 年底以来市场预期的嬗变在一定程度上与住房属性的变化紧密相关。一线城市的住房正在由生活必需品变为金融品，最终可能演变为奇货可居的奢侈品。目前，一线城市房产越来越具有金融品的属性，目前上涨主要受资金面推动，购买者主要为机构与炒房者。我们据此认为，未来一线城市房价的波动性将会显著上升。

一线城市及部分二线房产房地产市场之所以成为金融品并带来巨大的虹吸效应，这一现象受到以下三股力量的支撑。一是居民部门高储蓄。50% 的储蓄率使得中国的居民部门负债率低且具有较强的消费能力，而房地产恰好是最重要的消费品。二是居民部门收入增速相对较快。居民部门收入增速目前高于 GDP 增速，这在一定程度上可以支撑抵押贷款的还本付息。三是房地产的价值与价格双升。中国一线城市及部分二线城市的房地产包含了房产增值、子女教育、医疗服务、社区服务等多重增值元素。因此，一线城市及部分二线城市的房地产是一个以储蓄为支撑、以收入增长为支持、以价值实现和价格上涨为目标的特殊市场，已经偏离了基本消费品的属性。一线城市及部分二线城市房地产市场日益金融化，最终将导致与金融相关的脆弱性，容易引发金融部门的风险甚至危机，这对房地产市场平稳发展、金融体系稳定以及宏观经济可持续发展都将构成巨大挑战。

（五）高度关联性

如果简单地看房地产市场的信贷规模，其占信贷总规模的比重约为20%，其中15个百分点是信用质量非常高的个人住房抵押贷款，5个百分点是信用质量相对较高的房地产开发性贷款，只要个人需求保持稳定，那么开发性贷款亦将保持稳定且不会出现重大的信用风险。但是，房地产市场与银行、信托、基金等金融子市场的关联性日益强化，已经成为系统性风险跨空间维度的重大影响因子。

房地产部门的高度关联性与国内影子银行体系的发展紧密相关，亦是房地产部门行政性调控的结果之一。特别是2011年后，由于传统银行信贷渠道受调控因素的影响而不断缩窄，房地产部门的融资需求只能通过影子银行体系获得满足，从而使得房地产部门与银行、信托、证券及保险等部门以及地方政府等深度融合在一起，成为一个跨界的金融生态体系。房地产部门的风险的高度关联性可能导致金融机构资产质量恶化，进而引发地方财政风险甚至系统性金融风险①。

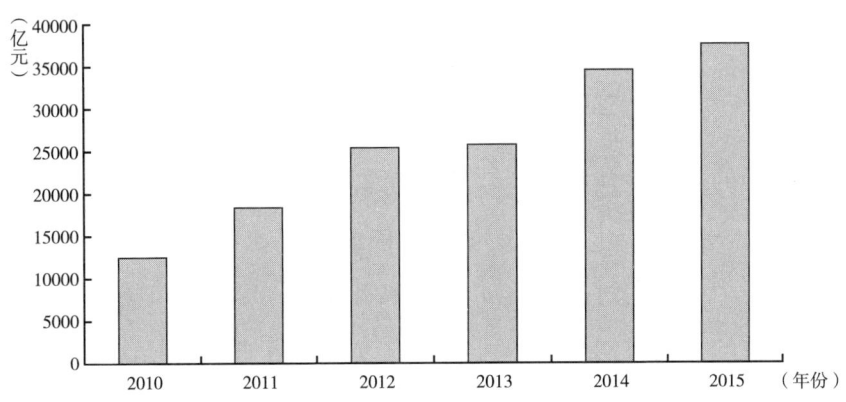

图6　地方国有土地使用权出让金

资料来源：Wind。

---

① 胡滨、郑联盛：《非传统信贷视角下的中国影子银行》，《上海证券报》2014年5月9日。

三 "十三五"时期房地产市场可能
发生的重大风险预测

经过 20 多年的发展,我国房地产部门已经成为国民经济的主导部门之一,同时,由于经济发展、城市化、人口、投资需求等方面的原因,房地产市场的风险在日益加剧,高价格、高库存、高杠杆、高度金融化、高度关联性等已经成为房地产市场发展的重大特征,容易引发需求不足、供给过剩、信用违约、金融危机以及系统性危机等风险。"十三五"时期,房地产市场自身的风险值得警惕。

(一) 库存产能调整不力从而恶化供求错配

房地产部门自身风险之一主要体现为需求不足和供给过剩的错配风险。由于"十三五"时期,我国经济增长速度和居民收入增长速度可能进一步下滑,城镇化速度放缓,人口出生潮引发的改善型住房需求和刚性需求已经过了高峰,加上房地产价格高企,我国住房市场的需求整体将逐步弱化,导致需求不足的风险。

但是,由于"十三五"时期的体制机制改革有待深化,重大改革是一个中长期过程,比如财税体制改革,房地产市场发展所依托或引致的体制机制短期内可能难以改变,诸如土地财政等问题亦难以在短期内得以改善,这就决定了房地产部门的供给仍将是较为旺盛的,加上目前的高库存水平,"十三五"时期房地产的供给将进一步扩张,房地产供给端产能过剩或将持续存在于整个"十三五"时期。

更重要的是,随着房地产市场的复苏和价格的上扬,房地产可能出现新一轮的加库存。从目前新开工和新竣工面积的变化趋势看，房地产市场复苏可能会持续一段时间。从房地产部门看，房地产竣工面积和新开工面积快速上涨，提振了房地产部门的增长拉动效应。2015年四季度，新开工面积和新竣工面积开始触底反弹，但是，新开工面积和新竣工面积仍然是负增长，施工面积持续保持下滑趋势。但是，2016年一季度新开工面积和新竣工面积大幅增长，特别是新竣工面积同比增速达到28.9%，这说明房地产部门加速竣工和去库存，并在需求拉动的情况下，新开工面积呈现加速增长态势，在建面积也已出现较为明显的回升态势。在市场交易升温的带动下，房地产开发投资继续加快。2016年1~8月，全国房地产开发投资6.44万亿元，同比增长5.4%，比上年全年提高4.4个百分点，其中2016年6~7月，房地产开发投资完成额约3万亿元，仅略低于前5个月的水平。但是，值得注意的是，如果未来市场需求较为低迷，那么，新竣工面积、在建面积和新开工面积的增加将使得库存快速累积，房地产市场面临新一轮的加库存风险，这使得"十三五"时期房地产市场的供给可能整体是过剩的状态。2016年6月以来，新开工面积开始出现的明显下滑，实际上是对于未来需求存在不确定性。

（二）房地产"三去"诱发资产负债表衰退

由于房地产部门整体处于高房价、高库存、高杠杆的状态，未来去库存、去产能、去杠杆的趋势可能会日益明显，特别是经济增长和居民收入下行可能是一个中长期的趋势。2005年至2015年，房地产部门的负债率提高近17个百分点并超过了76%，是一个杠杆率非常高的状态。由于未来经济下行、房地产需求可能

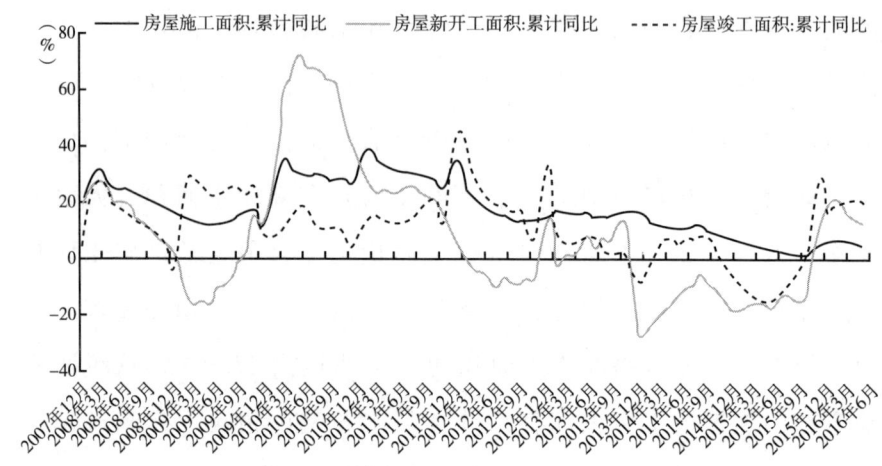

图7 房地产新开工、施工和竣工面积走势

资料来源：Wind。

不足、房地产部门的存货（特别是土地及房产）的价格可能下降，房地产商的资产端可能面临一定的减值压力，而房地产部门的债务则是刚性的，这样将会使得房地产企业的去杠杆压力和偿付压力日益显现。

房地产企业保证偿付能力只有以下两个路径。一是提高融资额度，要么增加资本金，要么增加债权或股权融资。过去十余年，房地产部门股东权益占销售收入的比重持续下行，股东权益增加特别是资本金提高的难度越来越大，同时，由于政府行政调控以及资本市场的自我选择，房地产企业的融资面临较大的困境。二是加速销售资产，即以更低的价格销售存量的房产或者转让土地，这会使得房地产部门供给更加过剩，市场预期更加悲观，甚至形成一个自我强化的价格下跌螺旋。这两个路径最后的结果是使得资产价格出现更大幅度的下跌，房地产企业陷入资产端和负债端双向挤压并造成企业负债超出资产，导致整体房地产部门甚至宏观经济都陷入资产负债表衰退。资产负债表衰退的传导路径大致是：需求不足——房地产价格下跌——房地产企业负债率加速攀升——资不抵债及资产下跌螺旋——被迫去杠杆——房地产部门资产负债表衰退——宏观经济资产负债表衰退。

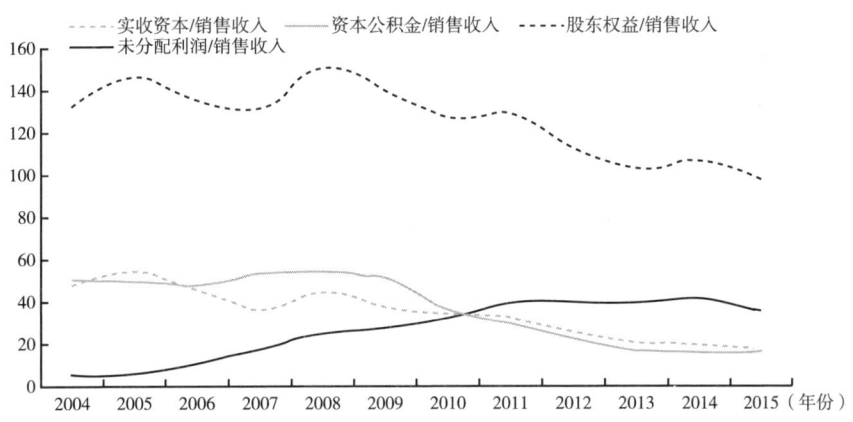

图8 房地产部门股东权益及其结构变化

资料来源：Choice。

（三）房地产功能失调引致金融化

作为一种商品，房地产的核心功能是居住，但是房地产商品的特殊之处在于其与土地的不可分割性，而土地的稀缺性赋予了房地产保值增值的派生属性，由此衍生出了房地产的投资功能。因而，房地产具有消费和投资的双重功能，这两种属性和功能是统一的、不可分割的。其中，居住功能是房地产的核心功能，投资功能是派生功能，因为投资房产的目的是用于出租或者出售，总之最终都将用于居住，如果没有了居住属性，投资属性也将随之消失。

如果一个较大区域房地产商品的居住功能和投资功能发生次序

逆转，必将产生较大泡沫并引发区域性市场危机。由于"十三五"时期，我国房地产市场仍然呈现结构性特征，加上我国宏观政策相对宽松以及居民投资渠道的缺乏，一线和部分二线城市的房价可能有继续上涨的压力，大量的资金涌入房地产市场，造成房价长期、持续走高，远远脱离了居民实际收入增长速度，也远远脱离了房屋实际居住功能可提供的使用价值，成为单纯的投机炒作，房地产市场的金融化可能继续强化。

四 "十三五"时期房地产市场与其他市场风险传导的预测

我国房地产部门存在高价格、高库存、高杠杆、高度关联性和高度金融化等"五高"风险，同时，房地产部门的风险可以通过银行、影子银行、资本市场、外汇市场、财政渠道以及产业链渠道对金融体系和宏观经济产生重大的冲击。近期，根据我国房地产市场新近的发展趋势、风险特征以及传染机制，可能出现因去杠杆导致的资产负债表衰退、因去金融化导致的资产价值重估、因空间传染可能引致的系统性风险、因土地收入减少引发的地方债务风险以及因产业关联导致的宏观经济下行压力进一步增大的风险。

(一) 房地产去杠杆导致银行部门信用风险

由于"十二五"时期，房地产部门的开发贷款和抵押贷款持续扩张，这根植于房地产市场需求扩张和价格上行，以抵押作为支撑的信贷体系获得了良好的资产端。但是，如果"十三五"时期，需求不足、供给过剩引发房地产市场价格下跌，价值萎缩，那么以抵押作为支撑的信贷体系就可能出现重大的信用风险。首先可见的是需求不足导致的房地产企业销售不畅、库存高企、现金流困难，将促使它们对银行等部门的信用违约。其次，由于居民部门的收入下降、负债刚性和资产缩水，亦容易引发居民的信用风险，止赎率将显著增加。不管是企业部门的违约，还是私人部门的违约，最直接的信用风险都将体现在银行和其他相关金融机构的资产负债表上。

由于房地产部门对于银行体系具有系统性、重要性的影响，特别是金融加速器效应的存在使得房地产部门对于银行部门的影响具有不对称性。在上行阶段，银行的利润增长与房地产市场的投资消费以及房地产价格上涨可能呈现较为同步的变化趋势，但是，在下行阶段，银行部门的坏账将加速呈现，收入、利润将呈现加速下跌的状况。这种不对性存在的根源是当信贷市场遭遇"明斯基时刻"会出现流动性枯竭以及"信用骤停"，下降环节比上升环节相对短暂但猛烈。这种不对称性在形状上呈现倒"U"形。为此，银行部门对于房地产下行阶段的风险防控应该更加警惕。在经济下行阶段，房地产部门与银行部门形成相互强化的负反馈，房地产投资消费和信贷投放被加速紧缩，使得银行部门可能面临较大的信用风险。

（二）房地产去金融化引发资产价值重估

在需求扩张和资金推动的双重驱动下，国内一线城市及部分二线城市的房地产金融化程度十分明显，即这些城市的房地产已经成为金融投资品。但是，根据日本、中国香港、英国等经济体的经验，房地产演化为金融投资品必将有回归必需品的趋势。日本东京地区、大阪地区的土地价格从 1983 年至 1991 年上涨了 3 倍多,日本房地产部门亦呈现了严重的金融化趋势,但是,在随后 10 年左右的去杠杆、去泡沫过程中,土地价格基本回吐了此前的涨幅(或下跌约三分之二),回归至必需品的属性。与此同时,房地产价格的下跌引发了较为明显的资产估值效应。日本在地产下跌的同时,股票市场亦遭遇了大幅下挫的风险。日本股市与日本房地产市场一起缔造了巨大的资产价格非理性繁荣,日经 225 指数同期上涨了 4 倍,但是,在房地产市场泡沫破灭之后,日本股票市场亦遭遇价值重估,日经 225 指数下跌亦超过了 60%。

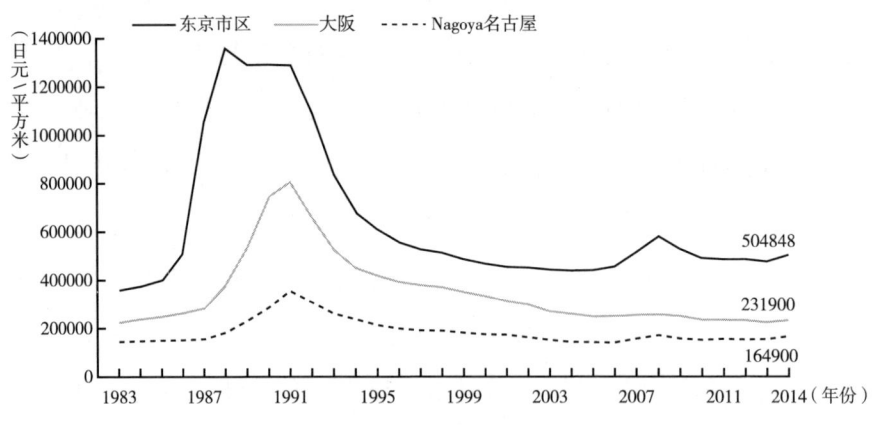

图 9　日本三大都市圈土地价格走势

资料来源:日本大藏省。

假定我国房地产市场出现系统性的价格调整,那么可能会引发资产价格的系统性重估。我国金融部门各机构的资产负债表各项目的价值确定基本是以市盯价的会计原则,比如对银行部门,房地产价格暴跌将会引发抵押资产价值的严重缩水,银行资产端的风险将曝露,而在负债端由于存款可行性、资金成本、流动性

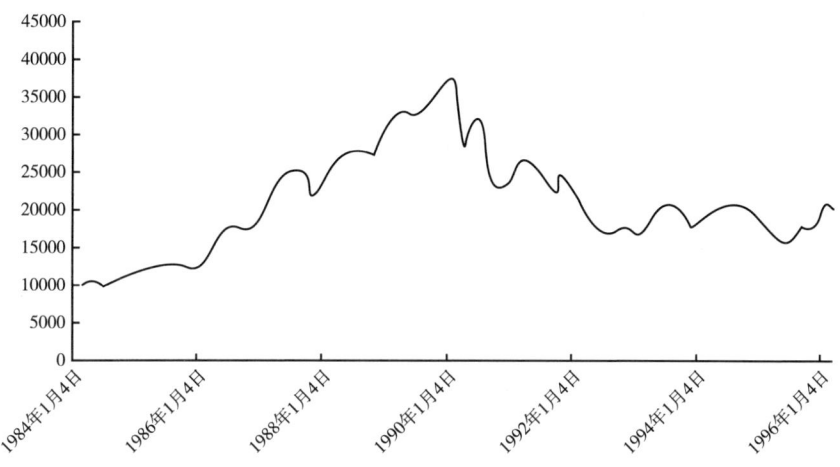

图 10 日本日经 225 指数走势

资料来源：Wind。

等都将发生实质性逆转，银行资产负债表恶化速度和程度将远超预期。

在资产重估效应中，房地产市场的风险容易引发股票市场、债券市场、汇率市场等金融子市场的风险共振以及相互强化的负反馈。房地产市场对于整个资本市场具有较强的领先性影响。从房地产市场到股票市场的传染方面，由于房地产具有系统重要性，房地产部门的企业如果面临重大的风险，那么收入和利润都可能出现大幅下降，直接导致房地产上市公司的股价下跌。在过去 20 余年的资本市场中，房地产部门的股票与整个股票市场的估值具有三个关联性：一是房地产部门与整个股票市场的走势相关性极为显著；二是房地产部门的股票对于股票市场具有一定的领先性，基本领先 1 ~ 2 个月的时间；三是房地产部门估值弹性比整个市场的估值弹性要更大。

房地产市场与汇率市场的价格传导机制或已经发生重大的转

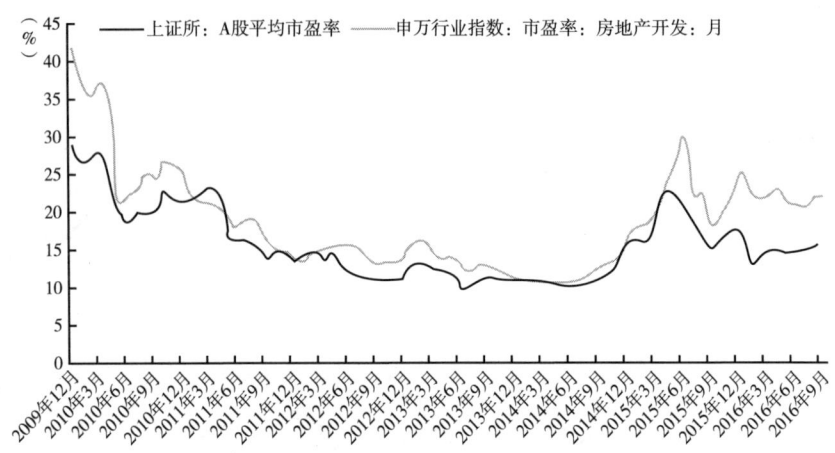

**图 11　上证 A 股与房地产板块的市盈率估值
走势（历史 TTM – 整体法 PE）**

资料来源：Wind。

变。在过去六年房地产价格上涨的过程中，由于是经济政策放松，经济复苏引致房地产价格上涨，再导致汇率走强，传导的次序是房地产市场作为实体部门先行，再传导至汇率市场。2014 年以来的房地产市场与汇率市场的关系出现了变化，首先是汇率出现了较大幅度的贬值，而后房价出现一定程度的下跌，房价与汇价的先后变动次序与之前的次序正好相反，这其中是不是其潜在的价格影响机制发生了转变还有待观察。2015 年汇率市场出现了一定程度的盘整，特别是 2015 年"8·11"汇改使得人民币汇率形成机制发生了重大的转变，2016 年以来人民币实际有效汇率开始贬值，但是，房地产市场价格一路高涨，未来一段时间内如果房地产市场价格下降，那么房价与汇价的先后次序及其内在的价格传导机制可能已经发生了重大的转换，汇率开始作为外部变量影响国内的价格体系。

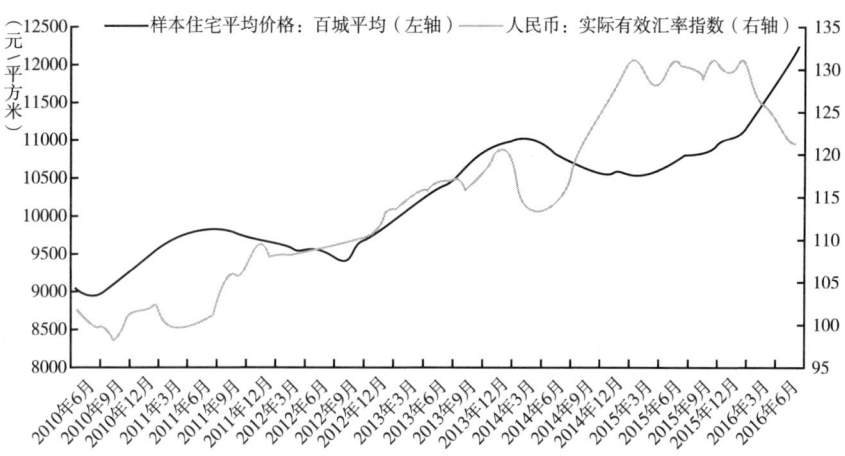

图 12　房地产价格与人民币有效汇率指数的关系

资料来源：Wind。

金融体系的内在关联性，使得资产负债表的风险向不同市场扩展，资产价格的重估特别是资本市场的风险溢价调整可能是系统性的，甚至可能动摇对人民币币值稳定的市场预期，进而引发人民币汇率的重估和货币体系的风险。资产重估机制的风险传染路径大致是：房地产价格下跌——资产缩水负债率提升——无风险收益率及风险溢价提升——资产价值重估——以市盯价——各类资产市场。

（三）房地产风险引发系统性金融风险

银行体系是房地产市场风险首当其冲的冲击对象。从规模上，我国房地产市场贷款（包括开发贷和消费贷）占金融机构贷款总规模的比重约为20%，已经是银行部门风险的重大影响因素。从对银行体系的直接冲击上，房地产市场的"五高"风险将直接影响银行体系的稳定性。第一，房地产企业由资金链断裂引发的贷款偿还风险。第二，由于房价下跌，造成住房按揭贷款出现偿付风险。第三，房价下跌将引发银行大量抵押品价值下降，可能出现资不抵债风险。从间接影响上，考虑到在房地产部门受到行政调控后，很多融资演变为信托、理财以及基金等多种"创新"模式，房地产部门的信贷规模占信贷总规模的比重可能要高于20%。另外，考虑到房地产部门的上下游产业链较长且都与银行存在关联效应，房地产部门对于银行部门风险的影响权重亦将超过20%。

房地产市场的风险可能引发系统性的风险。在风险传递的初始阶段，一般是房地产企业对银行单向传递，但是如果风险没有被有效控制，在混业经营较为显著的金融体系下，风险传递模式会转变为多向传递、交叉传递等，即系统性风险的空间传染机制。特别是，当房地产市场的风险冲击到影子银行部门和银行部门，将直接引发短期的流动性风险，而当流动性风险出现时就容易引发自我强化的羊群效应。羊群效应的出现使得资本和资产的价格变动成为群体偏激的结果，而不是内在价值的反映，从而扰乱了金融市场稳定性和有效性的内生基础，流动性可能瞬间枯竭，资产负债表可能旋即崩溃，进而引发金融体系的系统性风险。整个风险传递的路径大致是：房地产市场价格下跌——房地产企业或居民违约——影子银行部门信用风险加大——银行体系信用风险加大——资金市场风险溢价飙升且流动性紧张——羊群效应产生——流动性枯竭——金融机构资产负债表崩溃——金融体系发生系统性风险。实际上，在流动性枯竭的时刻，金融机构资产负债表垮塌和金融体系系统性风险爆发基本是同时发生的。

由于信用风险的传递，以及整个金融体系风险的累积，房地产部门的信用风险容易引发银行部门或整个金融体系的信用风险和流动性风险，特别是当流动性风险出现时可能导致短期资金市场的恐慌和流动性枯竭，极易引发系统性的偿付问题甚至严重的金融危机。由于房地产部门在整个经济体系中具有系统性、重要性，而银行部门在金融体系以及整个经济体系中具有系统重要性，房地产市场引发的实体部门需求萎缩和银行部门引发的金融体系流动性枯竭很容易相互反馈成为系统性风险，甚至是系统性的金融经济危机。这是"十三五"时期最值得警惕的风险。

（四）房地产风险引发地方财政风险

我国系统性风险正在累积，与房地产市场发展紧密相关的地方债务及其融资平台是极其重要的系统性风险环节。产能过剩和房地产发展使得中国企业部门负债率持续上升，在资金成本居高不下的情况下，最后可能引发顺周期效应及金融加速器效应，导致资产负债表型衰退。房地产泡沫的持续累积不仅绑架了上下游相关产业的发展，还绑架了地方政府财政和银行业，形成了一个连接政府、银行和产业的系统性风险环节，如果房地产泡沫破灭，那么则可能引发地方政府债务体系的全局性风险。

当房地产市场风险曝露之时，以土地出让金为核心要素的风险传递链条将严重冲击地方政府的收支结构，收入必将大幅减少，在支出具有刚性的条件下，地方政府的负债率将迅速攀升，资产负债表急剧恶化，可能出现地方政府的债务风险。风险从房地产市场传递到地方财政体系是需要重点警惕的，这使得一个经济部门的风险可能转变为政府财政以及国家信用的风险。从房地产风险到地方债务问题的风险传递机制大致是：房地产市场需求不足——土地需求不足——土地出让金减少——地方财政收支失衡——地方债务风险曝露——引发中央政府债务风险及国家信用风险。2013年以来，地方土地成交价款比房地产开发投资完成额变化更加敏感。

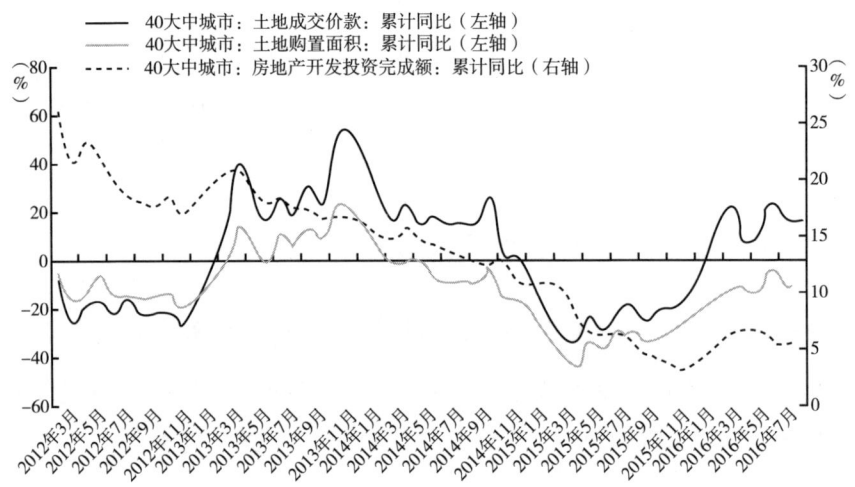

图13 土地成交与房地产开发投资的相关性

资料来源：Wind。

（五）房地产风险冲击宏观经济可持续发展

从宏观层面，房地产市场过度膨胀，使得宏观经济整体地产化、金融化、泡沫化，这种非理性繁荣最终将严重伤害宏观经济的稳定性以及长期可持续发展。房地产市场消蚀储蓄，弱化储蓄投资转换机制，长期潜在增长中枢下移。

一是从总需求层面，房地产风险曝露可能引发总需求不足。由于房地产产业链较长，去库存、去杠杆、去产能可能引发螺旋式、链条化、自强化的需求萎缩，使得宏观经济的总需求不足。

二是从经济结构上，在房价节节走高带来的"炒房"暴利驱动下，社会资金如潮水般涌向房地产业，不仅巨额民间资本投资楼市追求"以钱生钱"，很多央企和上市公司也纷纷进入房地产业，有的公司甚至偏离主业把房地产业作为主打产业。房地产业过度发展使得资源配置"脱实向虚"。但是，房地产业并非技术领先或对社会技术进步有显著推动的行业，其非理性发展会造成更加严重的过剩产能、更加脆弱的资源环境以及更加高昂的社会成本。高房价引致房租大幅度上升，进而抬高了流通费用并导致劳动力成本上升，从而阻碍了以服务业为核心的第三产业的健康发展，阻碍了经济增长动力结构优化和经济增长方式的转变。

三是从居民负债率层面，如果房地产价格暴跌，导致经济增长下滑、居民收入负增长，居民还本付息就将面临巨大困难，进而居民部门就会面临如下三种冲击：一是储蓄消蚀殆尽，二是负债率急剧上升，三是断供止赎。这将使得居民部门负债率上升、储蓄率下降。

四是从储蓄投资转换机制上，房地产风险将消蚀资本形成的储蓄基础。高储蓄是中国经济增长的重要基础。在劳动年龄人口占比大幅下滑的背景下，居民储蓄的重要性将会更加凸显，通过居民部门加杠杆来帮助房地产去库存，实则在消解高储蓄这一基础，这是一种非常危险的行径。一旦居民储蓄率下降，中国宏观经济将会面临重大问题：一是居民部门去杠杆将会导致企业部门与金融部门去杠杆，形成全局性的资产负债表衰退；二是资本形成在缺乏储蓄支持下将变得难以为继；三是传统政策工具可能失效，宏观经济进入一个流动性陷阱，经济增长陷入长期低迷。

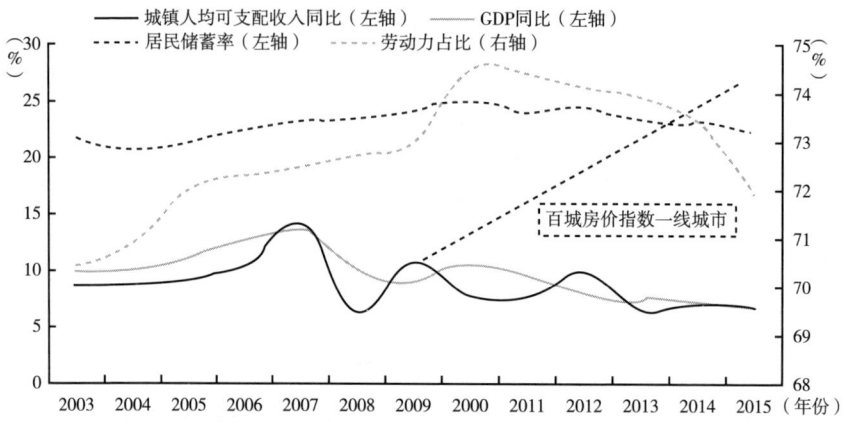

图 14 房价决定的人口、储蓄与收入的变化

资料来源：Wind 数据库及作者计算。

五 "十三五"化解房地产市场风险与防范交叉感染的政策建议

（一）稳步推进房地产市场去库存、去杠杆

在需求端，有效引导需求变化，防止出现非理性的需求扩张。一是，提高房地产调控的科学性、针对性和有效性。对于必需品需求，注重理性消费，注重储蓄、收入和偿付的匹配，注重以首付比例等风险缓释机制来规避必需品需求的过度膨胀。二是，对于投资品需求，应该注重以金融手段抑制投资甚至投机需求，以强势的政策来防止非理性投资或投机对房地产价格以及实体层面的销售、开工、资本形成等带来非理性的预期。三是，积极发展规范有效的房屋租赁市场，防止中介机构从信息中介转变为信用中介，放大房地产的杠杆作用和需求水平。四是，稳步推进新型城镇化，通过公共

服务均等化、提高就业服务水平以及深化户籍制度改革等方法，降低新市民落户门槛，提高城市吸引力，稳步提升三、四线城市的需求水平，引导房地产部门有效地进行去库存、去杠杆、去产能。2016 年国庆以来，多个城市集中出台了房地产调控的政策措施，反观本轮调控政策与过去几轮的调控政策本质上没有太大的差异，仍然是治标之策。与房地产市场相关的土地制度、户籍制度以及公共服务均等化等没有匹配进行，本质上很难改变居民在一线城市和部分二线城市的集聚效应以及对房地产市场的投资冲动。

在供给端，首先，对于一线城市，应该大力提高土地供给水平，在源头上提高有效供给，缓释严重的供求错配，防止出现又一轮的价格上涨预期。特别是可以在一线城市尝试进行土地制度的相关改革，比如将一些适合建设居民住宅的城市农村用地（实际上都基本不耕种，但是限于制度又无法变更土地性质）通过异地补偿来盘活存量土地。其次，对于三、四线城市，要有效控制供地水平，防止土地供给的过剩以及住房、商业房产的过度供给。

在价格方面，由于一线及部分二线城市房价持续上扬，三、四线城市房价亦基本处于当地的价格高位或是高位盘整，应该区别对待、灵活弹性地进行价格的引导及调整，防止一线城市房价非理性上涨带动二线城市甚至三、四线城市的房价上涨，导致系统性的泡沫化。同时，亦应该以供需匹配为基础、注重信息透明、注重政府作用，引导市场预期，防止出现价格迅速回落，甚至产生自我下跌的价格螺旋。但是，应该基于市场化原则，在风险可控的情况下，让部分城市的房地产市场风险较为充分地曝露出来，建立一个房地产投资或投资"失败"的示范效应，"先放一把火"，以小的、个别区域的风险曝露来缓释系统性风险。

（二）以直接融资为抓手完善房地产市场的投融资机制

政府应该鼓励房地产市场更多地依靠直接融资市场进行融资，通过股票发行、定向增发、发行债券、产业基金、投贷联动等方式提高直接融资的比例，降低房地产企业的资产负债率以及对银行部门的依赖程度，降低银行部门在房地产部门的直接或间接的风险头寸。

（三）多措并举严防房地产市场风险对银行部门的冲击

一是在增量方面，高度关注房地产市场价格的波动，加强房地产信贷行业授信，对房地产信贷客户实行分类管理，严格控制抵押品价值缺口，加强房地产抵押品信用风险敞口管理，全面提高商业银行房地产抵押贷款质量。二是在信贷结构上，商业银行要遵循安全性和效益性兼顾的原则。在区域上，避免在产能过剩、库存高企的地区进一步拓展项目；在房屋型号和价位档次上，要重点支持中小户型的普通住宅项目；在客户选择上，坚持优质客户发展战略，积极支持地理位置好、楼盘品质高的房地产开发和有还款能力的住房按揭。三是在存量方面，通过多种金融创新，比如资产证券化等方式稳步有序地将房地产部门的规模、期限、收益率等进行结构性调整，逐步降低信贷资产在房地产部门的集中度、缓释期限错配、匹配收益与风险。

（四）依托财税改革打破地方政府以土地财政为支撑的收支体系

很多城市被房地产市场及土地财政绑架，地方政府成为房地产市场上涨的最大受益者，限制土地供给成为保持高收益的手法，这种地方政府行为是抑制土地供给、强化楼市供求扭曲的重要原因。

在目前地方政府债务规模居高不下并且严重依赖房地产市场及土地出让金的前提下，一方面要约束借款需求，另一方面要改革现行的地方政府收入和支出模式，使地方政府的收入来源平滑化、可持续化，收支结构相互匹配。第一，改革现行的以土地出让收入为主的资本支出筹资模式。全面深化营业税向增值税的改革，夯实地方税收的基础。进一步为地方政府公共产品的资本支出提供稳定的、跨周期的收入来源，例如开征房地产税、遗产税，一方面降低房地产市场的过多需求，另一方面为地方政府开辟新的收入来源。第二，建立健全统一、包括表内表外负债在内的全口径地方政府债务管理模式。建立地方政府统一的、财政实力与债务规模相平衡的约束机制，为地方政府财政风险的控制与防范建立制度基础。第三，进一步完善市场化的地方政府投融资机制。对于地方政府及平台公司融资按照市场化规律办事，不能将还款希望寄托在政府的隐形担保和土地的预期收入上，建立财政引导、市场主导、债股结合、资债匹配的地方投融资体系。第四，构建完整统一的地方政府融资信息体系。全面评估地方政府的融资能力、融资规模和偿债能力，防止出现高估土地出让金等收入、低估地方政府偿债压力的情况，降低地方政府过度依赖土地出让金和房地产部门发展的程度。

（五）完善金融信息统计建立风险防控联动机制

整合各部门金融信息统计机构和信息系统，防止信息的不完全、不匹配甚至失真，建立覆盖房地产、货币、银行、信托、保险、证券等领域的国家统一金融数据库，形成覆盖中国人民银行、银监会、保监会、证监会、国家发改委、住建部、财政部、商务部、国家统计局以及大型金融机构等的综合信息系统，实现全系统的数据归集系统，形成信息共享机制。在部门层面，实现统计数据的"全国通"，比如住建部应该建立全国统一联网的住房登记系统，进行全国性的空置房、库存调查统计等。

基于统一信息系统，建立健全房地产部门及金融体系的风险防控联动机制，形成以一行三会、住建部、国家发改委、财政部、国家统计局等为核心成员的房地产市场风险防控协调小组，并在以下环节重点开展工作。一是建立房地产等部门的风险预警机制，将房价、信贷、逾期、违约等信息纳入预警机制之中。二是建立房地产部门的风险处置机制，完善房地产企业信贷违约的风险处置机制和应对举措，以保险、担保、互保、转贷基金等市场化方式来处置风险。三是建立银行体系中房地产部门不良贷款处置机制，加速房地产企业不良贷款的去化速度，防止风险过度集中在银行部门。四是建立房地产企业破产处置机制，特别是需要考虑到大型房地产企业破产的应对方案。

（六）市场与行政双管齐下建立风险分摊机制

在中央政府层面，要提高宏观经济政策的灵活性和针对性，提高防范和化解金融风险的能力。从货币政策角度看，具体措施既包括适度降低法定存款准备金率、降低存贷款基准利率、适度放松新增贷款规模管控，引导风险预期扭转，信贷规模、社会融资规模适应经济金融运行需求特别是房地产市场调整的需求。同时，深化金融改革，优化金融监管政策，尤其是要加速逆周期的监管创新，防止房地产市场的风险出现重大的顺周期效应。在房地产市场调控政策上，保持一定的弹性并进行动态调整。

在银行部门层面，加大包括房地产部门在内的不良贷款核销力度。各家银行根据自身状况可加大核销的规模；金融监管部门应加强与财政、税务部门等的协调，强化银行不良贷款核销的自主权及配套的税收政策；应加快批量打包转让不良贷款的步伐，提高不良贷款处置的规模和效率。

在风险分担机制上，一是中央政府应该建立房地产市场保障基金，以土地收入和房地产交易税为基础，设立以专项基金、转贷基金、风险基金、担保基金等为主的风险共担机制，防止银行部门和其他金融部门在房地产部门陷入重大的风险。二是地方政府部门应该建立地方房地产保障基金，以土地收入的一定比例设立，建立健全地方房地产风险处置及风险承担机制。三是金融机构应该审时度势建立房地产风险处置机制，比如银行部门应该设立房地产市场风险的动态拨备机制，强化对房地产部门的风险应对；确实发挥存款保险制度对储户的储蓄保险，防止出现挤兑风险，恶化银行机构的资产负债表和流动性安排。保险机构应该设立房地产风险相关的担保、保险和互报等机制，以市场化的手段有效化解或缓释房地产市场的风险。四是建立风险处置的应对协调机制。建议以总理或副总理为组长，以国家发改委、住建部、财政部、中国人民银行、银监会等机构的负责人为协调小组成员，建立房地产市场的风险应对协调小组，跟踪房地产市场的运行，防范房地产部门的风险及传染。

（七）以宏观审慎为支撑构建系统性风险应对框架

房地产市场的风险可能引发系统性冲击，我国应该建立健全包括房地产市场在内的系统性风险应对框架，构建金融宏观审慎管理制度框架。一是建立包括房地产市场、银行部门、银行间市场、资本市场等在内的系统性风险防范应对管理框架，明确系统性风险应对的责任主体、组织架构、微观指标、协调机制等。二是对包括房地产在内的系统性风险核心环节进行重点跟踪，并出台有效的应对措施，缓释系统性风险或隔断风险传染的机制。三是深化金融体系的体制机制改革，建立市场化的风险处置机制。完善金融市场的风险定价机制，不同部门、不同机构的信用利差应该在市场中得到充分反映，让房地产部门和企业的信用风险进行有效定价；健全市场运行机制，特别是流动性供给机制和极端市场环境下的流动性纾困与救助机制；建立有效的市场化违约处理机制，妥善处置房地产企业破产及其关联问题。

通过微观监管的强化，坚决守住不发生区域性和系统性金融风险底线，构建基于系统性风险防范的金融宏观审慎管理框架和基于风险有效管理的微观监管机制。微观监管标准的加强是宏观审慎框架有效性的基础，需要坚持"底线思维"，针对房地产市场等系统性风险环节和房地产信用风险、价格敏感性、内在关联性、系统重要性机构等进行压力测试，甄别并设置相关的微观指标及其标准，将风险有效控制在产品、机构和子市场之中，防范严重的空间传染，进而守住不发生区域性和系统性金融风险的底线。

（八）以供给侧结构性改革为契机深化经济结构转型

房地产部门风险的持续累积并演化为系统性风险的核心环节，主要根源在于经济结构转型不力，房地产非理性繁荣导致其他部门的资源配置扭曲，可以说，过去十多年，我国的经济结构是进一步扭曲的。中央政府特别是宏观调控部门需要深化宏观调控体制机制改革，提升政策调整的针对性、有效性、协调性和可操作性，切实转变经济结构，切实推进经济发展模式转型升级。深化土地制度、户籍制度改革，推进公共服务均等化，以改革释风险、以改革促转型、以改革谋发展。

参考文献

［1］ Geithner, Timothy, "Reducing Systemic Risk in a Dynamic Financial System", Speech Transcript, The Economic Club of New York, New York City, 2008.

［2］ Ito, Takatoshi and TokuoIwaisako, "Explaining Asset Bubbles in Japan", NBER Working Paper, No. 5358, 1995.

［3］ Reinhart, Rogoff, "From Financial Crash to Debt Crisis", *American Economic Review*, 101 (5), 2011.

［4］ 傅勇：《财政—金融关联与地方债务缩胀：基于金融调控的视角》，《金融评论》2012 年第 4 期。

［5］ 辜朝明：《大衰退》，东方出版社，2009。

［6］ 国家统计局：《投入产出表（2007)》，2012。

［7］ 胡滨、郑联盛：《非传统信贷视角下的中国影子银行》，《上海证券报》2014 年 5 月 9 日。

［8］ 李扬、张晓晶：《中国国家资产负债表 2015》，中国社会科学出版社，2015。

［9］ 时红秀：《地方政府债务规模究竟有多大?》，《中国经济时报》2010 年 7 月 5 日。

［10］ 殷剑峰等：《影子银行与银行的影子》，社会科学文献出版社，2013。

［11］ 郑忠华、邸俊鹏：《房地产借贷、金融加速器和经济波动》，《经济评论》2012 年第 11 期。

"十三五"时期我国外汇市场风险
及其应对研究

内容提要： "8·11" 人民币汇改后，人民币汇率的定价机制和决定因素均发生翻天覆地的变化。原本由央行隐性承担的外汇市场风险迅速曝露，汇率贬值预期开始发酵。鉴于我国经济尚处于下行阶段，人民币汇率的贬值趋势可能还会持续 1~2 年。其间，需要警惕贬值预期再度飙升，资本大规模外逃，以及离岸市场套利资本对外汇市场的冲击。短期来看，汇率贬值和资本流出对金融市场的直接影响相对有限。在中国经济周期下行阶段，人民币汇率适度贬值有助于控制信贷的扩张，抑制房地产泡沫，化解过去累积的金融风险，调整经济结构。但是，较强的贬值预期会带来资产价格的剧烈波动，增加长期融资成本，加快房地产价格的调整进程，甚至触发金融危机。未来需要继续实施资本管制，完善宏观审慎监管，深化汇率形成机制改革，增加市场供求的力量，避免贬值预期引发整个金融体系的系统性震荡。

2015 年 8 月 11 日之前的人民币汇率的变化很有规律，每天大概保持 2% 的升值或者贬值幅度，波动率维持在 2.5% 左右。

"8·11"汇改颠覆了这种简单的适应性预期框架。人民币汇率的定价机制和决定因素均发生翻天覆地的变化。央行开始退出常规性外汇市场干预,外汇储备不再和汇率直接挂钩。汇率的决定因素短期主要由资本流动决定。由于资本流动有很强的顺周期性,在经济下行阶段,资本外流的规模会显著超出贸易顺差规模,人民币汇率的贬值趋势可能会持续 1~2 年。未来,人民币汇率将会和经济周期联系得越来越紧密,在中国经济触底反弹之前,人民币汇率还会继续贬值。在此期间,人民币汇率与境内金融市场的流动性的联系会越来越强,需要时刻警惕外汇市场波动对境内金融市场的冲击。

一 外汇市场的风险逻辑及其与其他主要市场关联渠道分析

外汇市场与资本市场之间存在一定的相关性,这种相关性借助于各种渠道,以不同的传导方式,产生复杂的经济效应,进而在外汇市场与资本市场间建立起不同形式的传导机制。可以从以下几个不同的角度来考察外汇市场和资本市场波动的传导机制。

(一)投资者资产组合调整的传导渠道

从投资者角度看,外汇资产和证券资产都是其资产组合中的一种表现形式,对于特定的投资者而言,在一定的财富总量、风险偏好状况下,其最终会选择一种与其风险收益偏好相适应的资产组合。在市场上,不同资产的关联程度取决于各项资产之间的替代性与互补性。各个经济主体的这种资产结构调整行为通过相应的传导环节,会在不同程度上影响到金融资产的价格和收益,从而实现证券市场和外汇市场之间的互相影响。例如，当证券市场价格上涨时，投资者的资产结构中证券的比重偏大、财富总量上升，于是投资者会调整资产结构，并相应调整持有外汇资产的比重，从而带动外汇市场的调整。

（二）汇率与利率相互作用的传导渠道

在利率和汇率形成充分市场化、资本自由流动的条件下，货币市场在证券市场和外汇市场的互动作用中发挥了十分重要的纽带和桥梁作用。由于货币市场是利率信号形成的市场，因而我们就可以直接考察利率在证券市场和外汇市场互动机制中的传导作用。首先，证券价格与利率变动的相关度很高，其变化往往与市场利率的变化成反比；其次，汇率与利率变动的相关度也很高，这种密切关系主要是通过国际间的套利性资金流动生产的。于是，通过资金的跨市场流动，就形成了以利率为中介的传导机制，利率的纽带作用强化了外汇市场与证券市场的价格的联动性。

首先，外汇市场的波动会推动利率的调整，进而影响到证券市场。在开放经济条件下，一国汇率的疲软，会通过国际套利资金流动而使其利率水平上升，其内在的作用机制是：本币汇率的疲软，相应表示本币投资风险的增加，这必然会推动资金的外流，宏观当局需要相应提高利率水平才能使外汇市场上的货币供求重新趋于均衡。当一国货币遭受投机性冲击时（如东亚货币危机），宏观当局为了打击投机，一般会主动实施高利率政策，但是，值得注意的是，利率的上升也会使证券市场迅速下行。如果在货币危机中，投机者在汇市与股市、现货市场与期货市场进行联动操作（在固定汇率制度下这一点表现得更为明显），则会进一步加剧和加速证券市场对外汇市场波动和宏观当局利率调整的反应。考察东南亚金融危机中各国外汇市场和证券市场的互相推动下跌的状况，就可以明显地体现出这一点。

其次，证券市场的波动会影响到不同资产的收益水平的差异，进而影响到外汇市场。具体来说，证券市场波动借助利率中介对外汇市场的影响主要是通过资产组合效应。为了简化分析，我们假设可选择的资产有本币、本币证券和外币资产，三类资产的供求状况决定其各自的价格（市场利率、本币证券价格和外币资产价格）。当本币证券需求增加时，就会引起本币证券市场价格上升，于是，对本国货币需求减少，市场利率下降；对外币资产需求减少，外汇汇率有下降趋势，但利率下降又可能会促使资金外流，增加对外币资产的需求（此时假定国际市场上的外汇利率不变），使外汇汇率有上升趋势。当然，此时外汇市场的具体变动趋势，取决于这两种影响因素的相对强弱。

（三）预期、投机活动及其对市场互动的传导渠道

在外汇市场和证券市场的各种互动渠道中，预期和投机活动的影响正在明显增大，这一点在1997年的东南亚货币危机、2001年的土耳其货币危机中表现得十分明显，我们甚至可以说，在这两次危机中，投资者心理预期的变化，以及由此引发的市场信心危机已成为外汇市场与证券市场价格相互影响的主要传导机制。可以预计，随着经济金融全球化的不断推进、新的电子技术在金融领域的广泛应用、金融创新的不断推进，各类金融市场的互动作用越来越明显，可以说已处于一个相互依存、错综复杂的体系中。在这个体系中，投资者的预期对于市场运行的影响不断增大，而投资者的预

期的变化可能会相当强烈地影响到外汇市场和证券市场的走势，由预期变化引起的恐慌因素必然会加剧和扩散汇市、股市价格的联动暴跌。值得指出的是，在发展中国家，信息披露不充分，增加了信息不对称问题，因而预期的作用就更显突出，投资者在这种状况下通常会对周围人的行为进行判断以提取信息，从而采取类似的行为，于是形成一种羊群效应，推动市场的波动更为剧烈。

在市场运行中，与预期因素的影响相伴而行的是金融市场的投机活动。这是由当前国际金融市场的发展趋势所决定的。从全球外汇市场看，全球的外汇交易量达到数万亿美元，在纷繁复杂的金融创新推动下，其中相当比例的外汇交易与实质经济并没有直接的联系，于是，市场上的投机活动的影响力也在不断扩大。客观地说，投机资本对外汇市场和证券市场的经济效应很难一概而论，事实上，投机的程度高低、投机的资本规模大小不同、投机的方式和进入市场的时机不同，投机活动对股市与汇市的影响也就会存在相当大的差异。应当说，当股市、汇市高涨或暴跌时，投机性的卖空、买空会抑制市场的单边涨跌趋势，起到平衡市场的作用。但是，在许多情况下，过度的投机活动则容易引起投资者的心理恐慌，加剧市场的动荡。

总体而言，外汇市场与资本市场价格变动相互影响的程度与一国经济的开放度以及资本市场的国际化程度正相关，即与国际资本流动的受限制程度有关。中国目前依然广泛存在的各种管制措施使得人民币汇率变动与证券市场价格波动的传导机制的作用发挥受到了制约；另外，由于缺乏完善的金融市场体系（其中特别是完善的货币市场体系），外汇市场与证券市场的互动也受到影响。不过，随着中国资本市场的不断开放、市场机制（特别是汇率和利率的形成机制的市场化)的不断完善,外汇市场与证券市场的相互作用会更为明显,市场之间的互动也会更为频繁和灵敏。

二 近期外汇市场风险的主要表现和基本特征

2015 年 8 月 11 日之前的人民币汇率的变化很有规律,每年大概保持 2% 的升值或者贬值幅度,波动率维持在 2.5% 左右。"8·11"汇改颠覆了简单的适应性预期框架。人民币汇率的定价机制和决定因素均发生翻天覆地的变化,外汇市场也随之产生了巨大风险。

(一)"8·11"中间价汇率改革触发外汇风险

"8·11"汇改没有达到目标的主要原因是当时国内外形势比较复杂,毫无征兆的汇改让市场措手不及,引发强烈的贬值预期。具体而言,包括以下原因。

第一,境内部分企业外债较高,美元平仓需求引发境内 CNY 汇率贬值。根据国家外管局公布的数据,截至 2015 年三季度,我国外债余额是 1.52 万亿美元,其中,短期外债约占外债余额的 67%,人民币约占外债余额的 47%。短期外币外债约为 5300 亿美元。由于人民币汇率长期保持稳定,大多数国内企业并没有对冲外债风险。而且,在 2015 年上半年汇率相对稳定环境下,很多境内外贸公司大量增持港币债务。人民币汇改增加了外贸企业的汇率风险,对人民币汇率形成下行压力。

第二,离岸市场出现的美元平仓和投机行为,导致境外 CNH 汇率贬值速度较 CNY 更快。境外资本与央行对人民币汇率未来走势判断并不一致。海外投资者对中国经济总是倾向于接受盲目悲观的消息，一旦有风吹草动，就会降低对人民币资产的需求，导致离岸汇率贬值。当中国经济出现坏消息时，离岸人民币汇率的贬值幅度一般要高于在岸人民币汇率。

在汇改之前，投资者普遍预期人民币汇率会维持稳定，投资者以较低融资成本借入美元，积累了大量的美元负债。由于缺乏监管，香港离岸市场的美元敞口比内地企业规模更大。汇改后，美元买盘需求强烈，引发了离岸人民币快速贬值。离岸市场汇率的动荡让某些机构开始看空人民币，通过借入离岸人民币来做空，人民币贬值预期继续上升，让其他投资者美元平仓的压力更大，导致人民币贬值预期一路飙升。

第三，美元处于强势周期，国际炒家投机人民币贬值氛围浓厚。美国经济率先从全球衰退的泥潭中走出来，通胀率和失业率逐渐达到美联储加息的门槛值。2014年7月，美元进入强势周期，美元指数从80开始逐步上升，在2015年11月达到100。"8·11"汇改期间，恰好美元指数出现新一轮上涨，给境外投机者营造了投机人民币贬值的国际氛围。而且，由于美元指数中57%是新兴市场国家货币，人民币汇率的贬值预期带动其他新兴市场货币贬值反而助推美元指数进一步上涨。

第四，在人民币国际化背景下，资本管制力度较弱，短期资本加速外流。在人民币国际化背景下，我国外贸企业可以对照在岸和离岸人民币外汇市场价格，选择收益更高的价格进行结售汇。这实际上相当于给资本自由流动开了个口子。从公布的外贸和结售汇数据来看，企业普遍在境外结汇，然后将人民币汇回境内。而境外银行则利用人民币资本项下的流出途径，将人民币运出境外，给做空人民币投机商提供弹药。随着人民币贬值预期上升，短期资本流出规模接近每月1000亿美元。2015年11月，当PMI等基本面数据逐步反弹时，跨境资本依然出现大幅流出。这表明跨境资本流出已经脱离了基本面，投资者对人民币看空的情绪有些过度悲观。

第五，刚刚经历股灾冲击，境外市场开始怀疑中国政府稳定金融市场的能力。2015年6~7月中国金融市场的股灾大跌和救市无效，动摇了国内外市场对中国经济的信心。境外短期资本会对中国经济和中国市场的风险提高警惕，导致相当一部分资本流出中国。股灾及救市政策无效，也曝露出中国金融政策部门缺少应对重大金融冲击的能力，部分救市做法违背市场原则，打击了市场对中国管理金融体系能力的信心。随之而来的"8·11"汇改则让市场投资者成为惊弓之鸟，纷纷持币观望，担心资产遭受进一步损失。

第六，央行持续干预外汇市场延缓了外汇市场出清的速度。央行改革中间价报价机制时定的规则是参考市场供求和一篮子货币汇率。市场在给人民币汇率定价时，除了考虑市场供求外，还会根据央行制定的规则来判断央行干预的时点和数量。因此，规则的透明度很重要，央行是否遵守规则也很重要。在2015年8月，代表基本面形势的PMI数据急剧恶化，新兴市场货币也大幅贬值。按照规则，人民币应该对美元贬值。然而，央行却加强了外汇市场干预，这显然既不符合市场供求，又和一篮子货币汇率规则不一致。强行抑制境内外金融机构对美元的需求，只会导致贬值预期高企。

在上述背景下，"8·11"汇改导致人民币兑美元汇率出现超调。由于人民币即期汇率与中间价之间日波幅只有2%，而且央行在第三天就入市干预维稳，投资者难以确定究竟会出现多大程度超调。市场一度猜测超调的幅度可能达到 20% ~ 50% 。

（二） 离岸市场套利资本进一步恶化贬值预期

汇改之前，离岸汇率基本是跟着在岸汇率走。然而，汇改之后，游戏规则发生了一些变化，离岸汇率对在岸汇率的影响力开始上升，甚至在市场动荡时期成为人民币汇率的主导力量。

汇改最大的变化是央行放弃了中间价这一干预工具，致力于让市场供需决定人民币汇率。2016 年二季度，我国资本外流速度大幅缓解，在岸人民币汇率甚至有小幅升值，反映整体宏观经济的基本面并没有大幅贬值的基础。因此，央行认为一次性贬值 5% 以后，汇率应该会双向波动，基本保持稳定。然而，境外资本与央行对人民币汇率未来走势判断并不一致。海外投资者对中国经济总是倾向于接受盲目悲观的消息，一旦有风吹草动，就会降低对人民币资产的需求，导致离岸汇率贬值。当中国经济出现坏消息时，离岸人民币汇率的贬值幅度一般要高于在岸人民币汇率。也就是说，离岸市场投资者对人民币汇率贬值预期与央行的判断并不完全一致。

汇改后，离岸市场平美元头寸的需求触发了离岸人民币汇率的第一波贬值。离岸市场人民币流动性的主要来源并非 2 万亿元离岸人民币存款，而是通过银行间外汇掉期交易获得。外汇掉期市场日均交易量可超过 200 亿美元，基本可以满足离岸市场人民币流动性需求。这种外汇掉期交易主要是用美元对人民币进行掉期操作，相当于以美元为抵押获取人民币的融资方式。投资者市场参与者前期为了获得人民币流动性，积累了大量的美元负债，导致汇改后美元买盘需求强烈，从而引发了人民币贬值。汇率的动荡让某些机构开始看空人民币，通过借入离岸人民币来做空，进一步恶化了人民币贬值预期，让其他投资者平美元头寸的压力更大，导致人民币掉期价格一路飙升。

与此同时，人民币贬值预期强烈导致美元对人民币掉期价格上升，离岸投资者获得人民币的成本上升，相当于堵塞了一个重要的人民币供给渠道，离岸人民币利率出现飙升。8 月 25 日，香港离岸人民币隔夜拆借利率达到 7.81% 的高位。直到香港金管局向市场释放人民币流动性才平抑了掉期价格和利率的波动。

从这个角度来看，离岸市场汇率和利率形成的恶性循环是人民币汇率贬值预期迅速发酵的重要原因。一方面，离岸市场缺乏央行提供流动性，投资者只能通过掉期交易等衍生品间接获得美元，导致自身美元敞口过高；另一方面，离岸市场没有逆回购市场，遇到流动性紧张时没有缓解机制，利率会不断攀升。在这个过程中，当期汇率贬值引发利率上升，利率上升使远期汇率贴水，诱发贬值预期，贬值预期又再度提升短期利率，循环往复。

（三）人民币中间价参考篮子货币和稳定汇率之间矛盾日益加剧

为了抑制日益高企的贬值预期，央行调整了人民币中间价定价规则。1 月 11 日，央行明确表示央行将形成以稳定一篮子汇率为主要目标，"在可预见的未来……保持一篮子汇率的基本稳定，是人民币汇率形成机制的主基调"。

参考篮子货币的中间价机制稳定了市场预期。在 2016 年 1～2 月期间，央行始终以稳定一篮子汇率为主要目标，并且容忍利率等其他变量随之变化。市场参与者逐渐相信新的汇率政策。人民币汇率贬值预期逐渐消失。然而，参考一篮子货币和稳定人民币兑美元汇率之间也存在较严重的冲突，贬值预期随时可能会卷土重来。这体现参考篮子货币对不同冲击的反应。

第一，参考篮子货币可以有效化解强势美元冲击。当美国经济强劲复苏时，此时最难判断的是人民币究竟应该贬多少？盯住一篮子货币可以解决这个问题。一旦美元相对篮子中其他货币升值，人民币就相对美元贬值。贬值幅度完全可计算，市场交易方只需要跟着央行的中间价走即可。尽管有一部分投资者仍然认为人民币需要进一步贬值，但是大多数投资者会跟着央行的中间价做决策。人民币的贬值压力相对小很多。

第二，参考篮子货币难以应对弱势美元。当美元指数暂时处于弱势时，参考篮子货币要求人民币迅速升值，这并不符合我国经济下行的基本面。2016 年 3 月，中国经济形势出现抬头迹象，结汇率开始上升，人民币出现升值压力。同期，美联储再度爽约加息预期，美元指数下探至 94。此时篮子货币和市场供需方向一致，均要求人民币兑美元升值。然而，为了保持人民币兑美元双边汇率稳定，中间价并没有大幅上调，反而让 CFETS 指数跌破 98。显然，在弱势美元期间，篮子货币让位于相对美元保持稳定。

第三，参考篮子货币限制了央行货币政策的独立性。当前国内债券市场风险不断曝露，债市利率中枢逐渐上升，央行有必要保持适度宽松的货币政策，降低利率水平。但是，利率下降会引发资本外流，导致人民币汇率承压，人民币相对美元的贬值预期就会再度复燃。这也是近期央行难以实施过度宽松货币政策的主要原因。

随着 CFETS 指数不断下跌，市场对央行参考篮子货币的信心逐渐下降。从 1 月 11 日引入篮子货币至今，央行在频繁地变换中间价定价策略。这种相机抉择的定价方式反映央行的中间价定价规则尚不明确。稳定货币篮子在大多数时候并不是第一选项。作为全球第二大经济体，人民币汇率不应被货币篮子捆住手脚，寻找合适的时机过渡到浮动汇率是当务之急。

三 "十三五"外汇市场可能发生的重大风险预测

（一）人民币汇率贬值预期进一步恶化的风险

"8·11"汇改后，人民币汇率决定因素中市场供求的比重大幅上升。此时人民币汇率走势决定因素的逻辑发生了很大的变化，跨境资本流动正式成为人民币汇率短期的主导因素。央行从定价规则上已经退出了外汇市场干预，过去对企业的外债补贴突然之间成为巨额外债成本。为了应对这一轮大规模恐慌性资本流出，央行消耗了接近 6000 亿美元外汇储备，避免汇率超调。现阶段，央行仍然对市场有一定的干预，尽管这有助于稳定短期金融市场，但并非长久之计。

从国际经验和中国的贸易结构来看，人民币在中长期依然有升值基础。贸易是影响汇率最重要的基本面。跨境贸易是居民储蓄的跨期优化的结果，可以决定一国汇率的长期变动趋势。从中国外贸出口的竞争力来看，人民币在中长期仍然有升值空间。

其一，中国外贸出口份额持续上升，出口竞争力不断提高。从 2000 年开始，中国外贸出口占全球贸易比重，以每年 1 个百分点的速度递增。2015 年底，中国外贸出口份额已经达到13%，超过日本和德国市场份额之和。这一方面反映近期中国出口下降主要原因是海外需求放缓，而非人民币汇率高估；另一方面也反映国内出口企业的竞争力在不断提高。在 70～90 年代，日本和德国出口市场份额不断上升时，日元和德国马克一直在持续升值。中国现在占据全球最大市场份额，没有理由通过贬值进一步抢占其他新兴市场国家份额。

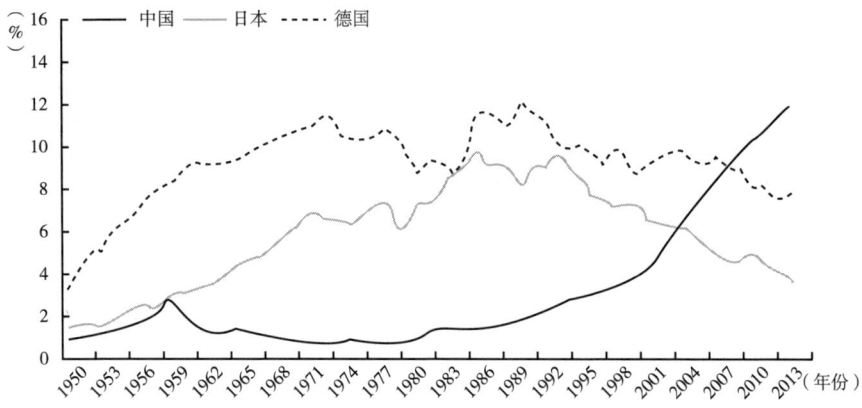

图1　各国出口占全球贸易比重

资料来源：Wind。

　　其二，高附加值贸易比重超过加工贸易比重，境内美元供给增加。从 2010 年开始，中国出口占全球比重增长速度显著高于进口占全球比重增长速度。中国出口正在转向高附加值型。来料加工、进料加工等低端贸易，逐渐从中国转移至其他新兴市场国家。在 2010 年，中国出口贸易中一般贸易的比重首次超过了加工贸易。随着贸易结构优化，企业出口创汇的能力也会逐渐上升。相同规模的出口量可以获取更多的外汇流入。进口增速下降一方面是缘于大宗商品价格的下降,但另一方面也反映中国出口的供给链条更多在国内完成,出口创汇能力增强。

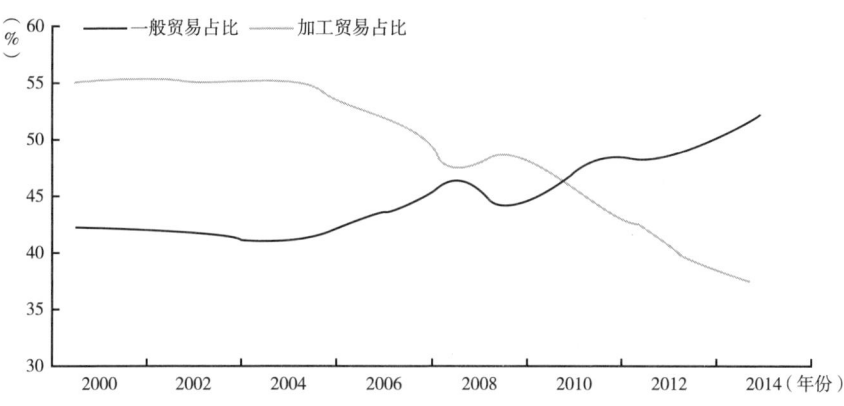

图2 我国出口贸易中一般贸易与加工贸易比重

资料来源: UN COMTRADE。

无论是从贸易份额的国际经验,还是从贸易结构优化来看,我国出口部门都有较强的竞争力,表明人民币在中长期仍然有一定的升值空间。

然而,短期人民币汇率由资本流动决定,贬值压力较大。"8·11"汇改后,中国出现了一波短期资本流出。从 2015 年全年数据来看,金融账户逆差达到 4856 亿美元,错误与遗漏账户流出1882 亿美元。此外,粗略估计约有 1000 亿美元的服务贸易可以归入资本流动范畴。资本流出共计达到 7738 亿美元。尽管我国贸易顺差接近 5700 亿美元,但是我国央行仍然消耗了 3500 亿美元外汇储备用于维持汇率稳定。虽然资本流出的规模惊人,但是,由于我国外汇市场的特殊结构,普通的投资者很难进入,短期资本流动的主体依然是贸易商和国有企业。BIS 的研究,以及相关一系列的研究报告都表明,进出口商持汇、国有企业偿还外债、个人购汇是近期资本流出的主要渠道。时至今日,企业的美元去杠杆过程已经基本完成,进口部分的美元债务也偿还殆尽,对美元的刚性需求在上一轮贬值中基本消化完毕。境内储蓄对海外资产的配置需求存在不确定性。资产配置主要由利差和汇率预期决定。在美联储加息,境内金融资产风险上升的情况下,境内投资者对美元资产的需求会越来越旺盛。图3显示的是贸易顺差和境内M2存量的变动情况。尽管每个季度有1200亿美元外贸顺差,但是同期M2增量达到3000亿美元,而且M2存量已经高达21万亿美元。如果这部分资产有非常迫切的海外资产配置需求,汇率就会存在超调风险。

对这个问题可以从以下两个方面来分析。

第一,在正常情况下,M2对汇率没有传导渠道。M2代表的是居民的存量财富,在正常情况下,这部分财富对汇率的影响非常小。因为根据外汇市场的"实需规则",在央行释放的流动性形成M2的过程中,只要通胀平稳,没有改变实际汇率,那么这部分流动性不会影响外汇市场。

第二,在有一定贬值预期时,M2对汇率存在较大压力。M2同时也反映了境内金融市场的深度。由于中国货币市场的深度远远超过外汇市场,一旦汇率出现贬值预期,不仅贸易商和企业会降低结汇,有一部分资金也会伪装成"实需"进入外汇市场套利。境内金融市场的流动性越多,对外汇市场的压力就越大。从2015年三、四季度错误和遗漏账户的1000亿美元可窥一斑。

也就是说,只要存在贬值预期,就会有资金从货币市场流向外汇市场,区别只是规模大小而已。当货币市场的深度不断增加,外汇市场发展却相对停滞时,短期资本流出和汇率超调的压力会越来越大。

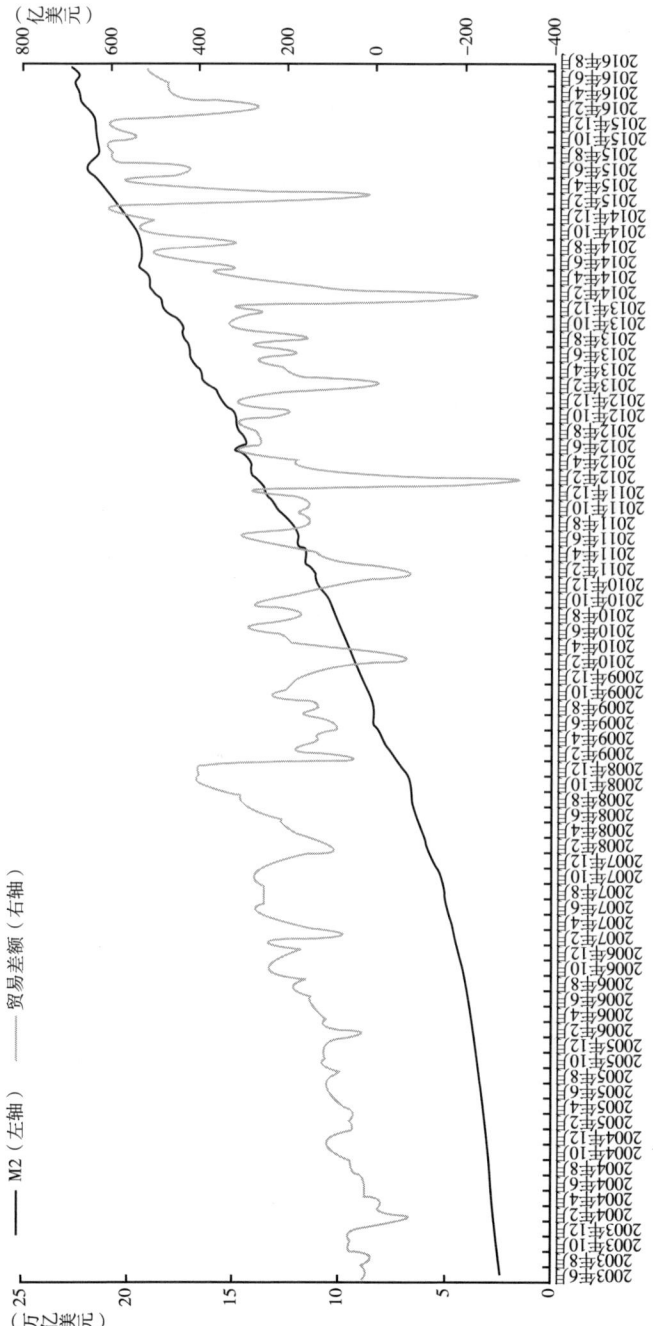

图 3　我国 M2 存量与贸易差额

资料来源：Wind。

（二）警惕跨境资本流动大规模外逃风险

从 2014 年开始的资本流出已经持续了两年时间，净流出规模达到 1 万亿美元。理解这一次史无前例的资本外流，是认识中国当前金融风险的切入点。把资本外流完全归咎于"8·11"汇改肯定是不公平的。因为从 2014 年下半年开始，资本外流就已经在急剧恶化（见图 4）。汇改前 5 个季度资本净流出 4300 亿美元，汇改后 3 个季度净流出 6000 亿美元。汇改只是加剧了资本外流的速度，引发企业去美元杠杆和短期套利。在汇改影响告一段落之后，有必要重新认识资本流出的逻辑，究竟有多少是因为结构性变化流出，有多少是因为贬值预期的短期冲击？

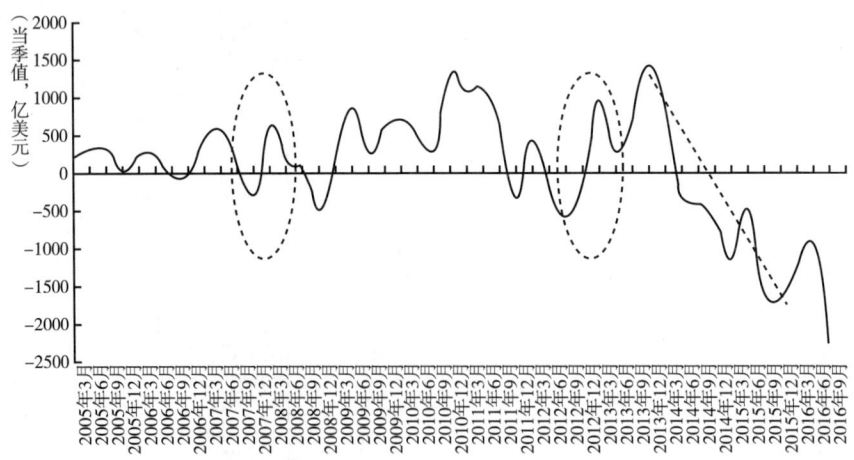

图 4 我国非储备性质的金融账户差额

资料来源：Wind。

在 2007 年、2010 年，中国也曾经历了两次较大规模的资本外流。当时的资本流出都是短期冲击，真正的资本项目逆差只有两三个季度。本轮资本外流，如果从 2014 年二季度开始算，已经持续了 8 个季度，跟过去相比，有显著差异。

其一，相对稳定的经常账户顺差＋资本项目大额逆差。在本轮资本外流过程中，经常账户余额一直保持相对稳定，每个季度平均有 700 亿美元顺差。但是非储备性质的金融账户加上错误和遗漏账户，每个季度有接近 1500 亿美元逆差。每个季度接近 800 亿美元净流出似乎已经成为常态。

其二，部分短期资本借道服务贸易账户外流。在过去很长一段时间，受人民币升值预期影响，跨境贸易中逐渐衍生一系列地下资金外逃的通道。当外管局加强贸易监管后，部分"热钱"开始转移至服务贸易中。在过去两年，贸易余额季度顺差基本保持在 1300 亿美元左右，但服务贸易逆差从季度平均 400 亿美元迅速飙升至 660 亿美元。这其中就隐藏了部分短期资本外流。

其三，直接投资差额收窄速度超出预期。本轮资本外流之前，直接投资项下每个季度约有 500 亿美元的净流入，之后则逆转为每个季度 50 亿美元的净流出。直接投资差额逆转要么是由于外商直接投资流入减少，要么是由于中国对外直接投资的增加。而这两件事情在近期同时发生了。

外商直接投资资金流入为什么减少？主要原因是外商利润的汇回。外商直接投资有两套数据，分别是商务部统计的实际利用外资额，以及外管局统计的外商直接投资资金流入额。其中，外管局统计口径较宽，包含了外商利润汇回等资金流动。2014 年以前，外管局统计的外商来华投资资金流入额，远远大于商务部统计的实际使用外资额。这表明，当时外商有大量利润留存于中国，而没有汇出。然而，近期二者差距迅速收窄，截至 2016 年二季度，二者数据基本相等。这可能反映有很大一部分外商来华投资预期人民币还会进一步贬值，开始将利润大规模汇到境外。

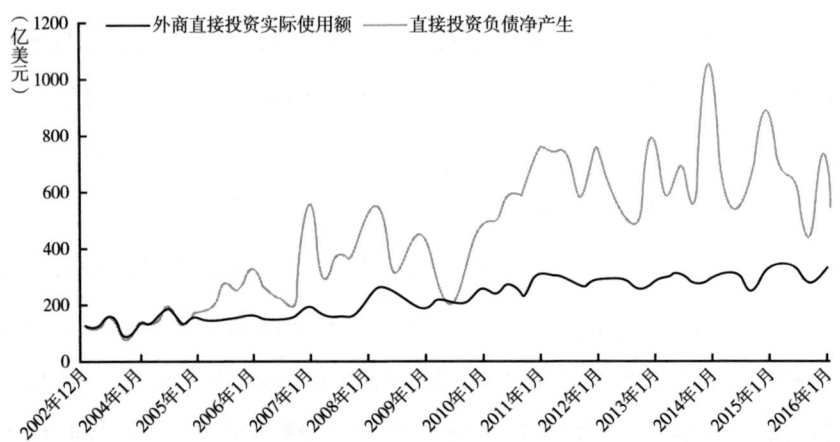

图5 我国直接投资负债与实际使用外资金额

资料来源：Wind。

与之成鲜明对比的是中国对外直接投资数据。和外商直接投资相同，中国对外直接投资也有商务部和外管局两套数据。但是从2015年开始，外管局统计的资本流出额要远远高于商务部统计的实际对外投资资本额。这反映对外直接投资可能也隐含了一部分热钱流动。

上述分析表明，本轮资本外流当中，有很大一部分与人民币汇率贬值预期相关。"8·11"汇改后，CNH和CNY的汇差最高达到1200个基点，随后收窄至100个基点左右。比照贬值预期和资本流动的关系，可以大致推测出未来资本流出的情况。尽管国际收支平衡表可以非常清晰地反映各类资产的资金外流情况，但是由于统计频度较低，并不适宜做外推式预测分析，更有效的测度数据是银行结售汇的月度数据。图 6 是银行结售汇差额和 CNY – CNH 差值的相关图。从中可以发现，结汇差额和贬值预期相关性非常强。对二者用最小二乘法做了简单的线性回归分析，拟合优度达到 70%，拟合系数为 1.72。也就是说，CNY 和 CNH 平均 1 个基点差会带来当月 1.7 亿美元的净流出。这和近期资本外流的情况基本一致，例如，在 2015 年 9 月，CNY 和 CNH 之间平均有 450 个基点差，银行结售汇有接近 1000 亿美元流出。

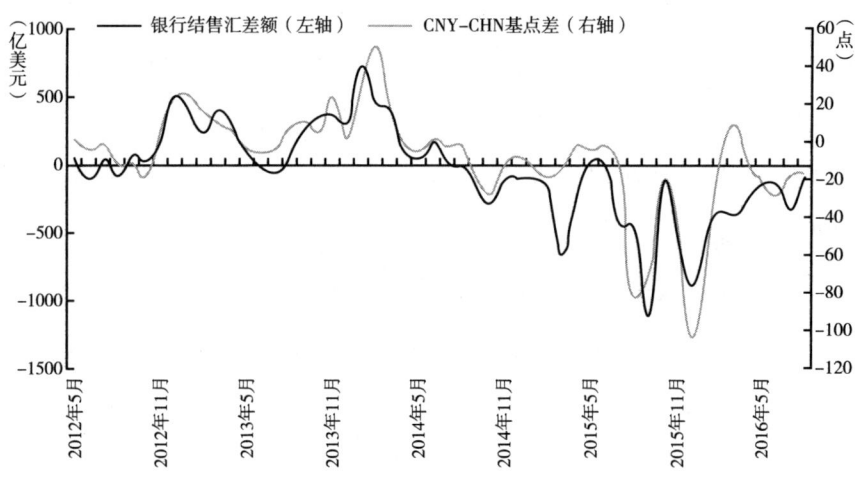

图 6　我国银行结汇差额以及 CNY – CNH 基点差

资料来源：Wind。

同时，也可以发现，2014 年 6 月至 2015 年 7 月并没有太强的贬值预期，而结售汇资本流出的中枢已经开始偏离 CNY – CNH 的基点差。用净资本流出减去（基点差乘以 1.72），可以近似得到与汇率预期无关的资本流出数据。计算结果表明，每月平均约有 150 亿美元净流出与汇率预期无关。这部分资本流出可以近似看作是其他因素导致的流出，其与短期汇率贬值预期无关，主要可能与经济基本面、中长期结构因素有关。

预计未来 CNH 和 CNY 每月平均差价会保持在 100～200 个基点，引发的资本外流约为 250 亿美元/月。再加上其他因素导致的 150 亿美元/月的净流出，预计未来每个月约有 400 亿美元净流出。

（三）外汇储备流失带来的财富再分配风险

过去十多年央行干预引发中国外汇储备大起大落。从 2002 年到 2014 年 6 月，外汇储备从 3000 亿美元增长至 3.99 万亿美元，平均增速达到 27%。这是在"渐进升值 + 资本管制"政策组合下出现的奇观。"8·11"汇改之后，短短六个月，外汇储备下降了 4200 亿美元。

外汇储备流失并不是简单的"藏汇于民"。企业套利平仓导致的外储下降只是让少数利益集团获利，不能简单地把这说成"藏汇于民"。更何况其中的很多大企业是外国跨国公司。投机者卖空活动导致的外汇减少不是"藏汇于民"。

在过去人民币有强烈的升值预期时，央行提出了著名的"池子"理论——"如果短期的投机性资金进来，我们希望把它放在一个池子里，并通过对冲不让它泛滥到中国的实体经济中去。等到它需要撤退的时候，我们再把它从池子里放出去。这将在很大程度上对冲掉资本异常流动对中国宏观经济的冲击"。

外汇储备是一个典型的"池子"。从理论上来讲，"池子"理论是央行对付"热钱"的一整套政策、规定和工具。外汇储备只是这套理论中比较引人注目的一个指标。"热钱"流入时，外汇储备上升。"热钱"流出时，外汇储备下降。这种应对策略无可厚非。然而,"池子"潮起潮落间,外汇储备并没有全部惠及普通老百姓。其中很大一部分财富被进出口商和投机者拿走了。

在人民币有升值预期时,外汇储备上升,进出口部门获利最大。外贸企业将手中的美元出售给商业银行,商业银行再向央行售汇,形成外汇储备。其间,外贸企业把汇率风险完全转嫁给了央行,自己获得人民币升值收益。这相当于货币当局补贴了出口部门,同时也让一部分境内外套汇者获利。

同样,在人民币有贬值预期时,外汇储备下降,进出口部门和套汇者获利最大。外贸企业将出口获得的美元推迟结汇,进口部门和投资者向银行购汇,减少外汇储备。无论是升值预期还是贬值预期,谁手中能够自由持有外汇,谁就能够获得套汇收益。显然,除了进出口部门和一些"灰色渠道"外,普通老百姓持有外汇额度和投资渠道都非常有限。

汇率形成机制调整将会带动外汇储备变动,也是国民财富分配的过程。从"8·11"汇改至今,外汇储备大部分本外币转换的收益被投机者和进出口商赚走,并没有补贴至普通居民手中。在下一阶段,央行需要继续完成中间价汇率形成机制改革,让市场供需决定人民币汇率变化,投资者自己承担汇率风险和收益,防止在外汇储备转换过程中出现财富大幅转移。

四 "十三五"外汇市场与其他市场风险传导的预测

(一)关注资本外流对货币市场、债券市场的冲击

由于我国外债规模相对有限,人民币汇率本身并不会对企业经

营造成严重影响。但是目前已经形成人民币贬值预期，外汇资产开始从公共部门向私人部门转移。资本外流已经成为新常态，如果管理不好，可能演变为无序流出，对实体经济造成冲击。

短期来看，资本流出本身对金融市场的直接影响相对有限。自2015年下半年开始，已经出现大量资本流出，但是在国内金融市场上，无论是短端利率还是长端利率都相对稳定。这表明央行一直在对冲资本流出，并且严密监控市场流动性，中国并没有像其他新兴市场国家那样出现利率攀升的情况。现阶段资本外流的态势已经被暂时遏制。

图7　我国银行间同业拆借加权利率与国开债到期收益率

资料来源：Wind。

然而，短期的稳定恰恰也是值得担心的问题。在图7中，短端资金的融资成本从2015年8月以来呈直线状，保持在2.5%的水平。这一方面是因为缺乏投资机会，居民和企业存款滞留在银行体系，更重要的原因是货币当局担心资本流出冲击，刻意维持货币供给稳定，抑制了利率下行空间。这种过于稳定的短端利率，会引发投机者在短端大量累积空头，加深金融体系局部期限错配的严重程度。

更进一步，与其他新兴市场经济体不同，中国的资本外流已经成为一个慢变量，反映的是中国资产回报率的下行趋势。伴随着贬值预期，很多投资者会采用"把资产放在海外，把负债留在国内"的投资策略，资本流出的压力会持续较长时间。

与此同时，因汇率预期调整而引发的资产价格调整风险依然值得警惕。我国实体经济持续低迷，央行释放的相当一部分信贷资金在金融市场空转，并未进入实体经济。资本大规模流出，特别是贬值预期很可能会让风险加速曝露。监管当局应该提前做好预案，防止突发性的黑天鹅事件。

比人民币汇率更重要的是健康而有深度的外汇市场。除了中间价定价规则之外，中国当前的外汇市场的"实需规则"和交易主体有限，是人民币汇率出现单边行情、波动率较低的重要原因。未来应该逐步放宽实需原则，增加风险偏好较高的市场主体；同时增强汇率弹性，增加现有主体决策的异质性。

（二）关注利率市场化背景下，汇率与房地产价格的交叉风险

我国房地产价格形成泡沫的主要根源是我国金融抑制下较低的实际利率。在收入增加和城市化加速的背景下，房价较快上升有合理成分，但是名义利率偏低且调整滞后，通货膨胀率上涨且波动很大，导致真实利率偏低，催生投资性购房需求，是房价上升的重要

推力。

我国持续较低的实际利率源于政府实施的金融抑制政策。名义利率偏低，且滞后于通货膨胀率的波动。名义利率偏低导致货币需求偏大，货币需求偏大导致通货膨胀率上升，进一步导致实际利率偏低并且进一步增加货币需求，形成了一个恶性循环。如果利率可以灵活调整，则提高利率就可以抑制货币需求和通货膨胀。但是如果利率不能灵活调整，则必须采用其他手段压制货币需求，此前的手段主要包括信贷额度控制和提高存款准备金率。信贷额度控制相当于信贷配给，直接的含义是一些好的项目得不到融资。提高存款准备金率，就是控制商业银行的可贷资金，从而使得部分货币需求得不到满足。信贷额度控制与提高存款准备金率本质上都是数量控制，都是非价格政策工具。

在图 8 中，我们注意到从 2014 年开始，随着利率市场化改革逐步深入，中国实际利率开始攀升。央行目前实施的利率走廊政策逐步获得市场认可，利率传递的价格信号日益明晰。这实际上也是资产价格逐步回归正常的过程。值得注意的是，在此过程中，人民币汇率预期显著放大了房地产价格的波动，在 2005～2013 年低利率环境中（除了次贷危机外），人民币汇率出现较强升值预期，房地产价格持续攀升。

值得注意的是，央行试图通过 SLO 与 MFL 打造的利率走廊操作，只能保持利率价格的短端稳定，还没有传导至长端利率。所以我们看到房地产资产价格还没有做出较大调整。但是，如果出现持续的汇率贬值预期，很可能会导致整体期限结构与风险资产收益率呈陡峭化变动，提高长期融资成本，加快房地产价格的调整进程。

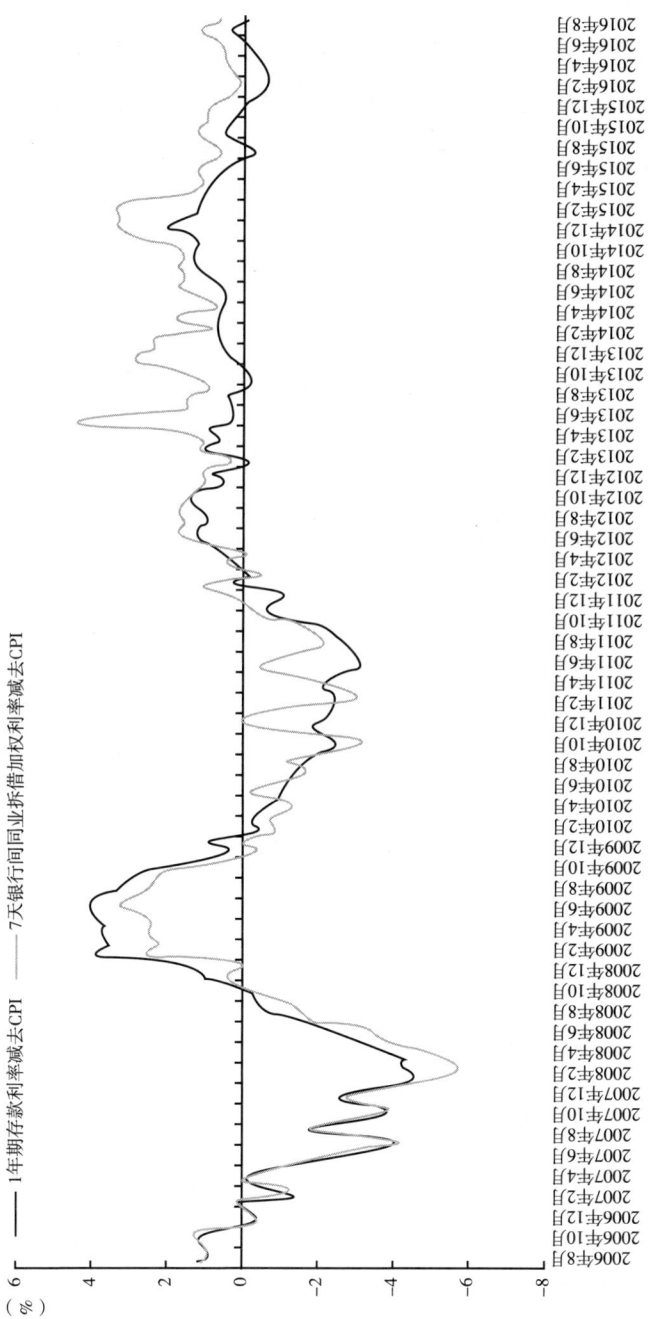

图 8 我国 1 年期存款利率及 7 天回购利率减去 1 年期 CPI 差值

资料来源：Wind。

总体而言,在中国经济周期下行阶段,人民币汇率适度贬值有助于控制信贷的扩张,抑制房地产泡沫,化解过去累积的金融风险,调整经济结构。但是,较强的贬值预期会带来资产价格的剧烈波动,甚至触发金融危机。当期的中间价形成机制仍然存在很大的不足,未来需要继续减少央行常规性外汇市场干预,增加市场供求的力量,避免贬值预期引发整个金融体系的系统性震荡。

五 "十三五"化解外汇市场风险与防范交叉感染的政策建议

(一)继续实施资本管制政策

资本管制是对一国居民和非居民的金融交易进行限制性管理。管制的主体是居民和非居民。例如,当一国政府实施资本管制时,境内企业向国外银行借款成本会上升,境内银行向境外企业的放款成本也会上升。资本管制的作用是分割境内外金融市场。政策结果是国内和国际市场的借贷利率出现差异。当前美联储已经处于加息周期,中国经济仍然在下行阶段,中美利差在逐渐上升,当前应该继续对资本流出实施一定程度的资本管制,降低利差对资本外流的吸引力。

(二)完善跨境资本宏观审慎监管体系

不论贷款是源于境内银行还是境外银行,宏观审慎监管都是限制境内市场主体的借款能力。监管的主体是借款人和贷款人,并不以居民主体为划分标准。宏观审慎监管政策的作用是增加境内借款人和所有其他贷款人的资金融通成本,遏制境内市场主体过度借贷的冲动。政策结果是境内借款人和其他所有贷款人的利率出现差异。对跨境资本流动进行宏观审慎监管的基础是能够对可能引发系统性金融危机，且与跨境资本流动高度相关的风险来源加以全面地识别、度量，并进行跨境资本流动风险预警。一是要从宏观、中观、微观三个层次入手合理确定某些风险监测指标。首先，要准确判断我国经济周期对人民币汇率和跨境资本流动的作用方向和机制；其次，基于贸易、直接投资、净结汇变化数据建立中观层面跨境收支预警指标；最后，应实时监测制造业采购经理人指数、美国消费者信心指数等集中体现微观经济主体预期的指标。此外，还应将能够反映我国外债整体偿付能力、不同期限外债结构等情况的指标也包括在内。二是在明确跨境资本流动风险监测指标的基础上，通过构建外汇市场压力指数或计算噪音信号比率等方法，结合这些指标的历史数据表现，对跨境资本流动可能引发的系统性金融风险进行量化，以确定每个跨境资本流动风险监测指标的阈值及其同系统性危机发生间的相关性，并对未来一定时期与跨境资本流动相关的系统性风险的出现概率加以预测。

（三）丰富并优化跨境资本流动宏观审慎监管工具箱

2015 年 9 月，在完善宏观审慎管理、防范宏观金融风险的框架下，央行加强了远期合约的管理，对开展远期售汇业务的金融机构征收 20% 准备金，增加了跨境资本的套利成本和难度。这是一次针对跨境资本流动实施宏观审慎监管的积极尝试。未来，还应根据外汇交易项目、流动方向、期限长短、交易主体，有针对性地设计宏观审慎监管工具。例如，针对外债流动性强、顺周期性的特点，可按照短期试点、中期推广、长期完善的思路，细化和推广对外债宏观审慎监管工具。在短期局部开设试点阶段，可根据外汇业务量和需求量选定试点地区的企业和银行实行弹性数量管理。中期则可进一步要求超过可借外债额度的试点企业和银行缴纳无息准备金，而长期则应完善这一监管工具的法律依据。

（四）加强国际合作，协调配合跨境资本流动宏观审慎监管与其他宏观经济政策

当前我国正处于经济增速换挡期、经济结构调整阵痛期、前期刺激政策消化期三期叠加的经济发展"新常态"。跨境资本流动宏观审慎监管需要与其他宏观经济政策协调配合。从其他国家的经验来看，泰国实施的无息准备金宏观审慎监管措施，不仅没有有效遏制短期跨境资本过度流动，反而在国际市场投资者对其做出惩罚性逆向反应后引发汇率、资产价格大幅下跌。对比之下，同样对跨境资本流动征收无息准备金、金融交易税等托宾税的智利、巴西两国在实施宏观审慎监管的同时并没有忽视开展区域性、国际性金融合作，积极借助一系列针对资本项目开放以及完善国内金融体系制度性建设的宏观调控政策措施，通过征收托宾税对跨境资本流动，特别是短期资本流动产生了较为明显的调控效应。因此，我国也应借鉴智利、巴西的成功经验，在区域性、国际性金融合作机制框架支持下，加强不同宏观经济部门之间的政策协调配合，以改善跨境资本流动宏观审慎监管的实际效果。

（五）进一步推动人民币汇率形成机制改革

建立一个比较透明、有市场公信力的汇率形成机制，有助于稳定市场预期，降低外汇风险。根据最近的表态，央行希望把"收盘价＋篮子汇率"作为中间价定价规则。现实情况也表明，央行

始终以稳定一篮子汇率为主要目标，并且容忍利率等其他变量随之变化。市场参与者逐渐相信新的汇率政策。人民币汇率贬值预期出现拐点。然而，这些措施并不能从根本上消除贬值预期。现阶段，还需要进一步推动外汇市场改革。中国汇改宜早不宜迟，一旦美联储重新进入加息轨道，汇改引发的人民币贬值超调幅度将会更高。汇改必然导致人民币汇率短期超调。目前，中国宏观经济面相对稳定，人民币并没有持续贬值的基础。但是，宏观基本面只能支撑人民币实际有效汇率的稳定，人民币对美元的双边汇率并不一定平稳；而且，在时间维度上，也只能反映人民币汇率中长期走势。在汇率制度的调整过程中，短期汇率一般都会出现超调，这也是外汇市场必须承受的阵痛。例如，瑞士法郎脱钩欧元，哈萨克斯坦坚戈脱钩美元。

既然汇改必然会引发超调，如何有效降低超调的幅度是选择汇改时机的关键要素。与2015年"8·11"汇改时相比，中国进一步汇改的风险已经显著下降。当前是进一步推进汇改的有利时机。

第一，境内外企业美元负债已经大幅下降，人民币汇率贬值不会再度引发恐慌性购汇。"8·11"汇改后，美元/人民币一个月隐含波动率平均水平是汇改前的3倍以上。在人民币波动性增加及进一步贬值的压力下，中国企业越来越重视外汇对冲，一些企业希望尽早赎回美元债，并在赎回前对冲外汇敞口。截至2015年底，中国外债余额为1.41亿美元，较9月末减少1000亿美元。

第二，资本管制较为严格，企业和居民套利渠道有限。为了应对离岸市场人民币汇率的波动，中国货币当局加强了资本管制和宏观审慎监管政策。首先，加强对远期合约的管理，征收远期售汇20%准备金，增加套利成本和难度。其次，加强资本流动管理，对贸易真实程度和人民币 NRA 账户进行严格审查，减少套利渠道。再次，向境外人民币业务参加行存放境内代理行人民币存款收取存款准备金。最后，暂停两家外资银行跨境人民币交易。这几项措施有效打击了跨境套利的投资者，降低了企业和居民利用境内外汇差套利空间。

第三，当前美元走势相对疲软，美联储对于加息犹豫不定。美国已经具备加息条件，2016 年或加息两次。美国的失业率已经降到 5% 以下，美国失业率自 2015 年 10 月以来一直处于或低于 5%，较 2009 年 10 月的 10% 大大下降。每周失业救济申请人数已经连续一年多保持在 30 万人以下，核心 CPI 同比已经超过 2%。在经济持续复苏情况下，美国此次加息时机比较靠后，可能顾虑的是美联储加息对世界经济的溢出影响。一旦全球经济形势好转，美联储又将会重新回到加息轨道。从当前形势来看，12 月很有可能迎来美联储新一轮加息预期冲击。

参考文献

[1] 肖立晟、刘永余：《人民币非抛补利率平价为什么不成立：对 4 个假说的检验》，《管理世界》2016 年第 7 期。

[2] 肖立晟：《人民币汇率贬值预期现拐点》，《中国外汇》2016 年第 5 期。

[3] 肖立晟：《央行是否遵守了人民币中间价规则》，《中国外汇》2016 年第 12 期。

[4] 余永定、肖立晟：《论人民币汇率形成机制改革的推进方向》，《国际金融研究》2016 年第 8 期。

"十三五" 时期
防范重大市场风险的对策思路研究 | 政策报告

未来几年重大市场风险产生的
新背景、新特征与新应对

受全球不确定性因素明显增多和国内经济增长减速的影响，未来几年我国股市、房地产、债市、汇市等潜在市场风险隐患明显增大。为了守住不发生系统性和区域性风险的底线，首先需要研判市场风险产生的新背景和爆发的新特征，据此提出新举措。

一　风险产生的新背景：弱增长、低利率、
不稳定、转渠道

"十三五"时期，世界经济弱增长，各国维持低利率，市场不稳定性上升，增大了我国市场风险发生的概率，而外部市场风险对我国产生影响将从过去的贸易渠道转向资本渠道。

世界经济维持弱增长，债务违约和资产贬值风险逐步增大。"十三五"时期，世界经济复苏前景仍不明朗，预计低增长态势仍将持续。根据 IMF 的最新预测，未来五年，主要发达国家年平均增速将从 2008 年至 2014 年间的 2.25% 下降至 1.6% 的水平，新兴市场经济体年平均增速则将较危机前下降近两个百分点至 5.2%。

在全球经济弱增长的背景下，不仅发达国家已经曝露的债务危机可能反复，新兴市场国家的债务问题也将浮出水面。我国与全球金融一体化的程度正在逐步提升，在全球经济下行背景下，主要国家政府、企业和个人债务问题凸显，可能通过违约和挤兑反馈到金融市场，导致资产价格急剧贬值，并造成局部性或区域性金融波动，我国市场也将难逃其害，市场风险爆发的概率增加、破坏的程度增大。

主要国家持续低利率，金融杠杆加长将导致市场风险曝露。与经济低迷和货币宽松相对的就是世界各国的低利率政策，加之全球人口预期寿命延长和人口老龄化带来的家庭部门边际储蓄倾向增强，导致资金市场中长期将处于供大于求的状态，未来五年全球低利率的现实不会改变。日本、瑞士、欧元区、瑞典等国家与地区可能将在一定时期内维持负利率，美联储主席耶伦也表示未来美国有可能实施负利率政策，全球"超低利率"时代业已来临。全球低利率将从以下三个方面引发风险，一是助长金融行业过度冒险行为，资金正在越来越多地流入监管较少的领域，投资者通过提高杠杆率更为努力地博取更高收益，我国2015年的"杠杆牛市"就是这种风险的直接表现；二是导致银行利差大幅下降，商业银行利润从高位回落，不良率持续攀升，可能加大系统性风险；三是部分国家的负利率政策使宏观经济政策制定进入"未知之域"，市场预期不明确，导致主要市场价格波动频率加快，并造成较为严重的市场风险。由此，全球长期低利率可能触发我国本就相对脆弱的金融市场风险，造成较为严重的系统性市场风险。

全球市场不稳定性上升，输入性金融风险扩大了风险敞口。从全球范围看，主要发达国家股市在近两年都超越或接近了2008年危机爆发前的高点，房地产市场也持续繁荣，大中城市住房价格大幅反弹；新兴经济体中，中国和印度股市和房地产市场连续上扬，即便是实体经济表现欠佳的巴西住房价格也快速上涨。主要国家资产价格正处于历史高位，而全球流动性在边际上仍然偏紧，且在未来五年可能出现阶段性市场流动性见顶，流动性无法继续维持较高的资产价格，市场的波动性会大大增强，不稳定性随之上升。随着中国利率和汇率市场化程度不断提升，资本市场开放和人民币国际化进程加快，外部金融市场的动荡将与国内市场形成共振，导致国内资产价格波动加剧，扩大国内市场的风险敞口。

我国资本账户开放加快，外部风险主要通过资本渠道传导。近年来，全球贸易持续萎缩，中国的进出口也连续出现负增长，较金融危机爆发前，净出口对 GDP 增长的贡献已经大幅下降。进出口的波动更多的是受国内外需求和贸易政策变化影响，对金融体系的冲击也比较有限，爆发重大市场风险的可能性较小。受资本项目开放进程加快、汇率灵活性增强、人民币单边升值进程终止、人民币国际化持续推进等因素影响，国内市场遭受外部冲击的可能性更大，国际资本流动对国内股市、债市、汇市和楼市的影响将会持续上升，可能引致重大市场风险爆发。

二 风险爆发的新特征：触点增加，关联增强，燃值降低

受全球经济周期、金融周期以及复杂的宏观经济政策环境影响，"十三五"时期，我国主要市场价格大起大落并引发系统性冲击的重大市场风险发生概率加大、破坏程度加深，并表现出触发点增加、关联性增强、燃爆值降低等一系列新的特征。

风险触发点逐步增加，新的风险苗头开始显现。首先，经济下行可能造成市场主体违约，导致重大市场风险。若未来全球经济持续低迷，国内经济持续下滑，微观企业经营绩效有可能进一步恶化，偿债能力也将随之下降，债券市场出现大面积违约的风险概率将上升，银行体系不良贷款率大幅攀升的风险也将显现。其次，金融创新蓬勃发展可能增加监管难度，形成新的市场风险。在金融创新中，金融机构往往要从事不熟悉的业务，使用新的流程，建立新的渠道，这加大了市场监管的难度；在这种情况下，以监管套利为目标的金融创新极大增加了风险的隐蔽性，包括互联网金融在内的新兴金融业态的无序发展可能带来重大市场风险。比如，近期"首付贷"、众筹买房等金融创新行为在房价暴涨过程中起到了推波助澜的作用，未来一旦房价下行，金融创新带来的市场局部风险就将曝露，并向其他市场扩散，转化为重大市场风险，需要强化监管和提前防范。

风险关联性明显增强，容易出现串联和感染。近年来，随着我国主要金融市场间的套利活动逐步增加，各市场间的关联性越来越强，资本流动性串联和信心预期交叉感染，导致单个市场的风险，可能通过相互传导，继而强化风险预期、放大风险敞口和加速风险曝露，进而出现风险的"乘数效应"，诱发系统性重大市场风险。比如，股市通过伞形信托、股票质押式回购、险资"举牌"等渠道与信托、银行和保险业产生密切联系，任何环节的流动性紧缺或违约都可能造成连锁反应；再如，我国汇市和房地产市场多次通过负面"反馈"机制引致股市大幅波动。从目前我国股市、债市、汇市和房地产市场的运行情况看，单个或局部市场的风险基本可控，但必须防止不同市场之间的风险相互波及、汇合、传染和关联，防止多个市场风险的交叉感染，并演化为重大市场风险，亟待日常防控和合理疏导。

风险燃爆值开始降低，发生的突然性明显增强。当前，我国经济处于下行通道，一些在经济上行时期通过经济增长和市场规模扩张可以消弭的市场风险开始凸显，主要市场的风险点趋于增加，各种尾部风险爆发概率明显上升，一些市场风险的燃爆值逐步降低。以企业债务为例，经济上行时期高负债企业通过市场规模的扩张和较好的盈利状况保障其偿付能力，较高的债务杠杆也不会带来风险；但在经济下行的形势下，市场需求持续萎靡，企业盈利能力逐步下降，一旦遭受未预期到的市场冲击，企业高债务杠杆将难以为继，从而导致金融市场违约，并可能成为一触即发的市场风险点。在全球经济低迷和我国经济下行的大背景下，大量"黑天鹅"事件的出现，可能引爆这类低燃值的风险，其来势凶猛、化解困难、影响深远，是未来我国重大市场风险的重要引爆点，我们应该特别关注和及时化解。

三　风险应对的新举措：强监管、促沟通、重防范、塑能力

"十三五"时期，必须在宏观风险的新背景下，针对我国重大市场风险发生的新特征，把防范重大市场风险摆在突出位置，强化风险防控意识和能力，着力推进防风险的政策体系建设，建立一整套风险识别、风险预警、风险防范和风险应对的决策与执行机制，从制度上管控住和化解好重大市场风险。

逐步建立宏观审慎政策框架，构建日常风险识别和疏导机制。

应根据世界银行和国际货币基金组织的建议,建立负责宏观审慎监管的金融稳定委员会,承担协调各监管部门、维护金融系统稳定性的职责。逐步建立起由宏观审慎分析、宏观审慎政策和宏观审慎工具组成的宏观审慎制度框架,以识别、应对系统性重大风险。通过构建宏观审慎政策框架,逐步解决宏观经济政策和金融政策"顺周期"的问题,从制度上解决和防止重要金融机构与市场部门爆发局部风险,并减少其演化为重大市场风险的概率。

切实加强政策之间以及政策与市场之间的协调沟通,有效稳定市场预期。市场监管职能部门之间及其与综合经济部门之间应加强协调,要从推进市场改革和稳定市场的全局出发,科学决定宏观政策和改革政策出台的时序,合理选择政策出台的时机。应避免不同职能部门出台政策对市场造成的冲击相互叠加,减少因政策信息混淆而带来的市场波动加剧和市场风险增强。应吸取 2015 年政策预期不稳造成股市和汇市大幅波动的教训,加强政策与市场之间的沟通,通过合理引导市场预期来稳定市场,减少因政策信息失真而带来的重大市场风险。

积极强化风险防范机制,努力削弱化解消除风险。综合经济部门和相关职能部门应加强风险的事前防范,全面梳理主要市场风险的表现、源头和成因,明确系统性风险的风险源和可能的引爆点,着力推进风险防控工作科学化、精细化,真正做到有的放矢、对症下药。政府部门应督促主要金融部门和重点金融机构建立部门风险识别和预警系统,要在科学识别风险的基础上,借鉴国际机构的成熟方法,结合国内实际情况,以数据资料为参照,参考历史上发生的风险事件和损失情况,通过经济学的演绎和推理,运用概率论和数理统计方法,估计和预测风险发生的概率和损失程度。

加快提升风险的应对处置能力，用市场化手段科学化解市场风险。仿照国际惯例，相关部门应该对可能爆发的系统性风险应急机制进行实战演练，形成应对预案，预备协调机制，明确处置办法。首先，应明确系统性风险处置过程中各部门的授权以及部门间的权利义务关系，形成"责权清晰、程序规范"的市场风险应对机制。其次，要做好各部门局部风险隔离处置的预备方案，避免局部市场风险发生后，向其他市场和其他部门传染和蔓延，产生系统性风险。此外，要构建好风险承担机制，遵循市场法则，让市场主体根据自身的行为承担风险爆发带来的损失，逐步建立起通过破产清算、债务重组等市场化的方式处置危机的机制，防止政府无限救助和刚性兑付带来的市场道德风险。

防范市场局部风险 防止跨市场交叉风险

2015 年以来，我国股市、汇市和债市先后出现风险苗头，由于政府应对及时、举措得当，避免了市场局部风险的引燃和系统性风险的爆发。2016 年上半年，国内外经济增长依然乏力，各国宏观经济政策负外溢效应持续发酵，我国整体杠杆率并没有明显降低，个别部门杠杆率还在提高，且流动性脱实向虚的趋势逐步明显。整体来说，我国局部市场风险呈现分化趋势，即股市、汇市风险整体基本可控，楼市、债市风险需要重点关注，而跨市场交叉风险值得高度重视。2016 年下半年到 2017 年，应在遏制楼市债市风险的前提下，积极管控股市汇市风险，着力防止跨市场交叉风险，切实消融资产泡沫，防止系统性风险冒头，保持主要金融市场平稳运行，为实体经济持续健康发展营造良好市场环境。

一 基本面改善缓慢：引发风险的宏观经济因素依然存在，市场风险来源并未阻断

未来一段时期，国内外经济企稳步伐并不坚实，各国经济政策协调度仍然较低，低利率环境下投机型流动性继续充盈，宏观杠杆

率持续高企，这些引发市场风险的因素依然存在，我国风险的来源并未消除。

一是各国宏观政策外溢效应依然存在，短期跨境资本变化可能对市场造成流动性冲击。一方面，在全球经济持续低迷的背景下，各国竞争性货币贬值难以在短时间内得以遏制，日本、丹麦、瑞士、欧元区、瑞典等国家与地区可能将在一定时期内维持负利率，主要国家和地区也将持续低利率状态。另一方面，虽然美国加息预期仍处于摇摆状况，但年内进行一次加息的概率较大，并可能在明年开始驶入加息轨道，这预示着2008年以来的"世界超级流动性宽松周期"将见顶，全球主要市场可能面临流动性收紧的挑战。不论是竞争性货币贬值还是美国逆市加息，都给全球金融市场带来极大的不确定性，从而可能导致短期资本跨境流动加速，这无疑将给我国市场造成输入型流动性冲击。

二是国内经济增长下行压力依然存在，企业利润率维持低位可能引发市场大幅调整风险。2016年，我国固定资产投资完成额和社会消费品零售总额累计增长率持续在低位徘徊，外贸出口尚维持在负增长区间，经济增长下行压力依然较大。在此背景下，虽然近期企业利润数据有逐步改善迹象，但是向好基础脆弱，应收账款回收期偏长、管理费用增速较高、产能过剩等矛盾与问题，仍然考验着实体企业经济效益的复苏。1~7月，在规模以上工业企业中，国有控股工业企业利润总额累计同比下降6.1%，这也反映了整体企业盈利状况持续改善还面临诸多困难。企业利润率维持低位，经济基本面回暖复苏举步维艰，对市场运行形成持续压力，在外部流动性环境急剧变化的条件下，可能造成市场大幅调整的风险。

三是全社会高杠杆率现象依然存在，部分非金融部门负债高企

可能导致市场违约风险。根据国际清算银行（BIS）数据，截至
2015年底，我国非金融部门杠杆率为248.6%，不仅远高于同为
"金砖四国"的巴西、印度和俄罗斯，且仅次于日本（387.1%）、
法国（291.3%）和美国（262.6%）。其中，非金融企业部门负债
率占比较高，达到了170.8%，明显高于92.5%的全球平均水平。
2016年以来，我国推进供给侧结构性改革，加快实施"去杠杆"
重大举措，但企业部门杠杆率并没有实质性下降，而居民部门杠杆
率还在逐步提升。根据国际清算银行2016年系列报告相关内容估
算，到2016年底，我国总体杠杆率可能攀升至250%以上的水平，
非金融企业部门负债率仍然维持在170%左右的高水平，家庭部门
负债率则将从2015年前的40%以上升至45%左右。在经济增速下
行条件下，非金融宏观经济部门负债率高企，可能造成非金融企业
部门或家庭部门的信用与债务违约，从而影响相关金融市场稳定。

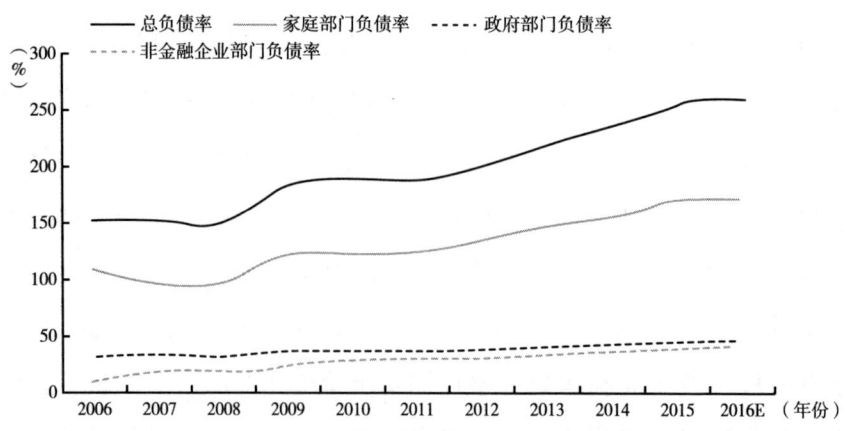

图1 我国非金融部门负债率水平

资料来源：BIS数据库，2016年数据为作者根据2016年上半年中国金融统
计数据和BIS系列工作论文预测得出。

四是国内货币"脱实向虚"的趋势依然存在，流动性跨界串联可能引发市场频繁波动风险。2016年以来，在低利率环境和货币供应充裕的背景下，货币宽松预期强烈，我国出现了股市、债市和大宗商品市场价格全线攀升的局面。与此同时，从2016年4月开始，我国M1与M2增速缺口持续扩大，7月达到了15.2个百分点，超过了2010年1月的近年最高值。8月，虽二者缺口有所缩窄，但仍处于12.4个百分点的较高水平，未来短时间内大幅收窄的概率不大。在经济增长下行压力大、低利率环境持续、实体投资乏力的综合背景下，如果M1与M2增速持续维持较大缺口，可能将引致部分企业活期存款进入资产领域，压低无风险利率，在短期内推高债市、股市和楼市价格，从而引发资产泡沫，并在流动性跨市场串联的情况下，引致各市场频繁波动的风险。

二　局部市场风险分化：股市汇市风险总体可控，楼市债市风险重点关注，跨市场交叉风险值得重视

2016年下半年到2017年，我国市场运行面临的环境空前复杂，股、债、楼、汇四个市场的局部风险呈现分化，股市汇市风险整体可控，楼市债市风险逐步凸显，跨市场交叉风险苗头可能显现。

一是市场监管得以强化，杠杆率持续调低，股市风险处于管控范围。2015年6月与8月以及2016年1月，由于受到政策操作失当、监管不利和其他市场波动反馈的影响，我国A股市场经历了三次大调整，上证综指每次跌幅都在千余点，引发了局部的市场风险。

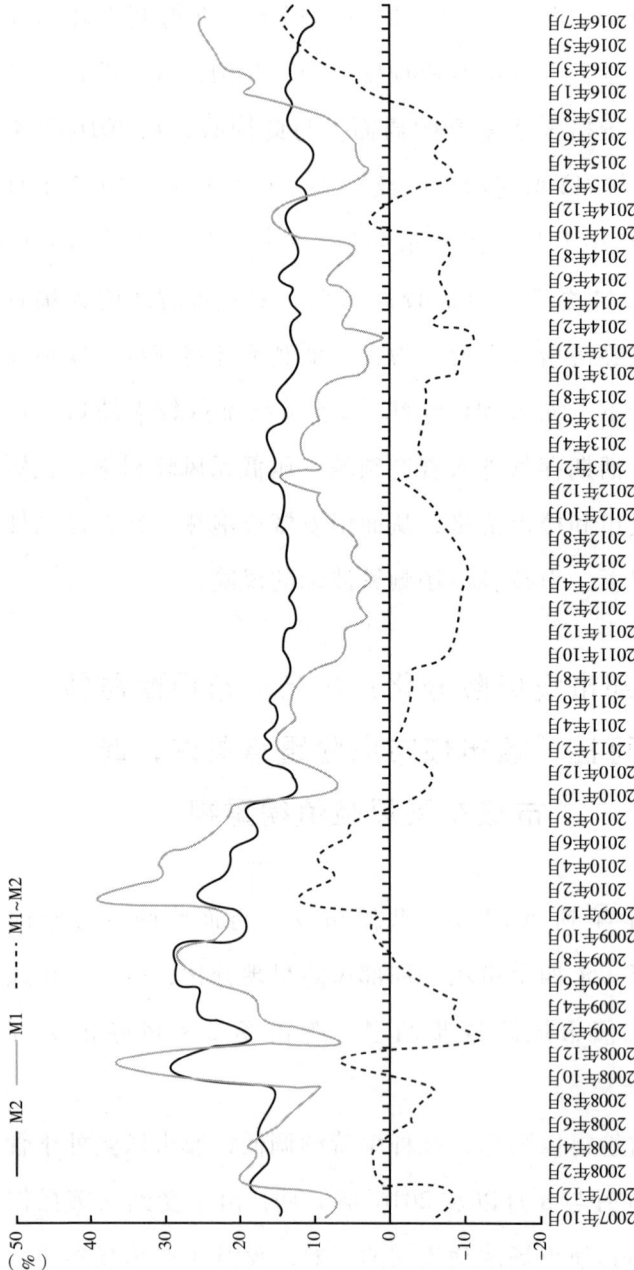

图 2　我国月度 M1 与 M2 余额增速及其剪刀差

资料来源：中国人民银行网站数据库。

2016 年以来，在防止 IPO 造假、打击重组上市壳资源炒作、加强中介机构问责、严打内幕交易操纵市场等方面，我国政府加强了对股票市场的监管，市场秩序得到了极大净化。由于监管强化，股市杠杆率持续下降，沪深两市两融（融资与融券）余额从 2015 年 6 月的 21825 亿元的最高点，一路降至 2016 年 9 月 13 日的 8997 亿元，杠杆率明显下降。与此同时，A 股主板（含中小板）和创业板的市盈率分别从 2015 年的 22.19 倍和 94.52 倍降至 2016 年上半年的 19 倍和 72.43 倍，股价逐步回归理性范围。因此，未来一段时间，不论从本身运行来看还是从政府监督管理看，股市局部风险都处于可以管控的范围。

二是资本加速流出初步遏制，贬值预期有所下降，汇市风险总体可控。2015 年 8 月 11 日的汇改，引发了人民币汇率市场波动，资本在短时间内急剧外流，汇改前 5 个季度我国资本净流出仅为 4300 亿美元，汇改后 3 个季度净流出则达到了 6000 亿美元，人民币进入贬值通道，汇率市场风险凸显。2016 年以来，国家外汇管理局责令各金融机构加强对所有外汇交易的检查和管制，并强化了在人民币外汇市场的公开市场操作。2016 年二季度开始，我国资本外流压力大幅缓解，在岸人民币汇率甚至有小幅升值，大幅贬值的矛盾逐步化解。虽然，近期资本外流呈现小幅上升趋势，8 月单月达到 510 亿美元，引发了对 2016 年到 2017 年资本外流的担忧，但是，在我国经济增长率继续稳定在 6.5% 左右和政府强化资本监管的双重条件下，尽管人民币贬值预期在某些阶段可能呈现短期上升，但贬值预期整体相对 2015 年 8 月到 2016 年年初已有所下降，汇市的局部风险短期内整体可控。

三是居民加杠杆进程加快，房地产价格迅速上涨，可能引发楼市风险。2015 年年底以来，我国房地产市场异常活跃，投资逐步回暖，销售大幅增长。1~8 月，全国房地产开发投资 64387 亿元，同比名义增长 5.4%；商品房销售面积 87451 万平方米，同比增长 25.5%。在此背景下，房地产价格迅速攀升，中国指数研究院的数据显示，8 月百城价格指数达到 12270 元，比 1 月上涨 11.3%，而部分一、二线城市房价指数涨幅则达到了 20% 以上。与之相应，我国居民部门加杠杆进程逐步加快。截至 2016 年 6 月末，18 家上市银行的个人住房按揭贷款余额合计为 14.12 万亿元，较上年底涨幅接近 20%。2016 年上半年，新增房贷占 GDP 比重高达 6.4%，不仅远超日本历史高点（3%），也接近美国历史峰值（8%）；而新增房贷销售比（新增房贷/新增地产销售总额）升至创历史新高的 42%，已接近美国金融危机期间峰值水平。1~8 月，住户部门新增贷款占新增贷款总额比例达到 53.2%，大大高于前期水平。虽然，我国个人住房贷款在银行总贷款的比重只有 20% 左右，低于世界主要国家 40%~50% 的平均水平，但在短时期内住户部门房贷急剧增加，居民杠杆率迅速提高，如不及时有效管控，将进一步加速房地产市场价格攀升，增加更多投机性需求，导致资产泡沫骤然累积，进而可能在某个时点引发房地产价格阶段性加速下跌，引致前期累积的资产泡沫破灭，酿成房地产市场局部重大风险。

四是市场投资持续加杠杆，实体企业生产继续萎靡，可能引发债市风险。2016 年 2 月以来，我国债市信用违约案例数量急剧上升，仅 4 月就有 9 起。虽然，近期我国债券市场的违约情况有所缓解，上证公司债指数也结束下跌趋势，但 2016 年下半年到 2017年，债市局部风险管控任务依然艰巨。首先，2016 年以来，债券市场杠杆率逐步攀升，从年初的 110% 以下攀升至 8 月的 113% 以上的水平，且这种趋势仍在强化。其次，2016 年 9～12 月以及 2017 年 3～4 月，我国信用债到期偿付量将经历两次阶段性高峰，单月均偿付量达到 3500 亿元以上，这将给债务主体造成短期偿付压力。与此同时，我国实体经济仍未看到明显企稳迹象，企业利润仍然在低位徘徊，国有企业利润依然处于负增长区间，实体经济乏力也将给债券市场偿付带来困难。在以上多方面因素的综合作用下，未来一段时间，类似于 2016 年上半年债市频繁违约现象或再现，从而可能产生债券市场严重的局部性风险。

表 1　月度住户部门占新增贷款总额比重情况

单位：%

年份	2011	2012	2013	2014	2015	2016
1 月	31.8	20.7	44.1	37.3	33.5	24.2
2 月	19.8	9.2	19.6	7.9	20.8	-0.9
3 月	47.0	27.9	36.1	37.0	15.7	46.6
4 月	33.4	20.8	46.9	36.2	41.3	75.9
5 月	39.4	26.9	57.3	35.9	34.5	58.4
6 月	37.8	29.7	39.6	33.1	35.7	51.6
7 月	35.8	34.1	43.8	23.7	18.6	98.7
8 月	34.4	40.1	47.6	38.8	43.6	71.2
平均	34.9	26.2	41.9	31.2	30.5	53.2

注：2016 年 2 月住户部门新增贷款减少 65 亿元，故所占比重为负数。
资料来源：中国人民银行网站数据库。

　　五是投机型流动性高涨，市场信心仍然不稳定，可能引发跨市场交叉风险。在国内外经济下行压力较大和国际宏观经济政策协调难度加大的背景下，外加市场信心不稳定、避险情绪高涨以及流动性充裕，风险跨市场相互交叉感染的概率开始增大。

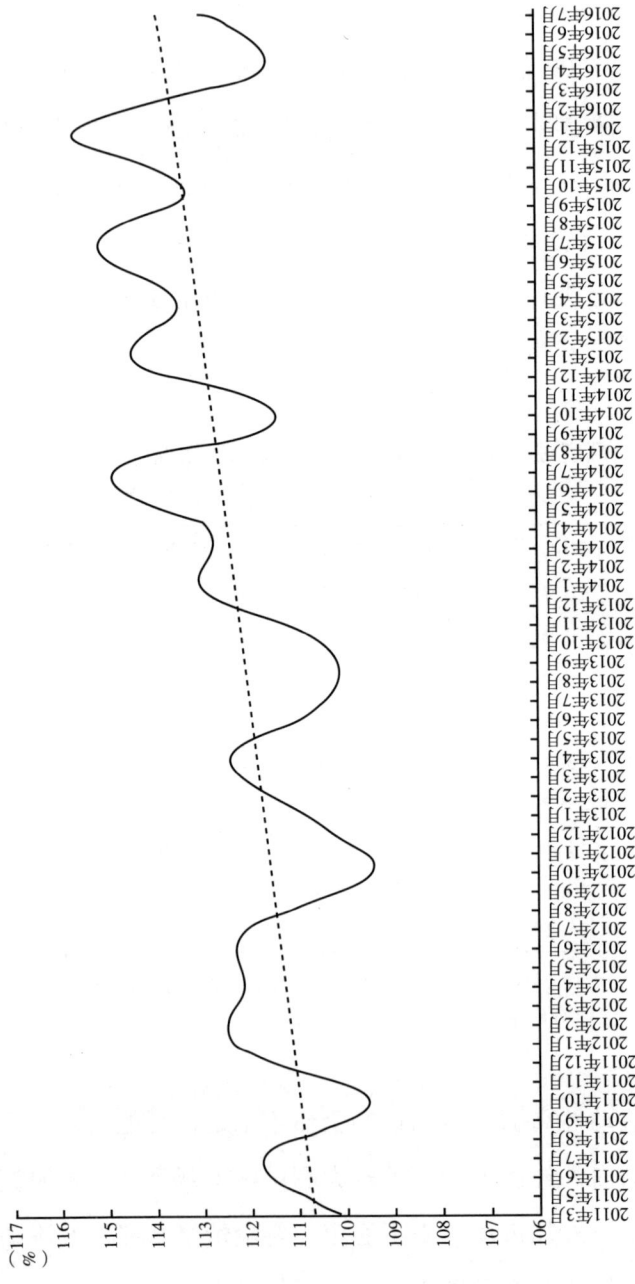

图 3 我国债券市场杠杆率情况

资料来源：Wind 数据库。

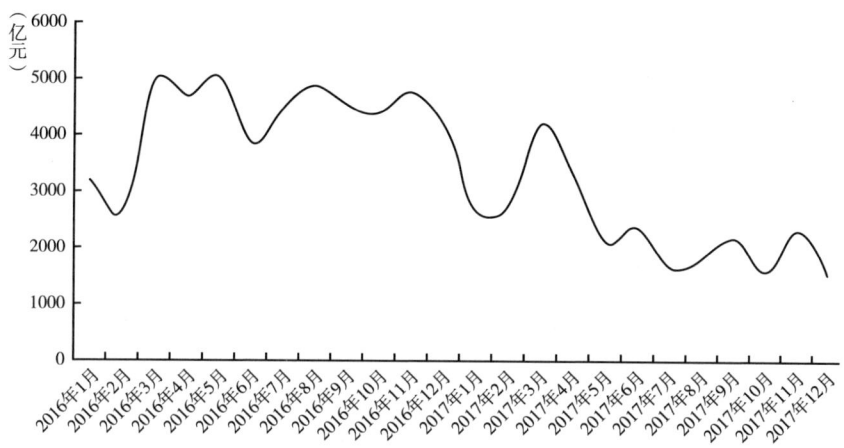

图 4　2016～2017 年我国信用债到期偿付量情况

资料来源：根据 Wind 数据库数据预测得出。

首先，如果对部分城市房价和房贷过快上涨管控不力，可能导致高房价泡沫破灭的局部风险，造成房价螺旋下跌、居民与企业违约增加以及银行坏账率显著上升，并将导致风险在金融部门间快速传染，严重打击整个经济体系的信心，从而有诱发股、债、汇等市场风险同时爆发的可能性。其次，在债券市场出现局部风险的情况下，一方面债市违约可能造成市场恐慌情绪，导致本已信心不足的股市出现大幅波动的风险；另一方面，频繁的信用违约将降低人民币资产的吸引力，从而加速资本外流，给外汇市场带来风险。此外，如果汇率市场局部风险爆发，一方面可能通过引发资本外流，对股市和债市造成流动性冲击；另一方面，在利率市场化背景下，如果出现持续的汇率贬值预期，可能导致房地产行业债务整体期限结构与风险资产收益率急剧变动，增加长期融资成本，加快房地产价格的调整进程，进而引发资产泡沫破灭的风险。

三 强化政策配合协调：严控局部市场风险爆发，防止市场间风险交叉传染，构建市场稳定制度基础

未来一段时期，我国市场风险将呈现"局部分化、系统交叉"的特点，应按照"长短并重，内外并齐，管调并用，疏堵并举"的政策思路，通过强化市场调控管理遏制楼市、债市风险，通过避免外部事件冲击管控股市、汇市风险，通过实施疏堵结合举措防范跨市场交叉风险，并通过推进宏观制度建设构建风险防范长效机制，保持主要市场平稳运行，为实体经济持续健康发展营造良好市场环境。

一是强化市场调控管理，切实遏制楼市、债市风险。在房地产市场方面，应继续按照"因城施策""一城一策"的调控思路，积极消除将房地产发展简单作为保增长手段的观念，强化稳健货币政策的实施定力，并逐步收紧热点城市信贷政策，严防和打击投机行为抬头；同时，在房地产价格上涨过快城市，要通过扩大新增供地、盘活存量土地等方式适度扩大土地供给，防范因土地价格快速上涨而带来的房地产价格持续攀升。在债券市场方面，要逐步降低市场杠杆率，继续加强银行票据业务排查整顿、清理规范资金池业务和保险资管公司通道类业务，强化银行理财委外投资监管，限制低等级债券加杠杆操作空间；同时，完善信用评级体系，加强债市监管和信息披露，稳妥发展信用风险管理工具，形成多元化的信用风险处置机制，保护无担保债券人权益。

二是避免外部事件冲击，积极管控股市汇市风险。前期导致股

市和汇市局部风险的因素正逐步消弭，短期看这两个市场的风险总体可控。但是，许多风险是难以预知的，要在继续完善市场制度的基础上，防止外部事件对市场的短期冲击，对潜在风险有所准备，防患于未然。首先，在股票市场方面，要重视 2016 年下半年到 2017 年信贷相对前期可能略微收紧，从而带来流动性边际支撑减弱和风险偏好下降的新情况，在货币政策操作中要引导好股市预期，避免因股市流动性急剧抽逃而带来的市场价格大幅波动的风险；同时，要继续坚持市场导向，循序渐进推进注册制改革，深化新三板改革，加快分层制度改革，完善退市制度，加强证券公司监管，优化股市杠杆结构，妥善处理救市退出问题，着力建立股市长效稳定机制。其次，在汇市方面，美国可能在 2016 年下半年到 2017 年进入加息通道，这在短时间内将削弱人民币资产吸引力和加速国内资本抽逃，为汇市埋下风险隐患，要充分认识这一外部事件的负面作用，继续加大对非法跨境资本流动的打击力度，严格控制和监管资本外流；同时，完善跨境资本宏观审慎监管体系，丰富并优化跨境资本流动宏观审慎监管工具箱，进一步推动人民币汇率形成机制改革，构建汇率市场长期均衡稳定的制度基础。

三是实施疏堵结合举措，着力防范跨市场交叉风险。首先，要强化流动性管理，职能部门应加强窗口指导，引导商业银行谨慎控制信贷，避免资产扩张偏快可能导致的流动性风险，合理安排资产负债总量和期限结构，有效控制期限错配风险。其次，要继续坚持实施稳健的货币政策，积极使用定向货币政策工具，加强金融市场监管，放开民间资本投资限制，加快引导资金进入实体经济领域。再次，要强化金融混业经营的监管，进一步严格混业经营审核，严肃排查新兴表外业务和表内资产表外化等风险点。此外，要加强宏观管理部门和职能部门之间的沟通协调，避免不同职能部门出台政策对市场造成的冲击相互叠加，减少因政策信息混淆而带来的市场预期反复和市场波动加剧；同时，要强化政策与市场之间的沟通，通过合理引导市场预期来稳定市场信心，减少因政策信息失真而带来的市场风险。

四是推进宏观制度建设，加快构建风险防范长效机制。应从长期市场稳定角度出发，在化解短期风险的基础上尽快推进市场管理和监管制度建设。首先，应尽快研究建立完善统一的金融监管体系，整合机构和人员，建立高效、权威、统一的金融监管部门，加强金融监管部门与其他宏观经济政策制定部门之间、金融监管部门与市场之间的沟通和协调，并在国务院层面构建金融监管部门和宏观经济部门的协调机制。其次，要加快完善逆周期的宏观审慎评估体系，建立负责宏观审慎监管的金融稳定委员会，形成由宏观审慎分析、宏观审慎政策和宏观审慎工具组成的宏观审慎制度框架，逐步解决宏观经济政策和金融政策"顺周期"的问题；同时，要逐步推进宏观审慎监管，建立有序的金融机构破产清算机制，完善系统性风险处置过程中的金融消费者权益保护机制，减小重要金融机构破产的负面影响。

债市风险从未远离　风险防控要如履薄冰

一　债市违约阶段性缓和，但影响仍在发酵

违约出现阶段性缓和，三季度新增违约事件有所回落，但对违约风险仍不可掉以轻心。上半年信用债违约频发，刚性兑付预期已经被打破。进入下半年，钢材、煤炭等大宗商品价格大幅反弹带动PPI持续回升，固定资产投资和房地产投资提速，降成本政策逐步落实，企业经营状况整体改善。三季度仅有7只违约债券，涉及东北特钢等5家企业，违约金额31亿元，偿债高峰并没有带来违约高峰。但值得注意的是，过剩产能行业盈利的微幅改善仍不足以带来动态现金流的实质改善，相关企业外部融资环境恶化的局面也没有从根本上改观。从评级负面事件看，三季度发债主体评级下调838次，与二季度基本持平，未来一段时期仍不能对可能出现的大规模违约掉以轻心。

对违约事件的处理取得了一定进展，但总体难度仍然非常大。2016年以来，涉及违约主体23家，其中经营状况较好、资金筹措能力强、政府支持力度大的部分企业已经完成兑付，而一些债务负

担重、经营困难、债权债务关系复杂的企业仍深陷泥潭,化解债务困境仍遥遥无期。目前完成兑付的企业包括中煤华昱、亚邦投资、雨润食品等。中钢集团通过债转股也迎来转机。而广西有色、东北特钢等企业则因为债务规模较大、负债率高,处置困难。广西有色在经历半年破产重整无果后,不得不走上破产清算之路;东北特钢预计将进入破产重组程序。违约事件的总体处理难度仍然较大,对现存违约主体的处置也将形成一定的示范效应,对债市各参与方的预期、后续违约事件的处理产生重大影响。

信用债融资逐步回升,绿色债券发行提速,产能过剩行业净融资额转为负值。2016年二季度,在违约频发背景下,市场融资环境不佳,大量企业取消债券发行,受此影响,债券发行额和净融资额均出现较大幅度的下滑。5月,企业债、公司债、中期票据和短期融资券合计发行额跌破5000亿元,净融资额仅为357亿元,其中短期融资券净融资额为-1150亿元。6月以来,债券融资额逐月上台阶,8月信用债发行量接近8000亿元,净融资额接近3500亿元。绿色债券发行提速,三季度发行额达到668亿元,超过上半年发行额。但需引起注意的是,产能过剩行业融资能力仍在持续恶化,二季度以来,除8月净融资额为1.59亿元,其他月份净融资额都为负数,二、三季度合计为-1649亿元。融资不畅将对相关企业的生产经营和偿债能力产生负面影响。

信用债收益率持续下行,信用利差大幅收窄,反映出市场风险偏好回升。5月高点以来,中长端信用债AAA、AA+级估值收益率分别下行了约60bp、80bp,而AA和AA-级估值收益率分别下行了110bp和120bp左右。8月下旬以来,跟随利率债调整,AAA、AA+和AA级估值收益率都出现了不同程度的回升,而

AA－级估值收益率仍然一路下行。从信用利差看，4 月末高点以来，中长端 AAA、AA＋级分别压缩了 50bp 和 60bp 左右，而 AA 和 AA－级分别压缩了 90bp 和 100bp 左右。评级利差尤其是 AA 和 AA－与中高评级的评级利差大幅压缩。收益率下行和利差收窄反映市场偏好逐步回升，主要源于违约出现阶段性缓和、大宗商品价格上扬带动过剩产能行业盈利状况改善等。

二　2017 年风险可能回升，重点关注四方面风险

信用债违约风险从未离场，产能过剩行业存量债券需重点关注。尽管 2016 年以来工业企业利润稳步增长，但企业经营绩效好转主要受大宗商品价格回升、房地产销售火爆等短期因素影响。实体经济企业尚未根本性好转，大宗商品价格进一步上涨的空间受限，部分行业，尤其是产能过剩行业经营绩效改善的持续性尚待观察，相关行业信用风险并未完全解除。从盈利状况看，1～8 月采矿业利润同比下降 70.9%，其中油气开采和黑色金属矿采选业利润同比负增长，油气开采全行业总体亏损，煤炭、石油化工和钢铁行业主营业务收入同比负增长。从融资能力看，截至 2016 年 6 月末，产能过剩行业的中长期贷款余额同比下降 0.5%，自 2016 年 3 月以来连续 4 个月负增长，其中钢铁业和建材业中长期贷款余额同比分别下降 6.7% 和 8.6%。债券融资同样不容乐观，二、三季度采掘业信用债净融资额为－1624 亿元。受盈利能力和融资能力持续恶化影响，偿债能力可能进一步下降，产能过剩行业违约风险并未解除，需予以重点关注。

债市杠杆率居高不下，交易所市场高杠杆风险隐患突出。债市

加杠杆的方式有两种，一种是通过场内回购交易获得资金再购入债券，另一种是通过场外"优先＋劣后"的产品结构设计形成杠杆。2016年以来债市杠杆率有所下降，但时有反复，8月底场内总体杠杆率仍有1.095，与2015年12月1.124的历史高点相差无几。尽管杠杆总体水平并不高，但结构性问题突出，银行间市场相对较低，交易所市场杠杆率则高达1.3。一旦债市受负面消息影响快速下跌，杠杆资金对市场的冲击可能超出想象。参考股票市场，2015年6月初，A股融资买入额占总交易量比重不过12%，但在股市快速去杠杆的政策压力下，6月15日之后短短17个交易日内上证综指跌幅超过30%，杠杆资金加速出逃对下跌起到了推波助澜的作用。目前债市待回购债券余额占债券托管量的比重达到将近9%，而交易所市场这一比重更高。考虑到债市资金的风险偏好更弱，一旦现出下跌杠杆资金势必对市场造成巨大冲击。

多重因素决定货币宽松和利率下行空间有限，流动性收紧风险不可忽视。本轮债券牛市的一个核心逻辑是，经济下行背景下货币持续宽松，基本面疲弱带来的资金面宽裕支撑债市持续上涨。但是，未来货币进一步宽松的空间非常有限。从国内看，一方面，宏观经济的总体杠杆率已经非常高，去杠杆任务艰巨，资金面预计将逐步收紧；另一方面，2016年以来PPI快速回升，房价大幅上涨，随着上游价格逐步向下游传导，房价上涨带动房租上涨，未来CPI存在进一步回升的可能性，这也将降低货币进一步宽松的可能性。从国际看，年内美元加息呼声高涨，一旦美元加息政策落地，短期内人民币降息降准的空间基本消失，也将导致国内流动性收紧。如果去杠杆政策持续推进，货币供应量增速下降，宽裕流动性支撑的债券牛市恐将难以为继，债市风险也将逐步凸显。

加强监管有利于化解债市系统性风险，但监管带来的短期风险需引起重视。随着债市风险受到越来越多的重视，监管层也开始从多方面推动债市防风险工作。围绕金融去杠杆的主线，证监会发布了《证券期货经营机构私募资产管理业务运作管理暂行规定》，中证登联合上交所和深交所发布了《债券质押式回购交易结算风险控制指引（征求意见稿）》，央行重启14天、28天逆回购，公司债监管也露出收紧迹象。严格的监管有利于防范和化解债市风险，但需要引起注意的是多方政策陆续出台将在市场上产生叠加效应，引发市场悲观预期，打击市场的参与热情。如果缺乏有效的统筹和科学的设计，过快去杠杆有可能诱发新的风险。因此，债市在加强监管时需要吸取2015年股市去杠杆的教训，着力防范监管风险，避免用力过猛导致债市失速下行。

三　多措并举防范债市风险

一是充分发挥国企结构调整基金作用，多种方式化解国企违约风险。国企尤其是央企一旦违约往往具有违约金额高、处置难度大的特点。要充分发挥新成立的国企结构调整基金作用，推动国企兼并重组，实现要素和资源再配置，盘活人才、技术要素和沉淀资金。发挥基金引导作用，通过混合所有制改革引入社会资本，破解困难国企资金瓶颈。加强过剩产能退出通道机制建设，推动国企去产能、清退低效无效资产。在基金带动下改善困难国企经营状况，化解违约风险。

二是努力提高重点行业企业的盈利能力和融资能力。加大力度推进去产能，逐步改变产能过剩行业供求失衡的局面，推动相关产品价格回到合理区间，进一步降低实体经济企业成本，恢复相关企业的盈利能力。在违约风险较高的行业，对暂时陷入经营困境的企业给予一定支持，加强银行与企业之间的沟通和协调，建立良好的银企关系，避免银行在企业遇到困难时采用"一刀切"的方式对企业抽贷、停贷。

三是合理统筹债市监管政策，有序降低债市杠杆率。通过逐步调整债券质押时的折算率、折扣系数，调整场内机构和场外结构化产品的杠杆倍数，有效降低债市杠杆率。去杠杆政策出台之前应加强调研，加强决策部门与市场机构沟通，力争使市场在政策出台之前逐步消化政策带来的影响，避免政策突然出台对市场造成冲击。要促进部门之间的沟通，加强政策统筹，避免政策效果叠加之后用力过猛。要加强政策协调，逐步实现统一监管，减少监管空白和监管套利。

四是严格发行人资质审核，强化债券信息披露。债券发行过程中，债券承销人加强对信用债发行客户的行业风险评估。对经营风险较高的行业，要严格审核其资质条件，审慎发行信用债券。监管部门要加强部门间信息共享，加强跨行业、跨市场跟踪监测和风险预警。制定统一的信用债信息披露制度，明确发行人、承销商等不同主体在不同阶段的信息披露责任，加大对信息披露违规的处罚力度。

五是完善违约债券善后处置机制。建立债券持有人会议制度，明确持有人会议的职能和权限，确立其决议的法律效力，将债券持有人会议作为重要的事中应急处理力量。减少行政力量对自主和解、破产重整、破产清算的干预，确保在法律的框架下推动事后处置，保障债权人、债务人、企业职工的合法权益。加强对债券发行上市、销售等环节中过错方的责任追究，通过过错赔偿激励各方在债券发行过程中勤勉尽责，减少债券持有人在违约后的损失。

"十三五"时期
防范重大市场风险的对策思路研究 | 综述报告

"十三五"时期防范重大市场
风险相关问题综述

内容提要：识别、防范和应对市场风险一直是学术界和政策制定者关注的重点。全球金融危机爆发以来，我国防范市场风险面临一些新背景，主要是世界经济增速持续低迷、主要国家维持低利率甚至负利率、新兴市场国家资本外流压力持续增大、多数国家正面临高债务问题等。同时，国内市场风险的产生也具有一些新特征，主要表现为风险爆发的概率增加、破坏程度增强，不同市场之间风险传染加剧，全球市场风险对我国的冲击力增强等。从风险相互传染的机制看，不同市场之间风险可以通过资产负债表、资产价格、心理预期等多个渠道传染，大量的实证研究表明近年来市场风险的传染性在增强。为有效应对风险，需要加强对风险的评估和预警，目前对系统性风险的评估主要有基于金融机构风险的评估和基于宏观经济部门的评估。尽管这两种方法仍存在一定缺陷，但仍然有大量机构采用相关方法进行了系统性风险预警的尝试。基于对市场风险爆发背景、特征、机理的分析以及风险评估，一些文献从消除市场风险诱发因素、实施宏观审慎监管、加强金融领域制度建设等角度提出了应对重大市场风险的对策。

识别、防范和应对市场风险一直是学术界研究的重点之一，也是政策制定者面临的重要任务。2008 年全球金融危机爆发以来，全球经济金融风险大幅上升，部分国家系统性金融风险持续酝酿和发酵，如何有效防风险已经成为部分国家的首要任务。近几年，随着我国经济发展进入新常态，经济增速持续放缓，转型升级的压力不断加大，一些重点市场面临的风险呈上升态势。尤其是 2015 年以来，我国股市出现大幅波动，债券市场违约频发，房地产市场分化严重，人民币汇率贬值压力加大。如何正确应对股市、债市、楼市和汇市风险，防止不同市场之间风险交叉感染是当前制定经济政策时面临的突出难题。关于市场风险研究，传统的经济学和金融学理论已经形成了较为成熟的分析框架，但在重大市场风险的识别和防范方面仍然存在许多亟待解决的问题。近年来，大量学者对市场风险和演进的背景与特征，市场风险传导的机制，系统性风险的评估、预警和应对展开了研究。

一　重大市场风险的界定

(一) 风险及其衡量

现代意义上的"风险"概念源自西方，其产生可以追溯到近代以来欧洲各国在地中海一带频繁的贸易往来。人们创造"风险"一词是为了反映商船在运输货物过程中可能遭遇的触礁或海难以及由此招致损失的危险。[①] 简而言之，风险最初反映的是"可能发生的危险"或

---

① 刘岩、孙长智：《风险概念的历史考察与内涵解析》，《长春理工大学学报》（社会科学版）2007 年第 20 期。

者"可能遭受损失的危险"。自 Knight[①] 发表《风险、不确定性和利润》这一经典著作以来,风险逐渐成为经济学的一个核心概念。

尽管人们就各个领域的风险问题开展了大量研究,但对于风险的内涵仍然没有统一的定义。萨缪尔森和诺德豪斯编写的经典教材《微观经济学》(第19版)指出,在金融经济学中,风险是指投资收益的不确定性。米什金编写的《货币金融学》将风险界定为与收益相关的不确定性的程度。马晓河等认为风险是指损害的不确定性,具有不确定性、累积性、关联性和突发性等特点[②]。在分析宏观经济问题时,人们往往把出现某种损失或者不利结果的可能性称作风险。比如,经济下滑的风险、通货紧缩的风险、资本外流的风险、大规模失业的风险等,风险的大小即出现损失或发生不利结果可能性的大小。

对风险定义上的差异并没有影响人们对风险的研究,一个重要的原因就是人们对风险的衡量已经形成了相对统一的标准。在经济学和金融学中,风险研究针对的都是不确定性事件,在统计学上也称随机事件。对于一个概率分布已经确定的随机事件,人们往往用方差、标准差和变异系数等指标来衡量其风险的大小。采用统计学和计量经济学的分析方法,人们可以就风险的评估和度量、传导和扩散、预警和防范展开深入研究。

(二)市场风险的含义

市场风险(Market Risk)是一个源于金融学的概念,指市场中

---

① Knight, Hyneman F., "Risk, Uncertainty and Profit", Houghton Mifflin Company, 1921.
② 马晓河等:《"十三五"时期经济社会发展的主要风险和应对机制研究》,国家发展改革委宏观经济研究院内部报告,2014。

因股票价格、利率、汇率、商品价格等的变动而导致价值出现未预料到的潜在损失的风险。宏观层面，人们一般关注可能对宏观经济产生冲击的重大市场风险。任何市场都存在风险，但多数市场不会产生重大市场风险，其风险不会对经济体系产生冲击，因此，对市场风险的研究主要集中于金融市场以及具有较强金融属性的房地产市场。

最初对市场风险的关注主要集中在银行业。在《巴塞尔新资本协议（第三版）》中，市场风险与信用风险、利率风险、银行账户股权和操作风险并列为银行风险的类别。银行市场风险主要包括利率风险、汇率风险、股票价格风险和商品价格风险，一般通过风险价值（Value at Risk，VaR）来衡量。所谓风险价值是指在一定的持有期和给定的置信水平下，利率、汇率等市场风险要素发生变化时可能对某项资金头寸、资产组合或机构造成的潜在最大损失。市场风险的称量方法主要有方差－协方差法、历史模拟法和蒙特卡罗模拟法。

除了银行业市场风险之外，人们研究比较多的还有证券业市场风险。按照国际证券委员会组织（IOSCO）对风险类型的划分，证券公司面临的风险包括市场风险、信用风险、流动性风险、操作风险、法律风险和系统性风险。中国证监会网站认为市场风险是证券投资活动中最普遍、最常见的风险，是由证券价格的涨落直接引起的。

尽管现有文献对市场风险的研究主要集中在资本市场，但随着其他一些金融属性较强的市场对宏观经济总体风险的影响越来越大，人们对市场风险的研究逐渐拓展到了房地产、大宗商品等更多领域。[1]

---

[1] 韩德宗：《基于 VaR 的我国商品期货市场风险的预警研究》，《管理工程学报》2008 年第 22 期；沈悦、李计国、王飞：《房地产市场风险识别及预警：文献综述及研究方向》，《经济体制改革》2014 年第 5 期。

对相关市场的研究仍主要聚焦于由价格水平波动所引发的风险。随着近几年我国经济持续下行，一些重点市场的风险日渐凸显。张高丽副总理在"中国发展高层论坛 2016 年会"上指出，要"严加防范可能出现的股市、汇市、债市、楼市风险，防止交叉感染，坚决守住不发生系统性区域性金融风险的底线"。2016 年 5 月，权威人士在《人民日报》的访谈中也明确指出"房地产泡沫、过剩产能、不良贷款、地方债务、股市、汇市、债市、非法集资等风险点增多"。结合当前国内重点市场发展形势变化，我们将市场风险涵盖的主要范围限定在股市、债市、汇市和房地产市场。

（三）重大市场风险的界定

传统理论并没有对重大市场风险这一概念作严格界定，为了明确本课题研究范围，我们尝试从经济学对风险的分类和当前国内经济面临的主要风险出发来界定重大市场风险。从风险对经济体系的影响看，风险可以分为系统性风险和非系统性风险。本课题研究的重大市场风险与系统性风险密切相关。十国集团（G10）认为，系统性风险是指伴随着不确定性的上升，某一事件导致金融体系的重要部分在经济价值或信心方面遭受损失，并对实体经济造成负面影响的风险。金融稳定理事会（FSB）、国际货币基金组织（IMF）和国际清算银行（BIS）联合发布的一份报告将系统性风险定义为，金融体系部分或全部受到损害导致的大范围金融服务中断并给实体经济造成严重影响的风险。[1]

---

[1] BIS, "Capital Flows and Emerging Market Economies", A Report by a CGFS Working Group Chaired by Rakesh Mohan", CGFS Papers, No. 33, 2009; Financial Stability Board, "Summary of joint CGFS-FSB-SCAV Workshop on Risks from Currency Mismatches and Leverage on Corporate Balance Sheets", Working Paper, http://www.fsb.org/wp-content/uploads/r_ 140923a. pdf, 2014.

Hart 和 Zingales 则认为，系统性风险是指一家机构的倒闭引起系统内其他机构的倒闭并对实体经济产生影响的风险[1]。

由于本课题涵盖的市场主要是股市、债市、汇市和房地产市场，我们将本课题研究的重大市场风险界定为，在股市、债市、汇市或房地产市场爆发，可能在不同市场间相互传导、交叉感染，对金融体系稳定性产生冲击，进而对实体经济造成重大负面影响的风险。重大市场风险爆发往往伴随着价格、利率和汇率的大幅波动，市场中流动性衰竭，投资者恐慌情绪，以及对经济平稳运行的冲击。

二　我国重大市场风险产生演进的新背景和特征

近年来，随着全球金融一体化和我国经济金融化程度的不断加深，我国市场风险的外部冲击和发生概率也将逐步增强。未来一段时期，经济发展面临的外部和内部环境将发生变化，我国市场风险产生与演进也将面临新背景，这些背景和特征是我们理解"十三五"时期市场风险逻辑的重要起点。

（一）我国重大市场风险产生的新背景

2008 年金融危机以来，全球经济持续低迷，各国普遍采取宽松货币政策，宏观政策持续宽松导致金融市场的金融脆弱性不断强化。[2] 与此同时，全球资本流动转向，各国债务高企，也将进一步对全球和我国市场风险产生影响。

---

[1]　Hart O. and Zingales L. , "How to Avoid a New Financial Crisis", Working Papar, 2009.

[2]　BIS, "Capital Flows and Emerging Market Economies", A Report by a CGFS Working Group Chaired by Rakesh Mohan", CGFS Papers, No. 33, 2009.

世界经济呈现持续低速增长态势。2008 年以来，全球经济在呈现短暂复苏迹象之后，2015 年逐步下滑至 3% 的水平，2016 年和 2017 年预计有可能继续下滑至 3% 以下的水平。[①] 从发达国家看，主要国家的均衡真实利率在金融危机前就已降至负值区域，经济将长期低于潜在增长值，对此常规货币政策无能为力。从发展中国家看，大多数新兴市场在 2010 ~ 2011 年出现了经济过热，之后短暂收紧的货币政策对经济增长的抑制作用持续到近期，加之受到大宗商品超级周期可能结束和贸易顺差收窄等因素的影响，发展中国家的经济收缩程度甚至强于发达国家。[②] 世界经济失速将会产生"伤疤"效应，持续降低潜在产出，进而削弱消费和投资，这不仅将导致企业财务压力增大以及个人部门负债增加，从而增加金融市场的风险，而且将驱动多余的流动性迅速向虚拟经济涌动，增加市场风险发生的概率。

主要国家维持低利率甚至负利率。近年来，在世界经济增长放缓的条件下，全球主要国家为了刺激经济复苏，普遍实施了低利率的宏观政策，欧洲和日本甚至实施了负利率的政策。总体来看低利率政策可以提供进一步的货币刺激和更为宽松的金融环境，从而支持需求增长，帮助央行实现价格稳定的目标。但是，低利率持续时间过长，就会对储户产生巨大的负作用，并导致个人过多借贷或投入到风险过大的项目；[③] 同时助长了金融行业过度冒险行为，投资

---

① Unite Nations, "World Economic Situation and Prospects", United Nation, 2016.
② Unite Nations, "World Economic Situation and Prospects", United Nation, 2016.
③ Chadha, J. S., Philip Turner, and FabrizioZampolli, "The Interest Rate Effects of Government Debt Maturity", BIS Working Papers, No. 415, June, 2013; Turner Philip, "The Global Long-term Interest Rate, Financial Risks and Policy Choices in EMEs", Working Papers, No. 441, 2014.

者通过提高杠杆率更为努力地博取更高收益,资金正在越来越多地流入监管较少的领域,泡沫风险日益增加,从而增加了影响金融稳定的因素。[①]

新兴市场国家资本外流压力陡增。金融危机以来,新兴市场国家出现了资本外流的现象。在 2015 年以来美元加息预期的影响下,主要新兴市场国家的资本外流现象更为严重。2015 年,全球投资者和企业总共从新兴市场撤回了 7350 亿美元资金,这对新兴市场来说是 15 年以来最严重的一次资本外逃。资本持续外流,在总需求下降的条件下,可能会造成非贸易品与贸易品相对价格的下降,由于贸易品价格保持不变,非贸易品名义价格必须下降,对于非贸易品生产商而言,这相当于提高了实际利率,从而增加了银行的不良贷款,银行体系可能受到冲击。[②] 与此同时,持续的资本外流,抽取了国内市场的流动性,境内资产短期内可能遭受抛售的危险,由此导致汇率市场和资本市场大幅波动,不慎有可能造成较为严重的系统性市场风险。[③]

全球多数国家正面临高债务问题。全球金融危机以来去杠杆进程缓慢,再加上债务规模庞大,阻碍了名义经济增长;全球债务总量占 GDP 的比例,由 2001 年的 162% 升至 2013 年的历史高点 211%,近年一直维持在 200% 左右的较高水平。近年来,大多数

① Bernanke, Ben, "Long-term Interest Rates: Remarks at the Annual Monetary/Macroeconomics Conference: the Past and Future of Monetary Policy, San Francisco, 1 March, 2013; Financial Stability Board, "Summary of joint CGFS-FSB-SCAV Workshop on Risks from Currency Mismatches and Leverage on Corporate Balance Sheets", Working Paper, http://www.fsb.org/wp-content/uploads/r_140923a.pdf, 2014.

② BIS, "Capital Flows and Emerging Market Economies", A Report by a CGFS Working Group Chaired by Rakesh Mohan", CGFS Papers, No. 33, 2009.

③ 张斌、熊爱宗:《新兴市场资本外流与应对》,《中国金融家》2013 年第 7 期;张明:《中国面临的短期资本外流:现状、原因、风险与对策》,《金融评论》2015 年第 3 期。

新兴市场国家经历了一次较为明显的加杠杆的过程，根据国际金融协会测算，2014 年至 2018 年，所有新兴市场国家需要展期的企业债务将达到 1.68 万亿美元，其中约 30% 以美元计价。未来一段时期，在全球经济下行压力难以缓解的条件下，如果美元进入升值通道，多数国家特别是新兴市场国家的债券展期成本将显著上升，债务风险将随之加大，可能引发金融市场的动荡和债务危机。[①]

（二）我国市场风险的新特征

近几年，我国市场风险爆发的概率增加、破坏程度加深，不同市场之间风险的传染明显加剧，且越来越受全球市场风险的影响，这些新特征为理解未来我国重大市场风险提供了重要视角。

风险爆发的可能性增加。现有文献普遍认为，相对于前些年，经济增速下降、债务问题凸显以及较长时期货币宽松供应将导致金融市场风险敞口曝露，近年中国市场风险爆发的可能性正在增加。[②] 一方面，经济增长速度下降，随之而来的将是企业破产的增加，政府收入的减少，进而宏观经济部门债务问题将逐步显现，并传导至金融市场，引发市场波动和风险；[③] 另一方面，随着经济增长速度下降，近几年货币大量投放对市场的负面影响将逐步显现，金融风险特别是系统性风险的压力会加大。[④]

市场之间的传染性加剧。现有研究显示，目前中国市场最大风险，

---

① 张茉楠：《美元升值周期加剧全球金融债务风险》，《证券时报》2015 年 1 月 22 日。
② 余文建、黎桂林：《中央银行如何防范和化解系统性金融风险：美联储的经验与启示》，《南方金融》2009 年第 11 期；郑醒尘：《澳大利亚防范系统性金融风险的经验借鉴》，《中国经济时报》2016 年第 5 期。
③ 陈道富：《新常态下金融风险防控》，《北方金融》2016 年第 1 期。
④ 徐韵韵、孙琦峰：《中国未来主要金融风险潜在爆发点》，《中国金融》2014 年第 8 期。

是多种风险的交叉传染、集中爆发。首先，通过流动性渠道，股票市场、债券市场和银行市场间的风险相互传递。① 其次，房地产市场和银行金融之间存在极为密切的关系，房地产市场的波动可能引致银行体系风险的爆发。② 此外，汇率市场的波动将引发国内流动性预期变化，从而对资本市场产生影响。③ 针对多种风险的重叠爆发和交叉传染，风险控制的重要落脚点在于信贷的偿还、债务的清偿和流动性的稳定，而正是基于信贷、债务和流动性才构成了风险的传导机制。④

外部风险传导性增强。一些研究表明，随着全球金融一体化程度的提高，以及与外部金融市场联系的不断加强，全球金融市场风险对我国市场的影响将逐步增强。⑤ 我国系统性市场风险的爆发可能从对外部门开始，随后传递至私人部门，进而传递至公共部门，最后传递至对外部门，从而形成一个恶性循环。⑥ 在全球经济增速下滑、各国流动性宽松以及全球金融市场波动频率增加的情况下，未来一段时期，我国输入性市场风险将明显增多，其对我国主要金融市场的影响将逐步增强。⑦

---

① 王宝、肖庆宪：《我国金融市场间风险传染特征的实证检验》，《统计与决策》2008 年第 11 期；杨海平：《中国当前金融风险传染的情景推演及对策》，《北方金融》2015 年第 11 期。

② 鲍勤、孙艳霞：《网络视角下的金融结构与金融风险传染》，《系统工程理论与实践》2014 年第 9 期；杨海平：《中国当前金融风险传染的情景推演及对策》，《北方金融》2015 年第 11 期。

③ 柏宝春：《国际投机资本流动与金融风险传染相关性分析》，《经济与管理评论》2013 年第 3 期；吴炳辉、何建敏：《国际收支视角下金融风险传染机制探讨》，《国际论坛》2014 年第 4 期。

④ 吴念鲁、杨海平：《经济金融风险传染的防范与治理——基于资产负债表视角的分析》，《西南金融》2016 年第 2 期。

⑤ 黄亭亭：《人民币国际化基本条件分析：基于风险和责任角度》，《上海金融》2009 年第 4 期。

⑥ 张茉楠：《美元升值周期加剧全球金融债务风险》，《证券时报》2015 年 1 月 22 日。

⑦ 陈道富：《新常态下金融风险防控》，《北方金融》2016 年第 1 期。

三　重大市场之间风险传染的主要机制

传染性是现代市场特别是金融市场最为重要的特征，风险通过市场之间的传染有可能演化为系统性风险，从而导致不可逆转的损失，并引发经济高频大幅波动。因此，厘清市场之间风险传染与传导的主要机制，对于我们认识、识别和防范重大市场风险具有重要意义。

（一）主要金融市场风险的传染机制

从理论上看，金融市场之间的风险主要通过各金融市场主体间的资产负债表变动、资产价格调整以及心理预期改变三条途径实现传导，并通过各金融市场的内部联系迅速传染形成系统性风险。

首先，通过资产负债表渠道风险在各市场主体间传染。金融市场的种类较多，主要包括债券市场、股票市场、银行间市场、期货市场、外汇市场等，不同的金融市场具有自身特定的运行模式，影响金融市场变化的因素也不尽相同，由于金融市场都具有资金供应者和资金需求者双方通过信用工具进行交易而融通资金的共性，这就使得各类金融市场间存在一定的联动关系。[①] 近年来，由于全球主要国家对金融管制的放松以及投资者跨市场投资活动日趋频繁，各金融市场和金融机构基于资产负债表的联系越来越密切，流动性在金融市场间的此消彼长更为便利。[②] 市场主体间资产负债表关联

---

① Bussière, M. and M. Fratzscher, "Towards a New Early Warning System of Financial Crises", *Journal of International Money and Finance*, Vol. 25（6），2006.

② Gerde Smeier, D., B. Roffia and H. Reimers, "Asset Price Misalignments and the Role of Money and Credit", ECB Working Paper, No. 1068, 2009；吴念鲁、杨海平：《经济金融风险传染的防范与治理——基于资产负债表视角的分析》，《西南金融》2016 年第 2 期。

性越来越高的现实情况和演进趋势，为市场风险的扩散提供了渠道，同时市场主体也会受到风险的影响，造成其资产与负债的错配，从而导致流动性风险甚至市场主体直接破产，进一步加剧系统性风险的破坏性[①]。

其次，通过资产价格渠道价格风险在各类产品间传染。市场风险是由各个市场产品与资产价格的波动引起的，而流动性资金的套利会增加市场波动的幅度与频率，并产生相应的市场风险，因此资产价格渠道是市场风险在各市场产品间传导的重要途径。[②] 当某个金融市场由于资产价格的波动而出现大的风险时，金融市场间的收益均衡关系就会被打破，市场中的投资者就会利用这一波动进行有利于自己的资产配置活动，正是这一行为使得某个金融市场的风险对其他金融市场产生外在的冲击效果，金融风险在金融市场间形成了传染关系。[③] 与此同时，许多“金融大鳄”之类的国际金融集团和投机资本会在全球的股票市场、外汇市场、银行间市场、期货市场等市场中寻找机会，一旦出现套利机会，这些资本就会在相关金融市场中快速出击，从而造成关联市场的剧烈波动。[④] 关联市场此

① Alessi, L. and C. Detken, “Quasi Real Time Early Warning Indicators for Costly Asset Price Boom/Bust Cycles: A Role for Global Liquidity”, *European Journal of Political Economy*, Vol. 27 (1), 2011.

② Borio, C. and P. Lowe, “Securing Sustainable Price Stability: Should Credit Come Back from the Wilderness”, BIS Working Papers, No. 157, 2004; Calvo, Guillermo, “Puzzling over the Anatomy of Crises: Liquidity and the Veil of Finance”, Bank of Japan, Mayekawa Lecture, Monetary and Economic Studies, Volume 31, November, 2013.

③ Borio, C. and P. Lowe, “Securing Sustainable Price Stability: Should Credit Come Back from the Wilderness”, BIS Working Papers, No. 157, 2004; Lo Duca, M. and T. Peltonen, “Macro-financial Vulnerabilities and Future Financial Stress-Assessing Systemic Risks and Predicting Systemic Events”, ECB Working Paper, No. 1311, 2011.

④ Misina, M. and G. Tkacz, “Credit, Asset Prices, and Financial Stress”, *International Journal of Central Banking*, Vol. 5 (4), 2009.

消彼长的大幅波动，会造成各资产价格的大幅缩水，在短时期内引发系统性市场风险，从而造成投资者的整体投资损失，影响企业盈利能力，最终使整个实体经济受到影响，酿成全面性风险。[①]

最后，通过心理预期渠道市场风险将在主要市场间传染。市场投资者的心理预期是现代金融市场调整变化的重要因素，而不良预期在市场间的相互传导也是市场风险加快传染的重要渠道。受金融市场中信息的不充分性和不对称性，以及投资者的认知偏差、心理素质等因素的影响，投资者常常会采取一些非理性的投资行动。当经济处于繁荣时期，银行信贷和企业投资都会迅速扩张，人们往往会被眼前的经济繁荣景象所迷惑而加大投资力度，经济泡沫在此基础上愈加膨胀，最后只能以经济危机爆发的形式而强制解决。[②] 一旦市场风险加速曝露，投资者心理预期会发生重大改变，由于羊群效应的存在，恐慌心理会在投资者中传播，投资者的交易行为变得更加扭曲，从而形成市场的更大波动，并造成系统性风险。[③] 随着风险的爆发，投资者与消费者对金融市场的信心会受到很大影响，很多非理性的、恐慌的抛售与减少消费的行为直接影响到实体经济，而且这种信心和恐慌的扩散极为迅速，最终造成整个经济社会

---

① Alessi, L. and C. Detken, "Quasi Real Time Early Warning Indicators for Costly Asset Price Boom/Bust Cycles: A Role for Global Liquidity", *European Journal of Political Economy*, Vol. 27 (I), 2011；杨海平：《中国当前金融风险传染的情景推演及对策》，《北方金融》2015 年第 11 期。

② 安辉：《现代金融危机生成的机理与国际传导机制研究》，经济科学出版社，2003；Calvo, Guillermo, "Puzzling over the Anatomy of Crises: Liquidity and the Veil of Finance", Bank of Japan, Mayekawa Lecture, Monetary and Economic Studies, Volume 31, November, 2013.

③ Francesco Caramazza, Luca Ricci and Ranil Salgado, "Trade and Financial Contagion in Currency Crises", IMF Working Paper, No. 00/55, 2000；严丹屏、徐长生：《金融危机传染渠道研究》，《武汉金融》2003 年第 6 期。

大面积的信心崩溃，而信心的丧失最终演绎成典型的金融危机预言的"自我实现"，从而导致不可逆的风险损失。①

（二）市场风险传染机制的实证检验

根据经济学界对市场风险传染机制的理论研究，国内外学者对主要市场间的风险传染进行了实证检验，这些经验研究大多表明，在经济金融化和国际金融一体化的情况下，一国市场间以及不同国家市场间有较为明显的风险传染效应，这就对全球市场稳定提出了新的挑战。

从国外文献看，由于金融市场的发达程度不同，不同国家风险传染的效果与程度也不尽相同。Ebrahim（2000）对德国、加拿大等金融市场发达国家数据的实证研究表明，这些国家内部金融市场间存在显著的风险传导机制，货币市场和外汇市场之间存在正向价格溢出和波动溢出的风险传染效应，而且这种效应相当显著。Ruey 和 Wu（2005）的研究则指出，在新兴市场国家中，股票市场和债券市场之间的传染联动效应显著，但由于资本管制，内外金融市场的传染效应并不明显。而 Lieven 和 Leon（2010）基于欧盟 14国 35 年的数据，研究了经济一体化过程中金融市场传染效应随时间变化而不断增强的过程。Francis（2010）主要运用 VAR 模型方法研究了次贷危机时，CDOs 市场风险通过流动性和风险溢价渠道对其他金融市场的影响，并从实证研究中找到了较强的影响效应。

---

① 安辉：《现代金融危机生成的机理与国际传导机制研究》，经济科学出版社，2003；刘冬凌：《金融危机的国际传导路径和实证研究》，《金融理论与实践》2009 年第 3 期；Turner Philip，"The Global Long-term Interest Rate, Financial Risks and Policy Choices in EMEs"，Working Papers，No. 441，2014.

Hossein 和 Marcu（2011）通过构建有阶跃的随机波动性模型，分析了美国股票市场对欧元区证券市场的风险传染效应。Grey（2015）对全球主要国家金融市场的风险传导进行了研究，研究发现，2008 年以来，全球主要国家内部金融市场风险传导明显加快，且风险在跨国市场间的传导效应逐步增强，可能导致全球性的金融风险，并进一步引发新一轮的金融危机。

从国内文献看，国内主要金融市场之间存在较为显著的风险传染特征，而且近期这种效应正在增强。袁超、张兵和汪慧建（2008）指出股票市场和债券市场风险传染中的时变特征，且这种特征受宏观经济和政策等因素影响。余元全和余元玲（2008）在泰勒规则的基础上，通过实证研究认为货币市场通过利率对股票市场的风险传递效果不显著。王璐和庞皓（2009）的研究指出，中国的股票市场和债券市场之间存在显著的双向波动联动，但是这种联动传染效应不对称。李成、马文涛和王彬（2010）运用四元 VAR—GARCH（1，1）—BEKK 模型分析了我国主要金融市场之间的风险溢出关系，认为中国的金融市场之间风险具有波动集聚性和持续性。袁晨和傅强利用 CARCH 模型实证研究了我国 2003～2010 年股票市场与债券市场、黄金市场之间阶段时变特征的传染效应，认为这些市场间存在较为明显的风险传导机制。[①] 王宝和肖庆宪利用 DCC—MVGARCH 方法，从动态的角度对我国金融市场间的风险传染问题进行了研究，考察了股票市场、债券市场和银行市场间的风险传递特征，结论表明这些市场

---

① 袁晨、傅强：《我国金融市场间投资转移和市场传染的阶段时变特征：股票与债券、黄金间关联性的实证分析》，《系统工程》2010 年第 5 期。

之间具有较强风险传导效应①。谢志超和曾忠东利用 VAR 方法检验了美国金融危机对我国金融市场的传染效应，研究认为在我国金融国际化程度不断提升的条件下，内外市场间的风险传导效应正在逐步增强②。谢志超和曾忠东（2012）利用 VAR 方法，检验了美国金融危机对我国金融市场既有较强的传染效应。李志辉和王颖（2012）选择中国债券市场、外汇市场和股票市场的数据，利用 HP 滤波的方式得出了各市场的风险指数，并构建了 VEC 模型以分析各金融市场之间的传染效应，结果表明中国金融市场之间有着明显的风险传染效应，且不同金融市场的传染效应和贡献度不尽相同。

四　重大市场风险的评估和预警方法

重大市场风险的引爆点、表现形式和影响机理千差万别，但也存在一些共性特征，其爆发要么通过冲击银行体系表现为金融危机，要么通过冲击宏观经济部门表现为经济危机，或者二者同时发生。因此，人们在评估或预警重大市场风险时往往难以从单一市场直接着手。现有文献主要是基于风险爆发对银行体系和宏观经济部门的冲击来评估风险，一类是分析金融机构对系统性风险的贡献，另一类是从宏观经济部门资产负债情况来判断危机爆发的可能性。

---

① 王宝、肖庆宪：《我国金融市场间风险传染特征的实证检验》，《统计与决策》2008 年第 11 期。

② 谢志超、曾忠东：《美国金融危机对我国金融市场传染效应研究：基于 VAR 系统方法的检验》，《四川大学学报》（哲学社会科学版）2012 年第 1 期。

(一) 基于金融机构风险的系统性风险评估

基于金融机构风险的系统性风险评估主要从单个金融机构，尤其是系统重要性金融机构风险着手，分析其对系统性金融风险的贡献，主要评估方法有以下三种。

一是 Adrian 和 Brunnermeier 提出的 CoVaR 方法。该方法创造性地将条件风险价值引入系统性风险研究，用于衡量单个银行对于系统的重要性。[①] 在目标金融机构以外的其他金融机构已经处于较高风险的情况下，通过捕捉目标银行的倒闭对其他银行或银行体系带来的溢出效应，可以识别出有系统重要性的金融机构，并判断该金融机构对系统性风险的贡献。[②] 基于该方法可以识别系统重要性金融机构，并对相关机构实施特殊监管政策以防范系统性金融风险，但 CoVaR 方法的主要问题是其所识别的各金融机构带来的系统性风险不具备可加性，[③] 即单个机构的系统贡献加总不等于系统风险的总测度。[④] 因此，该方法难以用于衡量总的系统性风险。

二是 Acharya 等[⑤]、Brownlees 和 Engle[⑥] 提出的 MES 方法。所

---

① Acharya Viral V. , Christian Brownlees, Robert Engle, Farhang Farazmand, and Matthew Richardson, "Measuring Systemic Risk", Regulating Wall Street: The Dodd-Frank Act and the New Architecture of Global Finance, 85 – 119.

② 张晓朴:《系统性金融风险研究：演进、成因与监管》,《国际金融研究》2010 年第 7 期。

③ Tarashev N. , C. Borio and K. Tsatsaronis, "Attributing Systemic Risk to Individual Institutions, Methodology and Policy Implications", BIS Working paper, #308.

④ 贾彦东:《金融机构的系统重要性分析——金融网络中的系统风险衡量与成本分担》,《金融研究》2011 年第 10 期。

⑤ Acharya Viral V. , Christian Brownlees, Robert Engle, Farhang Farazmand, and Matthew Richardson, "Measuring Systemic Risk", Regulating Wall Street: The Dodd-Frank Act and the New Architecture of Global Finance, 85 – 119.

⑥ Brownlees C. T. , Engle R. , "Volatility, Correlation and Tails for Systemic Risk Measurement", WP NYU-Stern, 2010.

谓 MES（Marginal Expected Shortfall，边际期望损失）是指金融机构在金融危机爆发时的预期股权损失或股权缩水。该方法在考虑股权、债务结构中杠杆因素的基础上，估算特定机构 MES，衡量其对于系统风险的贡献，估计出单个机构的系统重要性。[1] Acharya 等[2]考虑整个金融部门的"外部性"影响，将极端情况下的系统损失作为系统风险的衡量标准，衡量了单一机构的边际成本，并分析了资产规模、风险头寸等因素对边际成本的影响。而 Brownlees 和 Engle 则运用公开的市场信息，用压力测试的基本思路，将杠杆因素和 MES 值合并为一个系统性风险指标（Systemic Risk Index，即 SRISK），衡量机构的系统重要性程度[3]。

三是 Tarashev 等提出的 Shapley Value 方法。[4] 该方法从合作博弈的思路出发，估算参与人对整个系统贡献的期望值，从而判断每一个参与者对整体体系的重要性。Drehmann 和 Tarashev 进一步将金融网络结构中的机构对系统风险的贡献分为直接贡献和间接贡献，使用 Shapley Value 的方式进行了理论上的计算与分析，并对相关的宏观审慎工具设计与运用进行了讨论。[5]

上述方法采用的都是模型分析，通过一系列假设来判断特定机构对系统性风险的影响，因此以上方法存在一个共同的缺点，

---

① 徐超：《系统重要性金融机构识别方法综述》，《国际金融研究》2011 年第 11 期。

② Acharya Viral V., Christian Brownlees, Robert Engle, Farhang Farazmand, and Matthew Richardson, "Measuring Systemic Risk", Regulating Wall Street: The Dodd-Frank Act and the New Architecture of Global Finance, 85 – 119.

③ Brownlees C. T., Engle R., "Volatility, Correlation and Tails for Systemic Risk Measurement", WP NYU-Stern, 2010.

④ Tarashev N., C. Borio and K. Tsatsaronis, "Attributing Systemic Risk to Individual Institutions, Methodology and Policy Implications", BIS Working paper, #308.

⑤ Tarashev N., C. Borio and K. Tsatsaronis, "Attributing Systemic Risk to Individual Institutions, Methodology and Policy Implications", BIS Working paper, #308.

那就是用普通情况下风险发生的概率来判断危机发生的概率。[①]
上述系统性风险模型通常假设风险发生的概率为1%～5%，但实际危机发生的概率可能小于0.1%。因此，模型预警系统性风险发生的概率可能与实际危机发生的概率存在较大差异。

（二）基于宏观经济部门的重大市场风险评估

该方法并不直接关注股市、债市、楼市和汇市的直接风险，而是从相关重点市场的波动出发，分析重大市场风险爆发后一国资产负债表以及宏观经济各部门资产负债表的变动，进而判断重大市场风险导致危机的可能性。

IMF（国际货币基金组织）的工作论文首先提出了金融危机的资产负债表方法，Hofer[②]对该方法作了进一步的阐述，并进行了案例分析。[③] 与传统的基于流量分析的研究不同，资产负债表方法侧重于从资产和负债等存量对一国的资产负债表以及宏观经济各部门资产负债表展开研究。该方法关注的重点包括债务、外汇储备、未偿贷款、年终存货等变量。基于对这些变量的分析来判断一国发生危机的可能性。该方法从资产负债表的结构出发，主要关注四种类型的风险。一是期限错配风险，主要是长期资本与短期债务之间期限不匹配的风险。二是货币错配风险，即在资产和负债以不同货币形式存在的情况下，当特定货币汇率出现重大波动，导致资产难以偿还负债而产生的风险。三是资本结构错配风险。当某一宏观经

---

① 姜林：《宏观系统性风险及其度量的国际经验借鉴》，《金融发展评论》2015年第6期。

② Allen, M., C. Rosenberg, C. Keller, B. Setser and N. Roubini, "A Balance Sheet Approach to Financial Crisis", IMF Working Paper 210.

③ Hofer A., "The International Monetary Fund's Balance Sheet Approach to Financial Crisis Prevention an Resolution", *Monetary Policy & the Economy*, 2005（1）：77－94.

济部门过度依赖债务融资而非股权融资时，容易出现债务率过高的问题，一旦出现流动性或货币冲击，可能出现危机。四是偿付危机。当一国或特定部门资不抵债或将资产为负时会发生偿付危机。这四类风险的爆发可能引发经济危机，历史上墨西哥货币危机、东南亚金融危机和拉美货币危机的爆发均在一定程度上源于国家资产负债表错配。①

（三）重大市场风险预警的相关尝试

现有研究往往将重大市场风险预警聚焦于系统性风险预警。监测和预警经济运行和金融部门系统性风险是预防经济危机和金融危机爆发的必要前提。但令人遗憾的是，无论是学界还是政策制定部门对此都没有太好的办法，系统性风险预警仍然是世界性难题，一些学者甚至认为预警系统性风险的方法并不存在。

系统性风险预警的难点。系统性风险预警是一项复杂的工程，需要经历机理分析、模型构建、数据获取和结论解析等多个环节。其结果一旦真正用于指导决策，将对宏观经济产生巨大影响，因此，每一个环节都需要有极其严谨的分析论证，这进一步加大了风险预警的难度。综合看来，系统性风险预警存在几个方面的难点。② 一是系统性风险监测方法并不成熟。一方面，从风险爆发的原因看，包括时间维度的风险积累和空间维度的突发事件冲击，目前尚没有一个较完善的方法将时间和空间维度的两类冲击纳入一个统一的框架。另一方面，影响系统性风险的因素除一些重要经济事

---

① 颜博：《金融危机的资产负债表研究方法》，《中国外资月刊》2013 年第 3 期。
② 胡滨：《系统性风险预警：任重道远》，《金融博览》2014 年第 9 期。

件外，还包括政治、制度和文化的变迁，这些因素往往很难参数化，要纳入模型分析难度也非常大。二是系统性风险往往属于小样本事件，在进行统计和计量分析时存在数据不足的问题。[①] 系统性风险预警关注的重点是尾部风险，而尾部风险的触发点和机理往往不同于一般的经济和金融风险，传统的宏观经济分析框架往往难以刻画其特征。少数风险事件的小样本特征也意味着我们难以利用统计所需的大样本进行推断、估计和统计检验。三是危机事件的差异性。历史经验表明，尽管危机有着非常多的共性特征，但每一次危机也都不是简单的重复，其触发点、传导渠道、公众反应以及政府的政策应对往往存在巨大差异。当危机即将来临时，身临其境的研究者还会受到各种噪音或是相互矛盾信号的干扰。四是金融数据的可得性和复杂性。危机的发生总是与金融系统密切相关，获取金融产品和金融交易数据往往是进行系统性风险预警的前提条件。但金融数据往往具有高度专业性和专有性。一方面，金融消费者的财务数据属于客户隐私，另一方面，金融企业的业务数据往往是商业机密。在我国还存在政府部门之间因相互保密而造成的"数据鸿沟"。正是源于上述几方面的原因，人们对系统性风险的预警仍处于摸索和尝试阶段。

开展系统性风险预警的尝试。尽管系统性风险预警存在很大难度，相关结论也会存在很大争议，但持续的监测、分析和风险提示仍然对于经济决策有很大的帮助，包括 IMF、BIS（国际清算银行）、ADB（亚洲开发银行）在内的国际机构以及一些国家的中央

---

① 龚明华、宋彤：《关于系统性风险识别方法的研究》，《国际金融研究》2010 年第 5 期。

银行都对系统性风险预警作出了有益的尝试。[①] 在 20 世纪 90 年代墨西哥货币危机和亚洲金融危机之后，IMF 便开始积极研究金融危机预警系统。IMF 于 1999 年推出金融部门评估计划，2003 年开始建立金融稳定指标。目前，IMF 会定期发布《金融稳定报告》。2008 年次贷危机爆发后，美国分别成立了跨部门系统性风险监测和协调机构金融稳定监督委员会以及隶属于财政部的金融研究所。这两个机构收集了用于分析系统性风险的大量金融数据，并在数据标准化方面做了大量基础性工作，发布了包括《系统性风险分析综述》在内的一系列工作报告。2011 年，欧洲成立了由欧洲央行行长任主席的系统性风险委员会，负责监控和预警欧洲经济中的各种风险，并实施宏观审慎监管。该委员会建立了对跨境金融机构风险统一评级的共同规则，每 3 个月发布一次欧洲系统性风险仪表盘，对可能发生的风险实施可视化预警。欧洲中央银行通常用 7 个步骤进行系统性风险的评估：[②]（1）确定金融脆弱性的来源；（2）将其设定为潜在的风险情景；（3）确定导致风险情景发生的冲击事件（导火索）；（4）计算情景的发生概率；（5）测算金融系统的损失；（6）衡量冲击的强度；（7）风险评级。学术界也在系统性风险预警研究方面作出了努力，由诺贝尔经济学奖获得者恩格尔（Robert Engle）领衔的纽约大学斯特恩商学院波动实验室采用 Acharya 等提出的 MES 方法对系统性风险进行实时监测，[③] 并定

---

① 刘亮：《系统性风险预警：且行且进》，《金融博览》2014 年第 9 期。

② 张晓朴：《系统性金融风险研究：演进、成因与监管》，《国际金融研究》2010 年第 7 期。

③ Acharya Viral V., Christian Brownlees, Robert Engle, Farhang Farazmand, and Matthew Richardson, "Measuring Systemic Risk", Regulating Wall Street: The Dodd-Frank Act and the New Architecture of Global Finance, 85 – 119.

期发布金融市场整体的系统性风险以及单个金融机构对系统性风险的贡献指标与机构排名。

尽管大量机构开展了系统性风险预警的尝试，但出于几个方面的原因人们往往难以对风险预警的效果作出准确的评价。一方面，在预警结果的使用上，宏观决策部门和监管机构往往无法完全信任任何一个模型的风险预警。监管机构会面对两类错误，且两类错误的损失函数是不对称的。其中，第一类错误为过早关闭一家有偿付能力的公司或是限制一项有积极意义的金融创新业务，第二类错误为放任一家可能产生巨大风险的企业或一项业务。犯第一类错误使监管部门会承受更大的压力，因此，监管部门往往更容易出现监管姑息，从而风险预警的实际使用效果就大打折扣。另一方面，相关机构预警的风险只是一种潜在的风险，一旦经济决策部门依据其预警结果做出政策调整，那么经济发展的现实路径就偏离了风险预警所遵循的发展路径。这样，在最后风险没有爆发的情况下，人们很难判断这一风险本来就不会发生，还是决策者依据准确的风险预警做出正确的决策从而规避了风险。

五　应对重大市场风险的对策

分析重大市场风险发生背景、特征、机理以及在对市场风险进行评估的基础上，一些文献从消除市场风险诱发因素、实施宏观审慎监管、加强金融领域制度建设等角度提出了应对重大市场风险的对策。

（一）防范系统性风险的重点诱发因素

历史经验表明，重大风险的爆发和危机的发生都源于某一领域风险的爆发,换言之,任何风险都存在一定的引爆点。因此,防范系统性风险的一个直接思路就是加强对这些引爆点的管控。中国金融四十人论坛研究部从宏观经济和金融形势变化的角度指出,[①] 我国系统性风险的演化取决于三个触发点:经济增长率短期内迅速下降、官方基准利率短期内急剧攀升、全国房地产短期内量价大幅超调。针对当前我国的经济金融形势,胡继晔(2015)认为股市、银行、政府债务、互联网金融等领域都有可能成为引爆系统性金融风险的触发点。尽管上述风险短期内发生的可能性不一样,但需要采取具有针对性的措施,共同防范系统性金融风险的主要诱发因素。事实上,系统性风险的诱发因素在不同时期、不同背景下会有所不同,2015年以来股市、债市、楼市和汇市相继爆发风险隐患,不同市场之间风险还出现相互传染的苗头,这是近期系统性风险诱发因素表现出的一项新特征。针对相关问题,一些研究提出要着眼于培养新的经济增长点,防范房地产泡沫与政府融资平台、影子银行的交叉影响作用;[②] 要确保房地产软着陆,避免出现量价急跌引发全面系统性风险;要多方面努力加强影子银行监管,包括建立影子银行的法律监管路径和风险应急处置机制、完善影子银行的信息披露制度、建立影子银行风险补偿和保险机制等;要明晰金融纵向分权,明确中央与地方各分支机构的权限、责任、利益,防范区域性金融风险演化成系统性风险。

[①] 中国金融四十人论坛研究部:《防范金融系统性风险确保房地产软着陆》,《21世纪经济报道》2014年9月15日。

[②] 中国金融四十人论坛研究部:《防范金融系统性风险确保房地产软着陆》,《21世纪经济报道》2014年9月15日;张泉泉:《系统性金融风险的诱因和防范:金融与财政联动视角》,《改革》2014年第10期。

（二）实施宏观审慎监管政策

2008 年金融危机爆发以来，实施宏观审慎监管已经成为应对系统性金融风险、维护金融稳定的重要手段，建立宏观审慎监管框架已经成为各国央行重点推进的一项工作，大量研究就如何推动宏观审慎监管提出了具体的建议。

2011 年，金融稳定理事会、国际货币基金组织和国际清算银行向 G20 提交了《宏观审慎政策工具和框架》，为宏观审慎监管奠定了理论框架的基础。一些学者也提出了改进宏观审慎监管方法和工具的建议。中国金融四十人论坛研究部提出要在分业监管格局基础上建立统一、权威、高效的正式金融监管协调机制，[①] 通过立法以做实金融监管协调机制以及有效信息共享，着力解决信息割裂、政策协调不足的问题。要完善宏观审慎工具箱，建立逆周期资本缓冲工具的触发机制，建立工具的出台和退出机制，提高各部门宏观审慎监管工具运用的科学性。要明确危机下的应急方案，防范其中的金融道德风险，科学设计和建立危机处置和市场退出制度。王爱俭和王璟怡提出要处理好宏观审慎监管与货币政策之间的关系，[②] 在金融稳定领域应当以宏观审慎政策为主，重点防止资产价格、信贷、杠杆率随经济周期被放大，防止监管本身的顺周期性，货币政策是有条件地对它进行补充；在宏观经济稳定领域，货币政策始终是实现宏观经济目标的最主要调控手段，宏观审慎政策是有条件的

---

① 中国金融四十人论坛研究部：《防范金融系统性风险确保房地产软着陆》，《21 世纪经济报道》2014 年 9 月 15 日。

② 王爱俭、王璟怡：《宏观审慎政策效应及其与货币政策关系研究》，《经济研究》2014 年第 4 期。

补充。同时，金融监管与货币政策和财政政策决策部门要分工协同，共同促进经济金融稳定。鲁玉祥（2016）提出要从规范权力独立使用的机制、决策与对工具的控制权相分离的补偿机制、防范和化解延迟行动风险的机制、加强在风险评估和风险减轻方面合作的机制等几个方面完善宏观审慎监管的制度建设。

中国人民银行已逐步建立并完善宏观审慎政策框架，以便更好地发挥逆周期调节作用。目前中国人民银行开展的主要工作包括：正式将差别准备金动态调整机制"升级"为宏观审慎评估体系，保持对宏观审慎资本充足率核心的关注，将外汇流动性和跨境资金流动纳入宏观审慎管理范畴，对远期售汇征收风险准备金等。①

（三）加强金融领域制度建设

要防范系统性金融风险，加强制度建设、形成防风险的长效机制至关重要，一些研究从不同角度提出了加强金融监管和金融服务领域制度建设的政策建议。

一是完善金融基础设施和金融市场结构。郑醒尘提出要从突破体制障碍入手，高度重视金融监管信息基础设施建设，为建立高效的监管体系打好基础。② 陈道富也提出要从完善人民银行征信系统，建立国家工商、税务、电力、海关、环保、质检等部门的信息动态公开制度等角度入手，完善金融信息基础设施。③ 廖岷和孙涛认为要通过培育多层次资本市场、发展直接融资，大力发展债券市

---

① 中国人民银行货币政策分析小组：《中国货币政策执行报告（二〇一六年第一季度）》，2016。

② 郑醒尘：《澳大利亚防范系统性金融风险的经验借鉴》，《中国经济时报》2016年第5期。

③ 陈道富：《新常态下金融风险防控》，《北方金融》2016年第1期。

场和股票市场，提高新增融资中的直接融资比例，改善间接融资和直接融资的结构，解决中国银行业资产刚性扩张和影子银行，以金融结构改革提升金融市场弹性和韧性，应对金融系统性风险隐患。①

二是推动金融监管机构的改革。李波提出以完善宏观审慎政策框架为核心，推进新一轮金融监管体制改革。② 李波认为在一个强有力的宏观审慎监管制度之下，宏观审慎政策制定部门需要具备几个方面的能力或权力，包括：掌握必要的统计数据和监管信息的能力，对所有金融机构、重要金融市场（房地产、股市、债市等）、资本流动（包括外债）制定并实施宏观审慎管理规则的权力，直接监管系统重要性金融机构、金融控股公司以及重要金融基础设施的能力，以及对微观审慎监管和行为监管部门发布指令的权力。在此基础上，李波比较了"金融监管协调委员会＋一行三会""央行＋金融监管委员会""央行＋行为监管局""央行＋审慎监管局＋行为监管局"等几种方案的利弊，并认为最后一种方案具有较强的合理性和可行性。③

三是建立资产泡沫的应对机制。陈道富认为尽管资产泡沫的识别很重要，但泡沫往往在事后才能得到验证，因此要从资产泡沫识别转向资产泡沫阶段转换中的关键要素调控，推动节点调控和机制完善。④ 同时，在资产泡沫的不同阶段，要以避免负面影响为主要目标，采取

① 廖岷、孙涛：《对当前中国金融系统性风险问题的实证研究》，《新金融评论》2014 年第 5 期。
② 李波：《以完善宏观审慎政策框架为核心推进新一轮金融监管体制改革》，《新金融评论》2016 年第 1 期。
③ 李波：《以完善宏观审慎政策框架为核心推进新一轮金融监管体制改革》，《新金融评论》2016 年第 1 期。
④ 陈道富：《新常态下金融风险防控》，《北方金融》2016 年第1 期。

不同应对策略。应对资产泡沫的关键则是适当限制资产泡沫的放大机制，包括控制杠杆比率、确保投资者的适当性等。

从现有文献的研究看，对市场风险，尤其是金融业市场风险的研究较为成熟，也取得了较高的共识，但对重大市场风险的形成、识别、相互传染、预警等方面的研究仍需加强。本课题将进一步深化对不同市场间风险传导和交叉感染、重大市场风险与宏观经济相互关系、系统性市场风险产生机理的认识，并从统筹运用宏观调控政策、金融监管政策和结构性改革举措综合应对系统性市场风险的角度，加强对策思路和政策措施方面的研究。

参考文献

［1］ Acharya Viral V., Christian Brownlees, Robert Engle, Farhang Farazmand, and Matthew Richardson, "Measuring Systemic Risk", Regulating Wall Street: The Dodd-Frank Act and the New Architecture of Global Finance, 85 – 119.

［2］ Adrian, Tobias, and Markus K. Brunnermeier, CoVaR. No. w17454, National Bureau of Economic Research, 2011.

［3］ Alessi, L. and C. Detken, "Quasi Real Time Early Warning Indicators for Costly Asset Price Boom/Bust Cycles: A Role for Global Liquidity", *European Journal of Political Economy*, Vol. 27 (I), 2011.

［4］ Allen, M., C. Rosenberg, C. Keller, B. Setser and N. Roubini, "A Balance Sheet Approach to Financial Crisis", IMF Working Paper, 210.

［5］ Bernanke, Ben, "Long-term Interest Rates: Remarks at the Annual Monetary/Macroeconomics Conference: the Past and Future of

Monetary Policy", San Francisco, 1 March, 2013.

[6] BIS, "Capital Flows and Emerging Market Economies", A Report by a CGFS Working Group Chaired by Rakesh Mohan, CGFS Papers, No. 33, 2009.

[7] Borio, C. and P. Lowe, "Asset Prices, Financial and Monetary Stability: Exploring the Nexus", BIS Working Papers, No. 114, 2002.

[8] Borio, C. and P. Lowe, "Securing Sustainable Price Stability: Should Credit Come Back from the Wilderness", BIS Working Papers, No. 157, 2004.

[9] Brownlees C. T., Engle R., "Volatility, Correlation and Tails for Systemic Risk Measurement", WP NYU-Stern, 2010.

[10] Bussière, M. and M. Fratzscher, "Towards a New Early Warning System of Financial Crises", *Journal of International Money and Finance*, Vol. 25 (6), 2006.

[11] Calvo, Guillermo, "Puzzling over the Anatomy of Crises: Liquidity and the Veil of Finance", Bank of Japan, Mayekawa Lecture, Monetary and Economic Studies, Volume 31, November, 2013.

[12] Cardarelli R., R. Elekdag and S. Lall, "Financial Stress and Economic Contractions", *Journal of Financial Stability*, Vol. 7, 2011.

[13] Chadha, J. S., Philip Turner, and Fabrizio Zampolli, "The Interest Rate Effects of Government Debt Maturity", BIS Working Papers, No. 415, June, 2013.

[14] Eichengreen, B., A. Rose and C. Wyplosz, "Contagious Currency Crises: First Tests", *Scandinavian Journal of Economics*, Vol. 98 (4), 1996.

[15] Financial Stability Board, "Summary of joint CGFS-FSB-SCAV Workshop on Risks from Currency Mismatches and Leverage on Corporate Balance Sheets", Working Paper, http://www.fsb.org/wp-content/uploads/r_140923a.pdf, 2014.

[16] Francesco Caramazza, Luca Ricci and Ranil Salgado, "Trade and Financial Contagion in Currency Crises", IMF Working Paper, No. 00/55, 2000.

[17] Gerde Smeier, D., B. Roffia and H. Reimers, "Asset Price Misalignments and the Role of Money and Credit", ECB Working Paper, No. 1068, 2009.

[18] Gertler, Mark and Peter Karadi, "Monetary Policy Surprises, Credit Costs and Economic Activity", NBER Conference, 18 – 19 October, 2013.

[19] Girardi G., Ergün A. T., "Systemic Risk Measurement: Multivariate GARCH Estimation of CoVaR", *Journal of Banking & Finance*, 2013, 37 (8).

[20] Group of Ten, "Consolidation in the Financial Sector", Available at www. bis. org/publ/gten05. html.

[21] Hart O. and Zingales L., "How to Avoid a New Financial Crisis", Working Paper, 2009.

[22] Hattori, Masazumi, Hyun Song Shin and Wataru Takahashi, "A Financial System Perspective on Japan's Experience in the Late 1980s", 16th Bank of Japan International Conference, Bank of Japan IMES Discussion Paper E – 19, May 2009.

[23] Hofer A., "The International Monetary Fund's Balance Sheet Approach to Financial Crisis Prevention an Resolution", *Monetary Policy & the Economy*, 2005 (1): 77 –94.

[24] Knight, Hyneman F., "Risk, Uncertainty and Profit", Houghton Mifflin Company, 1921.

[25] Larry Summers, "Secular Stagnation? The Future Challenge for Economic Policy", *Institute for New Economic Thinking*, http: // larrysummers. com/secular-stagnation/#sthash. qfqoaD6p. dpuf, 2014.

[26] Lo Duca, M. and T. Peltonen, "Macro-financial Vulnerabilities and Future Financial Stress-Assessing Systemic Risks and Predicting Systemic Events", ECB Working Paper, No. 1311, 2011.

[27] Mathias Drehmann & Nikola Tarashev, "Systemic Importance：Some Simple Indicators", *BIS Quarterly Review*, Bank for International Settlements, March.

[28] Misina, M. and G. Tkacz, "Credit, Asset Prices, and Financial Stress", *International Journal of Central Banking*, Vol. 5（4）, 2009.

[29] Tarashev N., C. Borio and K. Tsatsaronis, "Attributing Systemic Risk to Individual Institutions, Methodology and Policy Implications", BIS Working Paper, #308.

[30] Turner Philip, "The Global Long-term Interest Rate, Financial Risks and Policy Choices in EMEs", Working Paper, No. 441, 2014.

[31] Unite Nations, "World Economic Situation and Prospects", United Nation, 2016.

[32] World Bank, "Recent Developments in Local Currency Bond Markets", October, www. g20. org/load/783687600, 2013.

[33] Zhou C., "Are Banks too Big to Fail? Measuring Systemic Importance of Financial Institutions", *International Journal of Central Banking*, 2010.

[34] 安辉：《现代金融危机生成的机理与国际传导机制研究》，经济科学出版社，2003。

[35] 柏宝春：《国际投机资本流动与金融风险传染相关性分析》，《经济与管理评论》2013 年第 3 期。

[36] 柏宝春：《投机资本流动与金融风险传染相关性分析》，《统计与决策》2014 年第 5 期。

[37] 鲍勤、孙艳霞：《网络视角下的金融结构与金融风险传染》，《系统工程理论与实践》2014 年第 9 期。

[38] 陈道富：《新常态下金融风险防控》，《北方金融》2016 年第 1 期。

[39] 龚明华、宋彤：《关于系统性风险识别方法的研究》，《国际金融研究》2010 年第 5 期。

［40］韩德宗：《基于 VaR 的我国商品期货市场风险的预警研究》，《管理工程学报》2008 年第 22 期。

［41］胡滨：《系统性风险预警：任重道远》，《金融博览》2014 年第 9 期。

［42］胡继晔：《如何防范和化解系统性金融风险》，《金融世界》2015 年第 9 期。

［43］黄亭亭：《人民币国际化基本条件分析：基于风险和责任角度》，《上海金融》2009 年第 4 期。

［44］贾彦东：《金融机构的系统重要性分析——金融网络中的系统风险衡量与成本分担》，《金融研究》2011 年第 10 期。

［45］姜林：《宏观系统性风险及其度量的国际经验借鉴》，《金融发展评论》2015 年第 6 期。

［46］李波：《以完善宏观审慎政策框架为核心推进新一轮金融监管体制改革》，《新金融评论》2016 年第 1 期。

［47］廖岷、孙涛：《对当前中国金融系统性风险问题的实证研究》，《新金融评论》2014 年第 5 期。

［48］刘冬凌：《金融危机的国际传导路径和实证研究》，《金融理论与实践》2009 年第 3 期。

［49］刘亮：《系统性风险预警：且行且进》，《金融博览》2014 年第 9 期。

［50］刘岩、孙长智：《风险概念的历史考察与内涵解析》，《长春理工大学学报》（社会科学版）2007 年第 20 期。

［51］马晓河等：《"十三五"时期经济社会发展的主要风险和应对机制研究》，国家发展改革委宏观经济研究院内部报告，2014。

［52］〔美〕米什金著《货币金融学》（第九版），中国人民大学出版社，2011。

［53］〔美〕萨缪尔森、〔美〕诺德豪斯著《微观经济学》，人民邮电出版社，2011。

［54］沈悦、李计国、王飞：《房地产市场风险识别及预警：文献综述及研究方向》，《经济体制改革》2014 年第 5 期。

［55］王爱俭、王璟怡：《宏观审慎政策效应及其与货币政策关系研究》，《经济研究》2014 年第 4 期。

［56］王宝、肖庆宪：《我国金融市场间风险传染特征的实证检验》，《统计与决策》2008 年第 11 期。

［57］吴炳辉、何建敏：《国际收支视角下金融风险传染机制探讨》，《国际论坛》2014 年第 4 期。

［58］吴念鲁、杨海平：《经济金融风险传染的防范与治理——基于资产负债表视角的分析》，《西南金融》2016 年第 2 期。

［59］肖崎：《金融体系的变革与系统性风险的累积》，《国际金融研究》2010 年第 8 期。

［60］谢志超、曾忠东：《美国金融危机对我国金融市场传染效应研究：基于 VAR 系统方法的检验》，《四川大学学报》（哲学社会科学版）2012 年第 1 期。

［61］徐超：《系统重要性金融机构识别方法综述》，《国际金融研究》2011 年第 11 期。

［62］徐韵韵、孙琦峰：《中国未来主要金融风险潜在爆发点》，《中国金融》2014 年第 8 期。

［63］严丹屏、徐长生：《金融危机传染渠道研究》，《武汉金融》2003 年第 6 期。

［64］颜博：《金融危机的资产负债表研究方法》，《中国外资月刊》2013 年第 3 期。

［65］杨海平：《中国当前金融风险传染的情景推演及对策》，《北方金融》2015 年第 11 期。

［66］杨辉、杨丰：《金融系统紧耦合、风险互动与国际金融危机》，《中国货币市场》2010 年第 3 期。

［67］易宪容：《当前中国金融体系的潜在风险分析》，《区域金融研究》2010 年第 1 期。

［68］余文建、黎桂林：《中央银行如何防范和化解系统性金融风险：美联储的经验与启示》，《南方金融》2009 年第 11 期。

［69］袁晨、傅强：《我国金融市场间投资转移和市场传染的阶段时变特征：股票与债券、黄金间关联性的实证分析》，《系统工

程》2010 年第 5 期。

[70] 张斌、熊爱宗：《新兴市场资本外流与应对》，《中国金融家》2013 年第 7 期。

[71] 张敏锋：《我国当前高额外汇储备成因及管理研究》，《北方经济》2009 年第 7 期。

[72] 张明：《中国面临的短期资本外流：现状、原因、风险与对策》，《金融评论》2015 年第 3 期。

[73] 张茉楠：《美元升值周期加剧全球金融债务风险》，《证券时报》2015 年 1 月 22 日。

[74] 张泉泉：《系统性金融风险的诱因和防范：金融与财政联动视角》，《改革》2014 年第 10 期。

[75] 张晓朴：《系统性金融风险研究：演进、成因与监管》，《国际金融研究》2010 年第 7 期。

[76] 郑醒尘：《澳大利亚防范系统性金融风险的经验借鉴》，《中国经济时报》2016 年第 5 期。

[77] 中国金融四十人论坛研究部：《防范金融系统性风险确保房地产软着陆》，《21 世纪经济报道》2014 年 9 月 15 日。

[78] 中国人民银行货币政策分析小组：《中国货币政策执行报告（二〇一六年第一季度）》，2016。

图书在版编目（CIP）数据

"十三五"时期防范重大市场风险的对策思路研究 /
曾铮，刘志成著 . -- 北京：社会科学文献出版社，
2017.11

ISBN 978 - 7 - 5201 - 1692 - 3

Ⅰ. ①十… Ⅱ. ①曾… ②刘… Ⅲ. ①市场风险 - 研
究 - 中国 - 2016 - 2020 Ⅳ. ①F723.6

中国版本图书馆 CIP 数据核字（2017）第 267745 号

"十三五"时期防范重大市场风险的对策思路研究

著　　者 / 曾　铮　刘志成

出 版 人 / 谢寿光
项目统筹 / 吴　敏
责任编辑 / 吴　敏

出　　版 / 社会科学文献出版社·皮书出版分社（010）59367127
　　　　　　地址：北京市北三环中路甲 29 号院华龙大厦　邮编：100029
　　　　　　网址：www. ssap. com. cn
发　　行 / 市场营销中心（010）59367081　59367018
印　　装 / 北京季蜂印刷有限公司

规　　格 / 开　本：787mm × 1092mm　1/16
　　　　　　印　张：17.25　字　数：203 千字
版　　次 / 2017 年 11 月第 1 版　2017 年 11 月第 1 次印刷
书　　号 / ISBN 978 - 7 - 5201 - 1692 - 3
定　　价 / 69.00 元